マンション区分所有法制の
国際比較

編著　鎌野邦樹

著　藤巻梓　吉井啓子　寺尾仁　大野武　花房博文
編集協力　公益財団法人 日本住宅総合センター

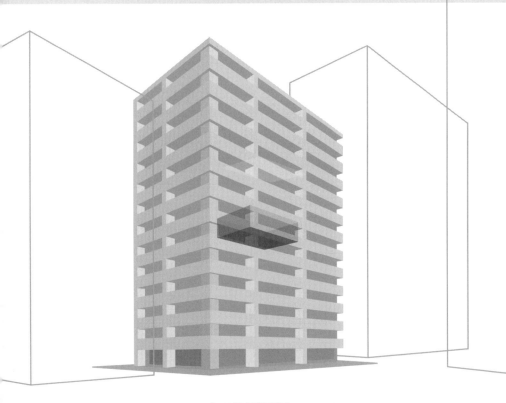

大成出版社

ご 挨 拶

　マンションは、高度利用が必須な都市部を中心に、わが国における持家の居住形態として重要な役割を果たしてきたが、建物の老朽化及び居住世帯の高齢化、管理組合の担い手の欠如、建替えにおける合意形成の難しさなどの問題が顕在化し、今後の維持管理のあり方に大きな課題が生じている。このため、区分所有法など、マンション関連法のあり方が問われており、今後の状況に即した見直しを検討する必要がある。

　この見直しに資することを目的として、本書では、マンション等の保有・利用に係る権利形態や関連制度のあり方について、欧米主要国（独仏英米４か国）における関連制度や慣行、特に区分所有者の義務と権利、管理組合等の役割や権限、マンションの維持管理の仕組み、建替えに係る最新制度等をまとめ、日本との比較を行った。

　本書は、次の通り、早稲田大学法科大学院の鎌野邦樹教授に監修及び総括をお願いし、鎌野教授が主査を務める「欧米マンション制度比較研究会」に所属する先生方に、各国における最新の区分所有法の概説（第一部）及び邦訳（第二部、一部解説付き）を執筆いただいた。

- ・早稲田大学法科大学院　　　　鎌野 邦樹 教授　　（監修、総括）
- ・国士舘大学法学部　　　　　　藤巻 梓 教授　　　（ドイツ、第Ⅰ章）
- ・明治大学法学部　　　　　　　吉井 啓子 教授　　（フランス、第Ⅱ章）
- ・新潟大学人文社会学系（工学部・経済科学部）
　　　　　　　　　　　　　　　寺尾 仁 准教授　　（フランス、第Ⅱ章）
- ・明治学院大学法学部　　　　　大野 武 教授　　　（イギリス、第Ⅲ章）
- ・創価大学法科大学院　　　　　花房 博文 教授　　（アメリカ、第Ⅳ章）

　日本のマンションの維持管理や建替等の諸問題の解決に向けて、本書の情報が、少しでも多くの議論と研究を促し、わが国の区分所有法が、社会経済状況の変化に対応して、より望ましい方向に見直されることになれば幸いである。

令和４年４月

公益財団法人　日本住宅総合センター

は し が き

　わが国のマンションは、2020 年末現在、約 675 万戸 (1500 万人が居住) あり、いまや都市の主要な住宅となっている。マンションは、多くの国民にとって、生活の基盤であり、重要な財産であり、地域の重要な構成要素である。その歴史は、ヨーロッパでは 100 年以上あるが、日本でも 60 年以上を経過し、その中には 1981 年以前の旧耐震基準の下で建設された耐震性に問題がある建物も約 100 万戸存在するという。居住者の高齢化のなか、マンションの維持・管理および老朽マンションの建替え等は、わが国の喫緊の課題となっている。

　このような背景の下で、マンション（住宅用途）を含む区分所有建物の権利関係を規律する区分所有法（「建物の区分所有等に関する法律」1962 年制定、1983 年および 2002 年改正）の新たな改正についての検討が、目下、「区分所有法制研究会」（一般社団法人・金融財政事情研究会）においてなされている。わが国のあるべき法制を検討するにあたって、諸外国の区分所有法制を参照することは、きわめて重要かつ有益である。

　本書の編者および共著者は、これまでにマンション区分所有法制について 10 数カ国（ドイツ、フランス、イギリス、アメリカ、ベルギー、スイス、オーストリア、ギリシャ、オーストラリア、韓国、中国、台湾等）の比較法研究を、国内外の研究者 20 数名の協力を得て 10 数年にわたり科学研究費基盤研究等を通じて実施してきている。

　本書の刊行の発端は、公益財団法人・日本住宅総合センターが、(株)ニッセイ基礎研究所を事務局として、本書の編者・共著者に対し、ドイツ・フランス・イギリス・アメリカの区分所有法制に関するヒアリングを実施し、その成果を報告書としてまとめたことにある。その後、日本住宅総合センターのご尽力により本書の出版の話をいただき、編者・共著者は、上記 4 カ国の法制について最近の法改正も踏まえて翻訳をし、また、各法制について概説した（ただし、アメリカについては、厖大な規定からなる統一連邦法はあるが、実際に機能しているのは各州法であることなどから、翻訳および概説についてもアメリカ法の一端を示すにとどめざるを得なかった）。

　本書については、当初のヒアリングから出版に至るまで、(株)ニッセイ基礎研究所の社会研究部土地・住宅政策室長（上席研究員）の篠原二三夫氏にたいへんお世話になった。同氏の助言・尽力がなければ、本書の刊行はなかったといってよい。また、本書の出版にあたっては、日本住宅総合センターの大藤朗常務理事および西村高志研究部長に、編集作業については、大成出版社の松林由利子氏にたいへんお世話になった。これらの方々に心より御礼申し上げ、記して謝意を表する次第である。

2022（令和 4 ）年 4 月 15 日

共著者を代表して

鎌 野 邦 樹

目　次

第一部
各国区分所有法の概説

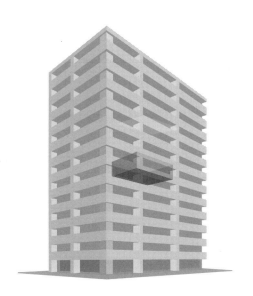

はじめに

早稲田大学法科大学院教授

鎌野 邦樹

1．外国法制との比較の意義

　日本の区分所有法は、1962年に制定され、1983年および2002年に大きな改正がなされた。その間、マンション（区分所有建物のうち、その用途が主として居住用のものをマンションというが、各国とも、実際上は区分所有建物の大部分がマンションであり、以下の法制では、居住用とそれ以外の用途とを区別していない。）は、法制定時の約1万戸から今日（2020年末）約675万戸（居住者約1500万人）に至っており、都市における主要な住宅形態となっている。このようなことから、多くの国民とって最も重要な財産であると共に生活の場であるマンションについての区分所有者間の権利関係を規律する区分所有法は、民事法制上重要な領域となっている。同時に、同領域においては、今日、多様な理論的または実務的な法的問題と課題が噴出している。このような状況は、諸外国においても同様である。

　本書では、区分所有法制について、主要な欧米の法制（ドイツ、フランス、イギリス、アメリカの4か国。以下、「欧米法」という。）を邦訳して、各国で、区分所有建物における様々な問題・課題に関して、立法上どのような定めをしているかを明らかにしている。

　詳細は、各国の法律の邦訳を参照いただくこととして、各国の区分所有法を参照いただくにあたり、あらかじめ、日本法との比較および各国の法制間の比較の観点（共通点および相違点の認識）から、比較の対象とすべき事項を示しておきたい。その事項は、①専有部分と共用部分の考え方および範囲、②規約の位置付け、③管理方式（管理者の位置付け）、④集会における多数決議、⑤建物等の修繕・改良・建替え・解消、⑥その他（管理費等の滞納、義務違反者に対する措置、団地等）である。

2．法制度の比較の項目及び比較の視点

　以下では、区分所有法制に関して、日本法の状況に簡単に触れつつ、どのような点に着目して比較・検討すべきかについて述べる。

(1) 財産及び管理に関する基本的な構造
（前記 1．①、⑥関連）

（ア）土地・建物に対する所有権等の内容

　欧米法は、日本法と異なり土地・建物を一体としての不動産としている（そのため特段、日本法のような「団地」規定（65 条以下）は存在しない。）が、多くの法制が建物に対する「専有部分」と「共用部分」を認めている。それでは、「専有部分」と「共用部分」の各範囲は具体的にどのように決定されるのか。日本法（1 条，2 条，4 条 1 項以下）では、構造上当然に決定されると一般的に説かれているが、欧米法ではどうか。

（イ）区分所有者の団体（管理組合）の法的性格

　区分所有建物およびその敷地の管理については、区分所有者が共同で決定する。そこでの「区分所有者の団体（管理組合）」（日本法 3 条、管理組合法人につき 47 条以下）の法的性格について、欧米法はどのように考えているか。また、日本法は、集会の開催、規約の設定および管理者の選任を法的には義務づけていない(3条)が、欧米法ではどうか。

(2) 財産等の管理に関するシステム
（前記 1．②、③、④、⑥関連）

（ア）規約の設定

　日本法では、規約の設定は、1983 年改正法によって、書面による全員合意から集会における特別多数決議（ただし、一部の区分所有者の権利に特別の影響が及ぶ場合にはその者の承諾が必要。31 条）によることになったが、欧米法はどうか。

（イ）管理の執行機関（管理者か理事会か）

　日本の区分所有法は原則として「管理者方式」を採用しているものの、実態（マンション標準管理規約参照）は規約による別段の定めにより「理事会方式」が大多数を占めている（25条1項）が、欧米法ではどうか。

（ウ）集会決議の方法（議決権と頭数、定足数、多数決割合）

　日本の区分所有法は、集会における決議について、建替え（5分の4以上の多数決議）を除き、普通決議として議決権と頭数の双方の過半数決議と、原則としてその双方の4分の3以上の特別多数決議を採用している。ただ、普通決議については、規約による別段の定めが認められるため、実態は、別段の定めにより、議決権（共用部分共有持分の割合による。）総数の半数以上の出席（書面による、または代理人による議決権行使＝委任状出席を含む。）による総会での過半数決議（マンション標準管理規約47条参照）によっているが、欧米法はどうか。

（エ）その他（管理費滞納等）

　例えば、日本法の下では、管理費の滞納者については義務違反者（57条以下）として区分所有権競売請求（59条）の対象となり得るが（下級審判決あり）、欧米法はこのような者に対してどのように対処しているか。

（3）建物の維持・改良・復旧・建替え・解消
　　（前記1.⑤関連）

（ア）区分所有建物の維持・管理義務

　日本法では、区分所有者や管理者に建物等の維持・管理が法的に義務づけられてはいない（3条参照）が、欧米法ではどうか。また、これにつき前記2.（2）（ウ）で述べたように普通決議としているが、欧米法ではどうか。

（イ）建物の改良（変更）

　日本法では、建物の著しい変更については特別多数決議による（17条1項。なお、改正耐震改修促進法（2013年）25条によって、行政により「要耐震改修認定建築物」の認定をうけた区分所有建物は過半数決議）が、欧米法ではどうか。

（ウ）建物の滅失の場合（復旧等）

　日本法では、小規模一部滅失については過半数決議、大規模一部滅失については特別決議により復旧が可能である（61 条。建替え（62 条）も可能）が、欧米法ではどうか。

　なお、日本の改正被災区分所有法（2013 年）は、被災マンションが全部滅失した場合には、5 分の 4 以上の多数により再建または敷地売却を可能とし、大規模一部滅失の場合には、建物敷地売却等を可能とした。また、マンション建替え等円滑化法(2002 年)は、2014 年の改正により現行の耐震基準を満たしていないマンション（行政により「要除却マンション」の認定を受けたもの）について、5 分の 4 以上の多数によりマンション敷地売却を可能とし、さらに 2020 年の改正によりその範囲を拡大した。

（エ）建物の老朽化等の場合（建替え等）

　日本法では、5 分の 4 以上の多数により建替えをすることができる（62 条以下）が、欧米法ではどうか。また、日本法では、建物敷地売却等の「解消」については、上記の被災区分所有法およびマンション建替え等円滑化法に定める場合以外は全員の合意を要するが、欧米法ではどうか。

　以下では、必ずしも全ての項目に応答するものではないが、以上の点を踏まえて、欧米法 4 か国の各邦訳者が各国の法制の概要を述べることにする。

第 I 章　ドイツ法

国士舘大学法学部教授

藤巻　梓

1．ドイツにおける区分所有（住居所有）の現状

　ドイツにおける住居所有（区分所有）建物の住戸数は約 600 ～ 650 万戸あり、わが国と同様に居住の主要な一形態となっている。ドイツの区分所有法に当たる住居所有権法（Gesetz über das Wohnungseigentum und das Dauerwohnrecht、住居所有権及び継続的居住権に関する法律。以下、条数のみを挙げる場合は本法を指す。）は 1951 年に成立し、それ以降、2007 年 7 月と 2020 年 12 月の 2 回にわたり重要な改正がなされた。以下では、ドイツ住居所有権法における建物の管理をめぐる法制度について、2007 年改正および 2020 年改正の内容も踏まえつつ、その概要を素描することにしたい。

2．管理の実施

（1）規約

　建物等の管理を実施する主体として、第一義的には住居所有権者が挙げられるところ、その手段として、法は、規約と集会決議を予定している。まず規約については、住居所有権者が「法律の規定を補充し又は変更して」その相互の関係を規律するために設定するものである（10 条 1 項）。その法的性質は土地共有者間の契約であり、住居所有権設定時の区分計画書とともに土地登記簿へ登記される。規約は、土地登記簿への登記により特別所有権の内容となり、特定承継人に対しても効力を生じるが、登記がない場合には、規約設定時における住居所有権者間の債権的契約にとどまる。

　なお、規約の法的性質は土地共有者間の契約であるとされるため、その設定・改廃には原則として全所有権者の同意が必要とされる。ただし、特定の規約事項につ

いて、予め規約（すなわち全員合意）により、法律の規定と異なる合意（たとえば、規約は全員の合意ではなく、多数決により決議することができる等）をすることが可能である。

(2) 集会と定足数

　集会決議の定足数については、2020 年改正により大きく変更された。まず、2020 年改正前の法状況についてみると、集会については定足数が設けられており、全持分の過半数を代表する住居所有権者の出席が必要とされていた。しかし、ドイツにおいても建物の管理に関心のない区分所有者は一定数おり、なかなか集会が成立しないため、必要な管理措置の実施で滞るという問題が指摘されてきた。2007 年には、一回目の集会で定足数に満たなかった場合に、管理者は同じ議題について新たな集会を招集することができ、新たな集会は代表される持分の大きさに関わらず成立するとする改正がなされたものの、事態の解決には至らなかった。そこで、2020 年改正ではこれについて対応がなされた。

　2020 年改正後は、住居所有権者の集会は、出席した住居所有権者の数または住居所有権者に代表された持分割合にかかわらず、成立し、出席者の過半数の賛成により決議が成立することとされた（25 条 1 項）。したがって、理論上は、例えば、100 名の住居所有権者からなる共同体であるとして、このうち出席者が 10 名であっても集会は成立し、6 名の賛成により決議が成立する。この改正により、再度、集会を開催するための負担やコストの回避が図られた。

　なお、2020 年改正により、いわゆる新型コロナウイルス感染症への対応として、住居所有権者には集会へのオンライン参加を求める権利が認められた。ただし、これはあくまでも集会の現実での開催を前提としており、オンライン参加にとどまらず、現実の開催に代えて完全なオンライン集会のみとすることは認められていないことに注意が必要である（23 条 1 項第 2 文）。

(3) 決議事項と議決要件

　2020 年改正で大きく変更された部分であるが、まず改正前の法状況について若干触れておきたい。改正前は、①通常の維持管理については出席者の過半数で決議することができるが、②通常の管理を超える、建築上の変更や改良をなすには、出席者の過半数の賛成があり、かつ当該建築上の措置により特別の影響を受ける者の同意が必要とされていた。もっとも、建築上の変更によって影響を受けるものの、

その影響の程度が特別ではない場合にはこの同意は不要であることもその条文に明記されており、必要な措置が頓挫することが起こらないように条文上の配慮がされていた。また、③近代化のための措置や技術水準の適合化のための措置については、それが通常の管理を超える建築上の変更にあたるとしても、所有者の頭数の4分の3、かつ持分の過半数が賛成する場合には決議することができるとされていた（特別多数決議）。この場合には、特別多数の議決要件が満たされていれば、特別の影響を受ける者がいたとしてもその同意は不要とされていた。

このように、改正前においても、建築上の措置について一定の範囲で議決要件が緩和されていたが、なお「特別の影響を受ける者」の解釈をめぐって紛争が生じる等、混乱が指摘されていたのである。

そこで、2020年改正により修繕や近代化のための措置に係る合意形成の容易化が図られた。具体的には、共同財産の通常の維持を超える措置（建築上の変更）についても、集会における単純多数決で決議できることとなり、旧法下で要件とされていた、「当該措置により重大な影響を受ける者の同意」は不要となった（20条1項）。また、改正法は、各住居所有権者が、自らの費用負担で、エレベーターの設置、バリアフリー化、防犯対策やインターネット回線等の整備を行うことを請求する権利を認めている（同条2項）。

ただし、上記のように議決要件を緩和した場合には、望まない費用負担を課される住居所有権者の不利益を考慮しなければならない。そこで、改正法では、上述のように、一方において建築上の変更要件を緩和しつつ、他方において、その際の費用負担は原則として賛成した住居所有権者が負うものとした。そして、この場合に、当該建築上の変更により新たに設置され、あるいは変更された共用部分を使用できるのも、賛成した（＝費用を負担した）住居所有権者である（21条1項）。こうして費用負担義務と使用権限が結び付けられているのである。

なお、例外的に、当該建築上の変更が、（ア）出席した住居所有権者の3分の2を超え、かつ、（イ）全共有持分の半分を超える賛成をもってなされた場合には、すべての住居所有権者が―当該決議に反対した者も含めて―その費用を負担する（21条2項。ただし、不当に高額な費用負担を伴う建築上の変更は除く）。

3．管理の方式

建物等の管理については、住居所有権者が管理のための団体を構成し、この団体

が広く（つまり、2020 年改正前の法のいう「共同財産の管理の範囲」にとどまらない）権利能力を有することが確認された（9a 条）。それにより、団体の主体的、能動的な活動可能性が確保されている。

　実際の管理を担うのは管理者であり、実務上は管理会社が管理者に選任されるのが一般的である。いわゆる管理者方式が採用されている。管理者は、住居所有権者の集会決議により選任され、また解任される（26 条 1 項）。ドイツ法上、管理者の選任は排除することができない（つまり、全員合意で「管理者を置かない」とすることはできない。26 条 5 項）。管理者の職務権限は広範にわたるが、住居所有権者は、決議により、管理者の職務権限を制限し、または拡大することができる（27条 2 項）。そして、管理者については、その質を確保するために、新たに認証制度が設けられたことも注目される（26a 条）。

　なお、ドイツ法上、管理者の職務の執行を援助、監督する機関として管理顧問会が規定されている（29 条）。管理顧問会は、通常、住居所有権者を構成員として、住居所有権者と管理者との間の橋渡し的な役割を負うものとされてきたが、2020年改正により、その機能に管理者の「監督」が追加されている。

4．復旧

（1）復旧義務が生じる場合

　建物が滅失した場合の復旧に関する 22 条によれば、建物がその価格の 2 分の 1 を超えて滅失し、かつ、その損害が保険等によって塡補されないときは、その復旧について、決議し、またはその請求をすることができない。これを反対に読めば、建物の滅失の程度がその価格の半分以下である場合（要件①）、または、損害が保険若しくはその他の方法により塡補される場合（要件②）には、住居所有権者に復旧義務が発生し、その結果、住居所有権者は、通常の管理として復旧を決議し、または請求することができることになる。

　各要件についてみると、①滅失の程度については、建物がその価格の 2 分の 1 を超えて滅失していない場合には、復旧は、通常の管理（19 条）の問題となる。その場合に、損害が保険等により塡補されるか否かは問題とならない。他方で、②建物の滅失により生じた損害が保険またはその他の方法により塡補される場合には、滅失の程度にかかわらず、これもまた通常の管理として、再建を決議しまたはこれ

を請求することができることになるのである。

(2) 復旧義務が生じない場合

上記の各要件（①②）がいずれも具備されない場合、すなわち建物がその価格の2分の1を超えて滅失し、かつ、その損害が塡補されない場合には、復旧義務は発生せず、住居所有権者が復旧を決議し、または請求することができない。そこで、共同関係（日本法でいう区分所有関係）の廃止の可能性が生じる。すなわち、住居所有権法によれば、予め規約による合意がある場合に、共同関係廃止の決議または請求が可能であり、これは非解消性原則（11条）の例外と捉えられている。

非解消性の原則を定める11条は、住居所有権者による共同関係廃止の請求権を排除し、重大な事由がある場合でもこれを認めない。また、担保債権者や破産管財人が共同関係の廃止を請求することも認めておらず、これにより、住居所有権者の法的地位は保証されることになる。住居所有権者の共同関係は長期にわたって継続することを前提に設定されており、このことから、持分的共同所有関係（BGB749条ないし751条を参照）と根本的に区別される。

もっとも、上記の非解消性の原則については例外が認められる。すなわち、①建物が完全にまたは部分的に滅失し、②再建の義務が存在しない場合において、③共同関係の廃止について規約による定めがあるときは、例外的に、個々の住居所有権者は、他の住居所有権者の意思に反しても共同関係の廃止を請求することができる。このようにして、条文に忠実に解釈をしたとき、①から③までの要件が揃った場合にのみ共同関係廃止の請求が認められることになるが、学説には、共同関係の廃止に関する規約の定めがない場合であっても、建物が滅失し、復旧義務が発生しない場合には、爾後の共同関係の存続は無意味であるから、通常の管理として解消決議を認めるべきであるとする有力な見解がある。

5．小括

最後にドイツ法における建物の維持管理について、わが国との比較において注目すべき点を簡潔に示したい。先ず、ドイツ法では管理の実施について、その主体は住居所有権者であるとされており、住居所有権者の団体に権利主体性を付与し、その機能性が確保されるように法理論が形成されている。また、各所有権者には、秩序ある管理がなされない場合にこれを請求する権利が認められている点が注目され

る。ただ、実際に管理の実施を担うのは管理者であり、管理業者が管理者に選任されることが一般的である。そこでは、管理業者が管理について住居所有権者に対し契約責任を負っていることから、責任の所在が明確化され、管理の実施が確保されやすい状況にあるといえよう。

　次に、復旧・建替えについてである。ドイツ法においては、建物が滅失した場合の復旧の規定はあるが、日本のような建替えに関する規定はない。老朽化ないし効用増のための建替えは想定されておらず、建物を 100 年、あるいはそれを超える期間維持し、そのことを前提に必要な措置を講じていくというのが、ドイツにおける不動産文化であるといえる。

第Ⅱ章　フランス法

明治大学法学部教授

吉井　啓子

新潟大学人文社会科学系（工学部・経済科学部）准教授

寺尾　仁

1. 概観

(1) フランスの区分所有法

　フランスでは、1938年に最初の区分所有立法がなされ管理組合に関する規定が置かれた。1965年にはこの1938年法を廃止して1965年7月10日の法律第557号（以下65年法という）が制定され、現在は65年法と同法の施行令である1967年3月15日のデクレ第223号（以下67年デクレという）が区分所有関係を規律している。65年法は数多くの改正を経てきたが、最近の大きな改正としては、2014年3月24日の法律第366号（ALUR法、以下では2014年改正として紹介）がある。同法による改正点は、65年法に関するものだけでも管理組合の区分所有登録簿への登録義務化、区分売却の際の買主に対する情報提供など多岐にわたる。

　その後、2018年11月23日の法律第1021号（ELAN法、以下では2018年改正として紹介）により再び大きな改正が行われ、管理費など区分所有に関する債権の時効期間が10年から5年へ短縮されたほか、区分所有者からの未払い管理費等の回収手段強化、集会でのビデオ会議の利用、管理者の権限、集会における代理、特別共用部分、特別集会、修繕積立金に関するルールなど多岐にわたる点が改正された。

　さらに、2019年10月30日のオルドナンス第1101号 により、上記の2018年改正の内容が明確化されたほか様々な再修正も行なわれたが、ここでは、65年法の義務的適用範囲が住居目的の区分所有建物（日本でいうマンション）に限定されたこと、およびそれ以外の建物について65年法が適用される要件が明記された

ことを指摘しておく（1条Ⅰ・Ⅱ）。

　区分所有関連規定は、近年の改正を通じて、私法である65年法だけでなく公法である建設・住居法典にも多く置かれることになった。また、この25年間で、65年法の条文は、文字数だけでも5倍になったとの指摘がなされている。条文の整理と簡素化、そして65年法をはじめとする区分所有関連法規の法典への集約と整理が必要な状況となっている。

(2) 区分所有関係

　フランスでは、日本と同様、各自が一棟の建物の各住戸部分を単独所有しその他の建物部分および敷地利用権を共有する制度を採用している。65年法は、区分所有関係の開始に関する特別な規定を有しておらず、同法1条Ⅰ第1項がその適用対象につき「その所有権が複数の者の間で分配される全部又は一部が居住目的である建築不動産又は建築不動産群」と規定するのみである。

　フランスにおいては、建物が存する土地を、土地上の建物と一体の、一個の不動産として「建築不動産（immeuble bâti）」と呼ぶ。建築不動産が数個の「特定の区分所有者の独占的使用のために留保された建物及び土地の部分」（専有部分、2条1項）に区分され、かつ「区分所有者の全員若しくは一部の使用又は効用に充てられる建物部分及び土地部分」（共用部分、3条1項）を含む場合に、建物の区分所有関係が生じることになる。

2. 区分所有不動産の管理

(1) 管理組合

　65年法は、区分所有者全員で構成される管理組合（syndicat des copropriétaires）を区分所有不動産の管理主体とし、その集会（総会、assemblée générale）に管理組合の意思決定機関という位置づけを与えて、区分所有者全員による団体的な管理の仕組みを構築している。管理組合は、いかなる手続き・公示をも必要とせず、区分所有関係が生じると直ちに法人格を取得する（14条1項）。管理組合は、管理に必要な区分所有規約（règlement de copropriété）を作り（同条3項）、不動産の保存・改良および共用部分の管理を行うとともに（同条4項）、不動産の瑕疵または共用部分の管理によって区分所有者または第三者に生じた損害

について責任を負う（同条5項）。

　一つの区分所有不動産が複数の不動産を含む場合、25条決議（後述）によって二次的管理組合（syndicat secondaire）を結成することができることになっており（27条）、単一の管理組合が大規模な区分所有不動産に含まれる個々の建物を管理する際の不都合を回避する。二次的管理組合も、設立と同時に法人格を付与される（同条3項）。

　数は少ないが、協同組合方式の管理組合（syndicat coopératif、17条の1）もある。この管理組合においては、管理組合理事会（conseil syndical、以下では理事会という）が義務的に設置され、理事会構成員から管理者が選任される。

(2) 集会

　管理組合の集会は少なくとも年1回開催される。区分所有者は、共用部分におけるその持分に相応する数の議決権を有するが（22条I第2項）、ある区分所有者が共用部分の2分の1を超える持分を保有する場合、その者が有する議決権の数は他の区分所有者の議決権の総和に縮減される（同条I第2項）。

　2018年改正により、区分所有者は、集会に実際に出席するほか、ビデオ会議または本人確認ができるその他の電気通信の方法を用いて集会に出席できることになったほか（17条の1A第1項）、集会前の郵便投票も可能となった（同条2項）。このような改正が行われたのは、集会に出席しない区分所有者が多いため重要議題について議決することができない管理組合が増えてきたためである。代理人がビデオ会議等の方法で出席すること、区分所有者全員がビデオ会議等の方法で出席することもできると考えられている。

　集会での議決については、以下の①～④の4種の議決要件が定められているが、議決事項は法定されており規約で修正することはできない。65年法成立後の改正では、これらの議決要件の緩和と議決事項の追加修正が何度も行われてきた。継続的な修繕や改良により良好な状態を維持してできるだけ長期間にわたって建物を存続させるために、集会での議決要件を細かく定め、かつ事項によっては議決要件を通常の場合より緩和することで、修繕・改良のための工事ができるだけ容易に行えるようにしてきた。しかし、改正が繰り返されるたびに議決要件と議決事項が複雑化し専門家以外には理解しがたいものとなっている点は批判されている。

①単純多数決（24条）

　法律に特段の規定のない限り、出席した区分所有者、代理された区分所有者、郵便投票を行った区分所有者の過半数で議決することを原則とする（24条Ⅰ）。しかし、実際には②の絶対的多数決による議決事項が多いため、2014年改正では、条文の規定の仕方を若干修正し、24条Ⅱで、単純多数決で議決する事項を列挙することとした。

　2014年改正は、25条決議の対象とされていた事項について要件を緩和し24条決議によることができることとした。24条Ⅱに列挙されている事項のうちのa）・b）・c）がそれにあたる。安全面やバリアフリーなどの観点からできるだけ容易な議決が求められる事項である。さらに、24条の2～24条の8という条文も2014年改正の際に挿入され、そこに規定された事項も24条決議でできることになった。その多くは技術の進歩に対応するための工事に関するものである（テレビの受信方式の変更のための工事、電気高速通信網のための設備の設置、省エネルギー・エネルギー効率を高めるための工事、電気自動車の充電設備の設置など）。2019年改正では、さらに25条決議事項であったe）・h）が加わった。

②絶対的多数決（25条）

　絶対的多数決は、全区分所有者の議決権の過半数による。全区分所有者であるから、総会に欠席した区分所有者、代理人に委任しなかった区分所有者も含まれる。25条において絶対的多数決での議決事項を多数列挙するほか、18条Ⅱ、21条13項、21条の1、28条、38条にも25条の多数決での議決を要する事項が定められている。2014年改正は、それまで26条決議の対象とされていたいくつかの議決事項について25条決議によることができることとした。n）・o）がそれにあたる。特に、n）が規定する「変更、付加、改良を含む全ての工事」が25条決議の対象となった点は大きな変更であった。2018年改正では、逆に、f）のエネルギー効率を高めるための工事の議決要件を24条決議から25条決議へと厳しくする改正が行われた。さらに、2019年改正では、それまで26条決議事項とされていたg）を25条決議事項とする修正が行われた。

　25条決議で否決されても、少なくとも全区分所有者の議決権の3分の1の賛成があれば、24条の単純多数決で再議決が可能な場合があることも規定されている（25条の1）。

　なお、25 条の 2 第 1 項では、障がい者または身体能力減退者の住居へのアクセスのための工事については、各区分所有者は、自己の費用で、共用部分または不動産の外観に影響を与えるものであっても実施できるとする。ただし、集会は、全区分所有者の議決権の過半数で、工事が不動産の構造もしくはその基本的な設備要素に損害を与えることまたは不動産の用途に適応していないことを理由とする異議を申し立てることができる（同条 3 項）。

③二重多数決（26 条 1 項）

　二重多数決は、総議決権の 3 分の 2 かつ区分所有者の過半数による。26 条が二重多数決での議決事項を列挙するほか、35 条にも 26 条決議を要する事項が定められている。26 条 1 項 c）については、2014 年改正により、管理人職の廃止が不動産の用途や専有部分の使用収益の条件に影響を与える場合や区分所有規約に管理人を置くことが定められている場合は全員一致が必要とされることが追記された（同条 2 項）。また、同条 3 項によれば、集会は、いかなる多数によっても、区分所有規約が定める専有部分の用途またはその使用収益の態様に関する変更を区分所有者に課すことができないとされる。

　25 条決議で否決されても、少なくとも総議決権の 3 分の 1 の賛成があれば 24 条の単純多数決で再議決が可能な場合がある（26 条の 1）。26 条の 1 は 2019 年改正で新設された規定であり、二重多数決による議決がどれだけ困難なことであるかを示すものである。

④全員一致

　65 年法が個別に定める事項（11 条 1 項、26 条 4 項、26 条の 4 など）のほか、その性質上全員一致が必要とされる事項（解消・建替えなど区分所有権に影響を与えるものなど）については全員一致が要求されているが、全員一致を要する事項を全て挙げることは困難であるとされる。

（3）管理者

　総会決議の執行は、管理者に委ねられている（17 条 1 項）。管理者は、法人である管理組合を代表する管理組合の必置機関である。管理者の選任は、総会での絶対的多数決での議決による（25 条）。フランスの特徴は、通常、この管理者に、不動産管理の職業許可状（carte professionnelle）を有する不動産管理の専門業者

が就任することである。業者が管理者になる場合には、専門家民事責任保険に入ることが求められる。管理業を行っている大企業もあるが、管理業者の多くは、従業員5名程度の家族経営の小規模な業者である。区分所有法上は、区分所有者が管理者になることもできるが、区分所有者が管理者となっているのは戸数の極めて少ない小規模な区分所有不動産に限られる。区分所有者が管理者となる自主管理（autogestion）の場合、管理者は無報酬がほとんどで「ボランティア管理者（syndic bénévole）」などと呼ばれる。自主管理については、管理者が自ら建物に住んでいる場合が多いことなどから数多くのメリットが指摘されているが、今日では区分所有不動産の管理は複雑かつ多岐にわたるため専門知識を要すること、また区分所有者の中から管理者が選ばれると無報酬であることが多いため、管理者になろうとする区分所有者は少ない。なお、協同組合方式の管理組合の場合は、必ず区分所有者から管理者を選出しなければならない。

　管理者は、管理組合との間で、管理者委任契約（contrat de syndic）と呼ばれる委任契約を締結し、管理組合の受任者となる。雇用契約ではなく委任契約であるとされていることから、管理者は、管理組合からの独立性があり、一定の場合には自己の判断で行為できる。日常的に必要な維持工事は、毎年議決される予算の中に組み込まれており、管理者のイニシアチブによってなされる。管理者に付与された権限は、規約に定められた事項および総会決議の執行、契約の締結、建物の管理・保全に必要な作業の実施、会計計算書・予算書の作成と総会への提出、必要な要員の雇用・解雇、訴訟などにおける管理組合の代表などであり、これらの事項について、管理者は、委任契約に基づく受任者となり、報酬を受領し、その管理につき区分所有者に報告・説明する義務を負う。管理者の職務については、18条が詳細に規定する。管理者は、他の者を代置することができないものとされる（同条Ⅳ）。また、管理組合に対しては受任者として管理上の過失につき責任を負い、区分所有者らに対しては不法行為責任を負う。

　管理者の任期は原則として3年が上限とされるが、更新も可能である（67年デクレ28条2項）。ただ、実際には、通常総会開催時期と一致させるため、任期を1年としている管理組合が多いようである。管理者は一人でなければならない。この点、25条の条文では「管理者（syndics）の選任」と複数形が用いられており、複数の管理者を置くこともできるように読めるが、これは、1または複数の二次的管理組合が置かれている場合を想定している。

（4）管理組合理事会

　理事会は、管理者の管理業務執行を補佐監督する機関として、全ての管理組合において設置することとされている（21 条 1 項）。ただし、26 条決議によって理事会を置かない旨を議決することができる（同条 13 項）。この規定は、理事会を置く必要がないような非常に小規模な区分所有を念頭に置いている。理事会を設置しないことを議決した後に、改めて理事会を設置しようということになった場合は、25 条決議が必要である（同条 13 項）。

　理事会は複数名の理事から構成されるが、監督者としての公正さを確保するため、管理者および管理者の親族や従業員などは理事になることができない（21 条10 項）。管理者と理事会は全く別個の存在であり、理事会代表者（理事長）が管理者となることはなく、理事会が区分所有不動産の管理において中心的役割を果たすことはないとされてきた。区分所有者から理事が選ばれることが一般的だが、2009 年 5 月 12 日法による改正以来、区分所有者の配偶者や法定代理人（区分所有者が制限行為能力者の場合）なども理事となりうる（21 条 9 項）。理事の人数については特に規定がない。理事の選任・解任は 25 条決議による（25 条 c）。理事の任期は 3 年を超えることができないが、25 条決議により再任が可能である(67年デクレ 22 条)。

　21 条 1 項は「全ての管理組合において、管理組合理事会が、管理者を補佐し、かつ、その管理を監督する」と規定し、理事会の管理者の補佐監督機関としての役割を明らかにする。理事会の役割としては、管理者が作成した予算決算書を総会前にチェックするなど管理者の監督機関としての役割が特に重要であるとされる。理事会が管理者について何らかの異常を発見すれば、それは総会で報告されることになる。さらに、21 条 2 項第 1 文は「管理組合理事会は、この他、諮問された又は自ら取り上げた管理組合に関する全ての問題について、管理者又は集会に対して意見を述べる…」として、理事会は管理組合に関するあらゆる問題について、管理者や集会に対して意見を述べることができるとする。管理者が任務を遂行するに際して区分所有者の意見を聞きたい場合、総会を招集することは簡単ではない。そこで、代わりに理事会に意見を求めるということが多い。このような管理者の諮問機関としての理事会の役割も重要である。

　近年の改正により徐々に理事会の権限は拡大されてきており、理事会には単なる管理者の補佐監督機関にとどまらないより大きな役割を果たすことが期待されてい

る。まず、理事会は、管理者の選任についても大きな役割を果たす。管理者の選任にあたり、理事会が集会に提出するために複数の管理者委託契約の見積もりをとる（21条3項）。理事会は、これらの管理者委託契約案について、書面により意見を付して集会の議題とする（同条5項）。さらに、2014年改正では、15個以上の住居、事務所または商業用途の区分から構成される区分所有不動産について、集会決議により、理事会に対して予算内で行われる工事の実施の権限を付与することができることになった。その後、2018年改正により、上記の改正の方向性をより進める形で、集会は、25条決議により、集会の通常多数決により決せられる事項（24条決議事項）の全部または一部について、理事会に権限を授権できることになった。権限の授権は、最大2年で、集会の明示の議決により更新できる（21条の3）。

3. 管理費等不払いへの対応・修繕積立金

　フランスにおいては、区分所有建物の管理を悪化させ、場合によっては荒廃にいたらせる管理費・修繕工事費等の未払いが問題となってきた。これに対応すべく、導入されたのが、管理組合の法定抵当権・動産先取特権（19条）である。管理組合に対して区分所有者が負う全ての性質の債務を担保するために、当該区分所有者の有する区分を目的として管理組合の法定抵当権が成立する（同条1項）。法定抵当権とは、法律の規定により成立する抵当権であり、その保全と順位を確保するためには登記が必要であり、登記は管理者が行う。実際に登記され実行される例は少ないが、管理組合にとっては最終的な手段となり得る。また、1項の債務を担保するために、区分に備えられた全ての動産を目的として、民法典2102条1号の動産先取特権が成立する（同条5項）。

　さらに、1994年改正により、管理組合には極めて強力な不動産先取特権（19条の1）が認められたが、2014年改正により対象となる債権が追加され、管理費および工事費用だけでなく、修繕積立金、24条Ⅱc）の適用により実施される修復工事費用、管理組合に対する損害賠償金、償還すべき費用について、区分の売却時に売却代金について、民法典2374条の不動産先取特権が成立する。この権利は、登記を必要とせず19条の法定抵当権よりも強力な担保であるが、他の債権者にとっては脅威となる「隠れた」担保である。

　フランスでは、修繕工事などが行われるたびに区分所有者から工事費用を回収することが行われていた。そのため、必要な工事であっても、費用を負担したくない

区分所有者からの反対によりなかなか実施に移せないという問題点が指摘されてきた。そこで、2014 年改正により、全部または一部が住宅用の区分所有建物を対象として、毎年の予算に組み込まれていない修繕工事を対象とする義務的な修繕積立金（工事基金、fonds de travaux）制度が導入された（14 条の 2II）。積立金の対象となるのは、法令で規定された工事と集会で決定された工事であり、25 条決議で積立額を定める（同条 II）。区分が 10 個以下の区分所有建物では積立をしないことを全員一致で決議することができる（同条 III）。

4. 荒廃区分所有対策

65 年法は 1994 年の改正によって、荒廃区分所有（copropriétés en difficulté）という術語を標題に入れた第 2 章第 2 節を設けた。荒廃の定義は定めていないが、荒廃前段階（pré-difficulté）（29-1A 条～ 29-1C 条）と荒廃段階（difficulté）（29-1 条～ 29-14 条）は分けられている。

荒廃前段階とは、管理組合の未収金が請求可能額の 25％、200 戸以上の区分所有では 15％となったことである。管理者は、この事実を管理組合へ伝えるとともに、特別受任者（mandataire ad hoc）の任命を司法裁判官に請求する。特別受任者は、管理組合の財務状況、不動産の状態、管理組合の財務の均衡を回復するための提案、建物の安全を確保するための提案等をまとめた報告書を司法裁判官に提出する。

荒廃段階には明確な定義がなく、管理組合が深刻な財務上の問題に陥った場合または不動産の保全ができなくなった場合に、司法裁判官の任命により仮管理者（administrateur provisoire）が任命され区分の正常な管理を回復させるために必要な措置を取ることになる。仮管理者は、管理者、区分所有者の集会、管理組合の大半の権限を委譲される。債務を整理して返済工程表を作成し、必要があれば管理組合の中に 1 または複数の二次管理組合の設立や管理組合の分割を司法裁判官に請求することもできる。

さらに管理組合の財務状況では必要な工事をすることができない場合には、司法裁判官は仮管理者が工事発注および事業資金調達を委ねる内容の契約を事業者と結ぶ強化臨時管理制度（administration provisoire renforcée）を許可する。これでも正常な管理を回復することができない場合、仮管理者は行政法である建設・住居法典が定める保護プラン（5 参照）への移行を司法裁判官に求めることもできる。

5. 行政法による規定

　フランスでは、民間建物・住宅に関する行政法による介入は、とりわけ安全性および衛生の確保の観点から区分所有に限らず古くから行われている。その中核を成す実定法は建設・住居法典（Code de la construction et de l'habitation：CCH）である。建設・住居法典には区分所有について定める条文が多数あるが、本節ではそのうち区分所有の管理に介入する規定を紹介し、他の政策目的を達成するために区分所有を用いる規定、例えば住宅政策として行われる社会住宅の売却において区分所有に係る規定や環境政策として行われる電気自動車用充電設備の設置のための区分所有に係る規定は取り上げない。

　建設・住居法典は、建物・住宅の質に関する規定を多数設けており、区分所有の管理はこれらの基準を満たすように行われるべきとされている。同法典は、この点について、管理の前提、管理の透明性の向上、劣化・荒廃対策という3つの局面において介入する。さらに劣化・荒廃対策では都市計画法典（Code de l'Urbanisme：CU）が定める制度も用いられる。以下に記す条文番号は、CU の記載のないものは全て CCH である。

　なお、本節で言う「マンション」とは全部または一部が居住の用に供される区分所有建物または建築不動産群である。

(1) 前提

　管理の前提を定める制度は、2014 年法によって定められた区分所有管理組合登録（immatriculation des syndicats de copropriétaires）（法 711-1 条～法 711-7 条）である。区分所有の状態を市民および公権力が知ること、区分所有の機能不全の突発防止を目的としている。

(2) 透明性の向上

　管理の透明性を向上させる規定は、いずれも 2014 年法が制定したものである。まず買主への情報提供（法 721-1 条～法 721-3 条）である。区分所有の区画の売却に際し、全ての用途の建物につき広告で、マンション内の区画については売却予約書、予約書がない場合の売買公署証書案、公売の仕様書においても、購入希望者に対して区分所有の情報を提供するとしている。

　次に総合技術診断（Diagnostic technique global）（法 731-1 条～法 731-5 条）

は、区分所有不動産の全般的状況について区分所有者へ情報提供することと、工事複数年計画の立案のために行われる。

(3) 劣化・荒廃対策

劣化・荒廃対策としては、区分所有に限らず建物あるいは住宅全般を対象とする制度として不動産修復事業（Restauration immobilière）（CU法 313-4 条～法313-4-4 条）、建物・住宅の安全性および衛生（sécurité et salubrité）のための警察権の行使（法 511-1 条～法 L511-22 条）がある。区分所有のみを対象とする制度として荒廃区分所有対応住居改善プログラム事業（Opérations programmées d'amélioration de l'habitat de copropriétés en difficulté）（法 321-1 条）、保護プラン（Plan de sauvegarde）（法 615-1 条～法 615-5 条）、破綻区分所有再生事業（Opération de requalification de copropriétés dégradées：ORCOD）（法 741-1 条～法 741-2 条）、所有者欠如（état de carence）（法 615-1 条、法 615-6 条～615-9 条）がある。

警察権の行使により、（区分所有に限らず）住宅・建物は危険あるいは非衛生と判断されると、安全あるいは衛生の基準を満たすための改善工事の施工が命じられる。場合によっては安全性・衛生性が達成されるまでは当該建物・住宅の使用が禁止されることもある。

事業制度は多様であり、改善工事命令を発せられた建物・住宅だけを対象とする制度も、それ以外の物件も対象とする制度もある。共通点は、前述のとおり、フランス法では区分所有の荒廃は管理の荒廃とされ、建物・設備の荒廃はその帰結とされるので、①管理組合の再生を財務・運営の両面から取り組み、②再生した管理組合が建物の改善工事を実施するか、組合が再生されなければ区分所有を解消することになる。さらに③居住者の債務解消、住居費補助、社会住宅への転居など居住者対策も実施される。これらの事業は、市町村の連合体である市町村間協力公施設法人（établissement public de coopération intercommunale）が策定する市町村住居プログラム（programme local de l'habitat）に定められる（法 302-1 条ⅢⅣ）。

第Ⅲ章　イギリス法

明治学院大学法学部教授

大野　武

1. 区分所有の現状

　イギリスでは、いわゆるマンションのことをフラット（flat）と呼んでおり、そのフラットからなる建物をフラット用建物（block of flats）と呼んでいる。フラットの権利形態については、現在では、長期不動産賃借権（long leasehold）と共同保有権（commonhold）とがある。2つの権利形態が併存する理由としては、主として、①第二次世界大戦後にフラット所有が一般化してきたにもかかわらず、わが国の区分所有法に相当する法律が制定されないまま、既存の長期不動産賃貸借制度を利用することによって、長期不動産賃借権を基礎とした独自の法制度を確立させてきたこと、②わが国の区分所有権に相当する共同保有権が導入されたのが2002年共同保有権・不動産賃借権改革法（Commonhold and Leasehold Reform Act 2002）においてであって、すでに確立した長期不動産賃借権に基づく法制度を共同保有権に基づく法制度へと転換することができなかったことによる。[*1]

　このため、2002年の共同保有権の立法化にもかかわらず、フラットの開発・分譲に際しては、その後も長期不動産賃借権が利用され、共同保有権の利用が進展することはほとんどなかったのである。[*2]　したがって、イギリスにおけるフラット所有

＊1　具体的な経緯については、大野武『住宅と借地制度―契約終了時の利益調整』（敬文堂、2019年）187-234頁参照。

＊2　2009年10月26日にイギリスで行ったヒアリング調査によれば、これまでの実例は、14単位で107戸しか存在しておらず、いずれの実例もサウスコースト地域にしか存在しないということである。これは、たまたま農家の地主がより良いコミュニティを作ろうと考えたためであり、開発業者による商業的な関与によるものではないとのことである（Association of Residential Managing Agents(ARMA) の David Hewett (Executive Secretary) からのヒアリングによる）。また、共同保有権の利用はその後も進展せず、現在でもその開発事例は20単位に満たない状況である（Law Commission, Reinvigorating commonhold: the alternative to leasehold, Summary, Law Com No 394(Summary), 21 July 2020, para.1.4）。

の権利形態は、そのほとんどすべてが長期不動産賃借権によるものであるということができる[3]。このようなフラット所有の実際の状況は、次のとおりである。

　イギリスのうちのイングランドにおける 2019 年度の全住宅は約 2,437 万戸あり、そのうちの持家（Owner occupied）は約 1,554 万戸（63.8％）である。また、この全住宅のうち、約 465 万戸が不動産賃借権に基づく住宅であり、そのうちの持家は約 259 万戸（55.7％）である（その他の住宅は、民間賃貸住宅や公営賃貸住宅などである）。持家の居住態様では、住宅（戸建て住宅のほか、半戸建て住宅、テラス式住宅を含む）とフラットとがあるが、不動産賃借権に基づく持家は、住宅が約 114 万戸、フラットが約 145 万戸である。したがって、イングランドにおけるフラット所有の戸数は、約 145 万戸（全持家の 9.3％）ということになる[4]。

　以上のように、イギリスのフラット所有に関しては、実質的には長期不動産賃借権によるフラット所有のみが存しているというのが実態であるが、法律上は 2 つの権利形態が存していることから、ここではそれぞれの権利関係について概観しておくこととする[5]。その上で、今後の課題について若干の検討をすることとする。

2．長期不動産賃借権フラットの権利関係

(1) 長期不動産賃借権の設定

　開発業者は、フラットを分譲するに際して、購入者との間で存続期間 99 年（あるいは 999 年）の不動産賃貸借契約を締結するのが典型である。これにより、購入者は住戸を含む区分（unit）の長期不動産賃借権を取得する一方、開発業者は契約終了時における区分の復帰権（reversion）を取得し、また共用部分（common parts）の自由土地保有権（freehold）を留保することになる。長期不動産賃借権は、存続期間が長期であることに加え、各種の制定法による保護もあることから、購入

＊3　イギリスの所有権概念では所有権は 11 の主要条件の束であると考えられており、長期不動産賃借権は、その多くを備えていることから、所有権の類型に属するものと観念されている（詳細については、大野・前掲書（＊1）78-80 頁参照）。

＊4　Ministry of Housing, Communities & Local Government, Official Statistics, Leasehold dwellings, 2019 to 2020, 8 July 2021.

＊5　長期不動産賃借権フラットと共同保有権フラットのより具体的な権利関係については、大野・前掲書（＊1）202-242 頁参照。

者は区分について実質的に自由土地保有権に相当する強い財産権を有することになる（ただし、99年の不動産賃借権については後述するような問題が依然として残されている）。これに対して、共用部分は自由土地保有権が開発業者に留保されることから、購入者のために共用部分を利用するための地役権（easement）が設定されることになる。

(2) 管理者

　開発業者と購入者は、法的には、賃貸人と賃借人の関係となることから、建物に対する管理責任は賃貸人である開発業者が負うことになる。そこで、賃貸人は、建物全体に対する適切な管理を行うために、賃借人との間で不動産約款（covenant）を締結する。これにより、賃貸人は建物に対する管理責任を負担し、賃借人はサービス・チャージ（service charge）の支払義務を負担することになる。したがって、賃貸人たる地位を有する者が原則として建物の管理者となる。

　このような賃貸人たる地位は、とりわけ存続期間が99年の場合、それ自体に金銭的価値が付随するものであった。すなわち、賃貸人は、①各賃借人を代理して保険会社との間で保険契約を締結するに際して各賃借人から代理手数料を得られること、②賃借権の譲渡や構造・用途の変更に際し賃借人から許可料を得られること、③自らの関連会社を通じて高額の維持管理費用を賃借人から徴収できること、④賃借人の約款違反に対する賃借権の没収（forfeiture）の期待価値を有することなど、賃貸人たる地位それ自体に収益的要素が認められたのである。

　このため、開発業者は、賃貸人たる地位を外部の投資家に譲渡することも可能であった[*6]（これにより、開発業者は、区分の不動産賃借権設定の対価だけでなく、賃貸人たる地位の譲渡による利益も得ることができた）。このように、賃貸人たる地位には収益的要素が認められ、開発業者や投資家が収益を最大化するために賃貸人たる地位を濫用的に行使した場合、各賃借人にとっては、不十分なサービス内容しか享受できず、その一方で、高額なサービス・チャージの支払いを要求されるという問題が生じたのであった[*7]。

＊6　Martin Davey, "Long Residential Leases: Past and Present," in Susan Bright (ed.), Landlord and Tenant Law: Past, Present and Future (Hart, 2006), pp.161-162., David Clarke, "Long Residential Lease: Future Directions," in Susan Bright (ed.), Landlord and Tenant Law: Past, Present and Future (Hart, 2006), pp.176.

＊7　Clarke, supra note 6, pp178-179.

このような外部の賃貸人による管理問題に対しては、現在では、1993年不動産賃借権改革・住宅・都市開発法（Leasehold Reform, Housing and Urban Development Act 1993）および2002年法によって、一定の資格要件を満たした賃借人によって設立された団体が賃貸人たる地位を強制的に買い取ることを可能とする団体的解放権（right of collective enfranchisement）が認められている。この権利が行使されると、各賃借人は自らが構成員となる団体を通じて、自らの意思で建物の維持管理を行うことが可能となる（ただし、この権利も様々な実際上の制約があり、必ずしも有効な解決策となっていないのが実情である[8]）。

（3）管理制度

以上のように、建物の管理は、賃借人にとっては外部の賃貸人によって行われる場合と賃借人によって設立されたフラット管理会社（flat management company）によって行われる場合とがあるが、ここでは後者の場合について概観する。

フラット管理会社は、株式会社（company limited by shares）または保証有限会社（company limited by guarantee）の形態をとっており、この会社が賃貸人として建物の管理主体となる。したがって、賃借人との間の権利義務を定めた不動産約款と会社の定款（articles of association）とがフラット管理会社の根本規則となる。また、フラット管理会社は、2006年会社法（Company Act 2006）の規定に基づいているので、執行機関・代表機関は理事（director）であり、意思決定機関は総会（general meeting）となる。総会では、理事の選挙、年次計算書類・監査報告書の承認、次年度予算案の承認、監事（auditor）の選任などのほか、定款の変更、会社の清算、理事の解任などについて決議されるに留まり、建物の実質的な管理権限は理事に広く委ねられている。

（4）長期不動産賃借権の終了

不動産賃借権は、存続期間の満了をもって終了するのが原則である。しかし、賃借人は、団体的解放権のほか、1993年法において新規不動産賃借権の個別的取得権（individual right to acquire new lease）に基づき90年の不動産賃借権を賃貸人から強制的に取得することができるとされている。このため、資格要件を満たした賃借人の団体が前者の権利を行使すると、賃貸人たる地位を取得した団体が存

＊8　Davey, supra note 6, p167.

続期間の延長を承認することによって、あるいは個々の賃借人が後者の権利を行使すると、それぞれの存続期間が延長されることによって、不動産賃貸借関係は継続されることになる。もっとも、1993 年法は、賃貸人の利益にも配慮して、賃貸人が不動産を再開発する意図を有している場合には、裁判所の命令により、団体的解放権の適用を排除することを可能とする規定を設けている。この命令が認められると、賃借人は、団体を通じて賃貸人たる地位を取得することができず、存続期間の延長を図ることもできないので、不動産賃借権は存続期間の満了をもって終了することになる。ただし、その際に賃借人が新規不動産賃借権を取得していた場合には、賃貸人は賃借人に補償金を支払わなければならないとされている。

3．共同保有権フラットの権利関係

(1) 共同保有権の設定

　区分所有関係を発生させるためには、まず開発業者が対象不動産に対し共同保有権不動産（commonhold land）の設定登記をする必要がある。登記された共同保有権不動産の範囲内の特定の部分は共同保有権区分（commonhold unit）と呼ばれ、排他的な永久の所有権の対象となる。他方、それ以外の部分はすべて共用部分とされ、共用部分は、保証有限会社の形態をとるすべての区分所有者（unit-holder）から構成される共同保有権組合（commonhold association）によって所有・管理されることになる。

(2) 管理者

　共同保有権組合は、共用部分の自由土地保有権者としてこれを単独で所有し、共同保有権組合と区分所有者の権利義務を定めた共同保有権共同体宣言書（commonhold community statement）に従って建物の管理責任を負うものとされる。

(3) 管理制度

　共同保有権組合は、保証有限会社の形態をとるので、共同保有権共同体宣言書と共同保有権組合の定款とが根本規則となる。共同保有権組合は、2006 年会社法の規定に基づいているので、その仕組みは長期不動産賃借権におけるフラット管理会社と同様である。

(4) 共同保有権の終了

　2002年法においては、共同保有権を終了させるための2つの手続きが定められている。1つは任意清算（voluntary winding-up）であり、この場合、①支払可能宣言（declaration of solvency）、②共同保有権不動産の第三者への譲渡と資産の分配についての解散宣言書決議（termination-statement resolution）、③清算決議（winding-up resolution）を要するとされている。また、これらの各決議には全員合意あるいは80％以上の合意を要する（後者の場合、解散申請の内容や条件および解散宣言書の内容を確定するための裁判所の命令を要する）とされている。そして、もう1つは1986年破産法（Insolvency Act 1986）に基づく裁判所による清算（winding-up by court）である。

4．今後の課題

　以上のように、現在では、共同保有権が立法化されているものの、イギリスのフラットの開発・分譲において長期不動産賃借権が共同保有権に転換していく兆候はまったく存在していないと指摘されている。その主な理由として、1つは、共同保有権の終了の規定が譲渡抵当権による担保価値を不安定にするものとして金融機関によって忌避されていることがある。そして、もう1つは、99年の不動産賃借権による場合、開発業者は、賃貸人たる地位をも譲渡できるという二重の利益を得られることから、そのような利益の得られない共同保有権を設定するインセンティブが開発業者に働かないことがある。このため、今後も長期不動産賃借権によるフラットの開発・分譲が続くものと考えられており、外部の賃貸人による管理問題を今後もいかにして是正していくかということが残された課題とされている。[*9]

＊9　Clarke, supra note 6, pp184-185. なお、法律委員会は、2020年7月に「共同保有権の再活性化」と題する報告書を公表しており、全面的な法改正に向けた検討がなされるに至っているが（岡田康夫「イギリス連邦系の国々との比較法的アプローチ」マンション学67号（2020年）104-106頁参照）、長期不動産賃借権を共同保有権に転換することは、利害関係者（とりわけ開発業者）の利益に大きな影響を与えることになることから、その実現は決して容易でないといえる。

第Ⅳ章　アメリカ法

創価大学法科大学院教授

花房　博文

1．コンドミニアム法制の現状

(1) コンドミニアムを取り巻く問題

　コンドミニアム (condominium) に限らず、アメリカの現在の住宅問題は、ハリケーン、洪水、森林火災、地震等の繰り返される大規模災害に対する再築支援制度の確立に重点があるように思われる。大規模災害では、所有者等の所在や生死も不明な状態が生じる場合があり、所有者（管理）団体が形成出来ない状況の中で、誰の指揮でどのような修繕・再築に向けて行動していくかが問題となり、裁判所によって、指揮管理者が選任される手続等がみられる（Fla. Stat. §718,117 (7)）。繰り返される洪水等の災害リスクに対して、連邦緊急事態管理庁（Federal Emergency Management Agency）の連邦洪水保険制度（National Flood Insurance Program）の付保が融資の条件づけなどにされるが、巨大損害（catastrophe loss）の支払が繰り返されると制度設計が厳しく、被災者もそれだけでは建物の再建費用が賄えないために、災害時の損害に備えて再建費用を捻出できる制度の確立が課題となっている。

　また、アメリカ特有の住宅政策として、連邦機関が運営する担保付き債権を購入して、同担保付き債権を流通させる二次的市場形成を予定した不動産購入融資制度が発展してきていたが、サブプライム層への融資政策の失敗によって不動産取引市場が停滞する事態が生じてしまった。そこで、コンドミニアム自体の経年劣化とは無関係に、市場価値を失ってしまった管理不全・経済破綻状態にあるコンドミニアムプロジェクトを解消させ、買取、再建、再供給する政策が図られた。特に、老朽化やスラム化が進む N.Y. 公営住宅などでは、低中所得者層への収入に見合った（affordable）住宅の供給推進政策が進められ、税や金利優遇措置や家賃補助と相俟って住宅の再生、再築が進められて来ている。

　これらは、我が国の老朽化を想定した建替え問題とは異なる要請に基づくものであり、潤沢な再生・再築を図ることができたのは、取得不動産への継続居住意識が、我が国のそれに比較して少ないことも影響しているようである。

　さらに、2019 年末からのコロナウイルスによるパンデミック被害の拡散を防止するために、人の集団的行動を制限する命令がいくつも行政機関から発令されたが、その要請はコンドミニアムの領域内にも求められ、その対応として理事会の緊急権力規定等も新規に設けられた。また、管理業務の電子化は既に推進されていたが、電子通知やオンライン集会手続等の規定が一層整備されている。

　なお、本稿においては、日独仏英の法典国との比較法的検討対象としてのアメリカコンドミニアム法制を取り上げるため、モデル法である統一共同財産所有法（Uniform Common Interest Ownership Act）法制での体系的特徴を中心に解説する。

(2) 日米の所有形態の成立や住宅政策の相違

　そもそも、イギリス法の影響を受けているアメリカでは、「封土保有権」が土地の財産権の基本である。我が国の完全物権としての所有権の概念と異なり、沿革的には、領主に忠誠を誓い従属することへの対価として、単独所有のように利用できるように認められた権利として発展してきたことから、財産の帰属主体性にこだわる我が国の所有権意識と根源的差異が見受けられる。現在でも「土地」については封土的所有関係（tenancy）として呼ばれる。ただ、土地以外の不動産権や物については、我が国同様に、財産（property）の所有権（ownership）概念で規律されている。

　次に、所有権の共有関係については、封主一族の合同所有（joint tenancy）の形が原型とされるが、合同所有形態では、合同所有者の一人の死亡によって当該持分は生残者の共同財産へと吸収帰属されて生残者財産権（survivorship）を構成するので、次第に、そのような吸収がされないで、当該持分を相続できる共同所有（tenancy in common）が確立されてきた。死亡者の当該持分は分割された権利として、それぞれに相続人へと承継されていく形態となる。我が国の共有関係は tenancy in common の形に相当するものといえる。

　建物全体が共有関係の形態の住宅もあるが、UCIOA に規定されるコオポラティブ（cooperative）形式は、共同出資による財団法人所有の共同建物として、建物に出資した持分権に従った、株式のような形の構成員権に基づいて、各専有部分

(unit)を利用できる制度である。財産のすべての部分の所有主体が団体であるため、当事者の変更についても法律関係の移行が非常に簡便かつ速やかなものとなるが、団体的制約はコンドミニアムに比較して多い。

　コンドミニアム形式は、団体の構成が土地単位か、我が国の1棟の建物単位かの相違以外は区分所有形態に最も近い形態である。

　当初のモデル法は統一コンドミニアム法（Uniform Condominium Act）としてコンドミニアムだけを対象とするものであったが、現在は、地域全体を一体的に計画開発し共同施設も備えた戸建住宅群である一体的開発計画（Planned Unit Development）や、コオポラティブやコンドミニアム等を統合化したUCIOAとして共同財産の管理法モデルが策定され、各州では、その採択の有無を決定し（以前のUCAや旧バージョンのUCIOA採択州もある）、州独自に修正して州法とする場合もある。UCIOAでは、分譲契約における規律もコンドミニアム法に組み込まれるため、当該建物の内容や譲渡契約後の利用計画についての情報開示義務等の消費者保護的な内容が組み込まれているが、日本法では、売買契約や請負契約といった契約当事者の権利義務と、所有者や占有者の管理上の権利義務とは明確に区別されるので、全員合意の特約として規約に規定されない限り、分譲契約における特約は、その後の区分所有者等に効力は有しない。

2. 管理規範と管理対象物の分類

（1）管理規範

　アメリカのコンドミニアム法制で最も特徴的な点は、州法（Statute）規範と登録された宣言（recorded Declaration）規範との多重規範構造にある。宣言とは、州法規範のもとで、専有部分所有者である宣言者等によって作成された団体自治規範であり、内部的拘束とともに、宣言の登録により、対外的にも専有部分の承継人にもその効力が生じる。

　宣言の記載事項は州法に委ねられ、各規定の殆どは州法規定と重複する内容であるが、州法の強行規定に反しない限り、各コンドミニアム所有者団体固有の合意内容を盛り込むことができる。

　宣言の記載事項の具体例には、①コンドミニアムの名称、②所有者団体の名称、③コンドミニアムの所在地、④当該コンドミニアムを含む不動産権に関する法的記

述、⑤最大住戸数、⑥部屋番号を示した専有部分の境界に関する記述、⑦専用使用部分に関する記述、⑧（分譲・開発業者の将来の開発権が留保された部分を除く）専用使用に割り当てられる部分の記述、⑨開発権及び宣言によって特別に留保された権利、⑩留保された開発権の適用・実行期間、⑪その他の条件や制限、⑫各専有部分に割り当てられる権利の割当算出法、⑬使用、占有、移転譲渡への制限事項、⑭登録された従たる用益権やライセンス等々があげられる。

　宣言文書は、団体自治に関する定義規定、利用目的、利用資格、手続等であり、具体的な手続規定を規律する規約（by-laws）や細則（regulation）とは異なるものである。また、宣言を登録する意味は、コンドミニアムにおける法律関係の公示的意義も有するので、宣言内容の添付資料として、売買契約書、資産、図面や、開発計画書等の文書も含めた膨大なコンドミニアムに関する法文書（Condominium Documents）がファイル（file）され、コンドミニアムに関する法律関係の開示として、分譲時の消費者保護としても機能している。

（2）管理対象物の分類

　コンドミニアムにおける管理対象物の分類は、その構造に従って、分譲単位である専有部分、共用部分（common interest）、我が国の専用使用部分に相当する制限的共用部分（limited common interest）に分かれる。これらの内容は、宣言に登録することで、駐車場（parking lot）を排他的に使用することも可能となり、専有部分の合体・分割や、共用部分の専有部分への変更も可能であり、我が国よりも自由な裁量がある点が注目される。

（3）宣言文書の修正手続

　コンドミニアム法制の根本規範である宣言の変更には、原則3分の2の特別多数決が求められるが、専有部分所有者等は、同宣言の修正手続によって理事会の裁量権を拡大させて維持管理業務を柔軟に執行できるように変更できる。ただし、この宣言修正手続自体も当初の宣言規定に拘束されることになる（UCIOA 2-117）。

　宣言文書の修正の多くは、理事会（Board of Directors）の構成員が専有部分所有者等に移譲される段階までに、分譲業者の作成した宣言文からの変更箇所がある場合に行われるが、修正された宣言文書も登録によって効力が生じる。

3. 管理主体・執行機関・団体意思決定手続

(1) 管理主体

　コンドミニアムの管理主体は、専有部分所有者の団体（unit owner's association）であり、独立した社会的実在として法的主体となる。同団体は必ずしも法人である必要はないが、多くの州では法人であることが想定されており、法人の場合には会社法（営利、非営利の場合で適用法が異なる）の定款が重複して団体自治規範として効力を持つ。なお、同団体は、コンドミニアムの分譲時以前に組織されなければならず、この時点で宣言者等による宣言文書の登録も済ませていなければならない。従って、当初の宣言文書は、分譲販売を行う開発業者によって作成されることになる。

(2) 執行機関

　専有部分所有者全員の代表者として管理行為を決定・執行していく理事（Director）は、宣言者（Declarant）によって決定され、理事長（President）は理事から互選される。従って、前述のように分譲後の一定の期間は、実際の専有部分所有者ではなく、宣言者である開発業者及び彼らが指名した者が理事として構成せざるを得ないことになる。その後、段階的に専有部分所有者等の中から選出された理事へと移譲されていくこととなるが、少なくとも専有部分所有者等が理事会の過半数を構成すれば足り、理事会に専有部分所有者以外の専門家が関与することも想定されている。

　また、分譲開発業者によって指名された理事と専有部分所有者によって選出された理事との責任範囲は異なり、前者は、受託者たる責任（fiduciary duty）を負うため、専有部分所有者全員の利益を最善に図る責務を負うが、後者は、通常に求められる注意義務に基づく業務執行（exercise ordinary and reasonable care）で足り、会社法の経営判断不介入の法理（business judgment rule）が適用される。

　理事の職務に関して、一定範囲の管理行為について代理人を利用できるが、あらかじめ、その旨を宣言に規定しておく必要があり、理事会の裁量でその者を委託・雇用・解任できる。管理業務を管理人（Manager）や、管理委託会社（Management Company）に委託する場合は、個々の業務範囲を規約に規定しなければならず、包括的な管理委託は認められず、我が国の「管理者」に相当する制度も設けられて

いない。

　なお、雇傭人（Employee）とは、個別の業務の遂行のために委託契約ではなく雇用契約を直接に締結して管理に関わる者で、あらかじめ指定された内容の業務のみを行う者を指す。

(3) 団体意思決定手続

　団体意思は、集会決議による団体意思決定が原則であるが、むしろ、前述の理事の義務及び権限として理事会に広汎な裁量権が認められているのが特徴的である。また、集会の種類としては、①開発業者の管理を専有部分所有者団体へ移譲することを目的とする管理移譲総会（Transition Meeting）、②年に一度開催される総会で、主たる目的は理事の選任を目的とする通常総会（Annual Meeting）、③特別の目的（宣言の修正、理事の罷免、予算の審議等）のために開かれる特別総会（Special Meeting）等があり、集会招集手続は、理事長、理事会決議、または専有部分所有者の 20％ 以上によってなされる。また、理事会会議（Board of Director's Meeting）は、理事等による管理方針とその執行方法を定める会議であり、その職務内容の重要性から、委任状に基づく意思表示や議決権の代理行使等は認められていない。

　議決権の数え方は州法により異なるが、その多くは会社法の「1 株式 1 議決」と同趣旨による「1 専有部分 1 議決権（one vote per unit）」である。専有部分の床面積に基づく持分割合によることを原則としたり、区分所有者数を基準に加えた二重の多数決を採用したりする我が国とは異なり、複数の専有部分の所有者は専有部分だけの議決権をもつ。また、通常総会の定足数については、通常総会では議決権を有する者の 20％ 以上が出席（委任状も含む）し、理事会については 50％ 以上の理事の直接出席が求められる。なお、多数決の種類や要件も州法により異なるが、概ね、通常管理については過半数、宣言文書の修正等には 2/3 以上の特別多数決が求められている。また、コンドミニアムを修復しない旨の決議（我が国の復旧か建替えにかかる決議）については、4/5（あるいは宣言で別途定める場合にはその割合）以上の特別多数決によって決定できるとされる。

4. 維持管理（修繕・再築）・コンドミニアムの解消・売却清算手続

（1）修繕義務と再築（建替えも含む）

　コンドミニアム法制においては、火災等を想定した保険制度への加入が事実上義務づけられ、理事等には、当該保険料の健全な徴収、保険金を利用した建物等の迅速な修復義務が課せられている。建物が重大な損傷を受けたり滅失したりした場合には、建物の修繕（repair）の延長として、再築（rebuild, reconstruction）を行うことが想定され、その費用は付保された保険によって賄われる。

　なお、区分所有法では、建物の区分所有者の団体の管理行為として、現建物を取り壊して再築することを「建替え」と定義するが、アメリカでは土地所有者の団体の管理行為であるため、現建物の修繕行為として再築、完全再築が観念され、それぞれ「rebuild」、「reconstruction」の語が用いられているが、区別は必ずしも厳格ではない。

　保険制度が発達普及しているアメリカでは、コンドミニアム所有者等に強制保険を求める宣言文書が殆どであり、強制保険の種類とそれらによってカバーされる範囲は、我が国のそれと比べて遙かに広いのが特徴である。従って、理事には、保険金を使って迅速に修繕をする義務が課せられ、理事会の裁量が広い一方で、これらについての管理責任は我が国の理事会のそれより非常に重いものである。そして、保険金では賄えないような修繕が求められる場合に、専有部分所有者等は、それをしない旨を決議することができることになる。特に、災害によらない再築（老朽化再築）の場合では、保険金でその費用を賄うことはできないため、修繕（再築を含む）をしないでコンドミニアム関係を解消させる選択も生じることから、州によっては老朽化による解消を解消規定の中に設けている場合もある。

　老朽化による解消を行う場合の州法規定の取扱を大別すると、①一定の年数を経た場合に修繕しない合意を認める規定を設けている場合、②現状使用の継続が経済的な無駄を生じさせることを要件とする規定を設けている場合、③老朽化の有無等に関係なく、特別多数決の合意のみによって所有者団体を解消できる場合等に分かれる。

　なお、大規模自然災害によって連絡がつかない者が生じて再築を行う団体が構成できない場合には、裁判所の命令による解消ができるとする規定が新設された（UCIOA 2-124 災害後の解消規定は Florida Stat. 718-117（4）（5））。

(2) 解消（Termination）・不動産分割請求（Partition of Project）

　解消規定には、コンドミニアム法制の適用除外（Removal from Provision、Withdrawal of Provision）など、州により表現は異なるものの一般的には、滅失状態（destruction）にあっても、再築（reconstruction）しない選択として、まずコンドミニアム法制の適用除外の選択を行い、適用除外の効果として、当該不動産の共有関係にある団体に権利義務関係が移行して、共有物分割請求権を行使できる状況になる。ただ、分割方法や分割請求に関する規定は、団体財産の売却・売却益の分配清算事業を想定した事業であるため、仮に買受人が現れずに事業自体が頓挫した場合には、膠着した共有状態になってしまうので、コンドミニアム法制を再度適用する（resubmission）選択がある州や、解消決議がなされても売却配当までは、コンドミニアム管理について従前どおりに受託者としての団体管理が継続して存続できるように詳細な手続規定が設けられている州もある（Conn. Gen. Stat. 47-237）。しかし、UCIOA のように、修復・再築規定とは区別された「多数決合意のみによる解消」規定をもつ場合は少ない。

　また、多数決のみか否かに拘らず、解消は清算手続であることから、実際には同決議には各専有部分に利害関係を有する全債権者等の承諾が必要となる。そこで、解消決議を円滑に遂行できるように、解消決議には利害関係人の同意を不要とする一方で、同決議が著しく利害関係人に影響を及ぼす場合には、別途に略式手続によって同決議の無効を裁判所に求められるとする場合もある。

　なお、解消のための合意要件については以下の①～⑤ように大別されるが、他の客観的要件との関係も求められる場合がある。①全員合意、②90％以上、③80％以上、④75％以上、⑤2/3以上等、州法によって求められる合意形成割合は異なる。また、⑥老朽化解消については経年要件（客観的要件）として、California、Mississippi、Idaho 等では築後50年以上の経年要件等が求められている。

5. 災害・緊急事態の管理

　大災害時には解消を決議する団体すら実際には構成できないため、裁判所に適切な管理者の選任・遂行を求めることができる解消手続が規定される州もある（Fla. Stat. 718.117）。

　また、コロナ禍等の感染拡大が生じたような場合には、コンドミニアム内に外部

の者が立ち入ったりコンドミニアム所有者が集合したりすることも、管理団体の責任において排除する必要が生じたため、管理団体の緊急時一般における強力な権限が設けられたものもある（Fla. Stat. 718.1265）。

さらに、IT化の促進にともない、電子的方法による議決権の行使や、オンライン集会にかかる規定が設けられているものも多く、災害時には特に有効な団体の合意形成手段となっている（Fla. Stat. 718.128）。

以上が、アメリカコンドミニアム法制に関する比較法的な特徴といえる。

なお、実際には各州によって細かく諸制度が異なり関連法規も多岐に及ぶ。さらに不動産取引の発展過程から、不動産融資制度や不動産取引制度が複雑で不動産管理に関わる専門家も多いので、後述の日独仏英法との比較法的特徴の紹介対象としては、殆どの州で、州法作成の準拠とされた「Uniform Common Interest Ownership Act 2008 final」の主要規定のみを取り上げている。実務での運用に大きく関わる主要判例法理や関連行政法規の紹介には至っておらず、実体法規定レベルでの比較資料の紹介に留まるものである。

第Ⅴ章　総括

早稲田大学法科大学院教授

鎌野 邦樹

　以下では、冒頭に掲げた項目ごとに、各国の区分所有法制の比較・検討の結果（Ⅰ～Ⅳ）を簡単に述べる（第一部末の区分所有法制の国際比較（一覧表）を併せて参照されたい。

1．各法制の比較

(1) 財産及び管理に関する基本的な構造 （前記①、⑥関連：p. 2 参照）

(ア) 土地・建物に対する所有権等の内容

　日本法とは異なり、欧米法では、一般的に、分譲時に区分所有建物に関する文書も登記・登録等の公示がされ、その文書においては、「専有部分」と「共用部分」の範囲が明確に示されることが多い。また、フランス法のように、本質的な建物の部分を除いて、どちらに属するかを比較的自由に定めることができるとされている。

(イ) 区分所有者の団体（管理組合）の法的性格

　日本法と異なり、欧米法では、建物等の管理を行う区分所有者の団体に、フランスやイギリスのように一般的な形で法人格を与えている法制と、ドイツのように共同財産の管理に限定して権利能力を与えている法制とがある。

　なお、アメリカは、以下の他の事項も含めて、その多くが、各州法によって異なる。

（2）財産等の管理に関するシステム
（前記②、③、④、⑥関連：p. 2 参照）

（ア）規約の設定

　欧米法では、原則として、ドイツのように全員の合意によるとする法制とフランスのように特別多数決議によるとする法制がある。

（イ）管理の執行機関（管理者か理事会か）

　ヨーロッパの各法制では管理業者を管理者とする「管理者方式」が採用され、アメリカ法では「理事会方式」が採用されている。ただし、アメリカでの理事会の権限は広範囲に及び、日本では集会の決議事項とされている事項についても、内部規範によって一般的に理事会に権限が与えられている。

（ウ）集会決議の方法（議決権と頭数、定足数、代理人行使、多数決割合）

　欧米の各法制での集会における議決権と頭数、定足数、多数決割合については多様である。代理人の議決権行使の授権割合の制限（フランス）、集会の再招集（ドイツ、フランス）および多数決割合（フランスの多様な割合）については、今後の日本の立法のあり方を検討する場合に参考になろう。

（エ）その他（管理費滞納等）

　管理組合の滞納区分所有者に対する管理費債権に関し、ドイツ法やフランス法が採用する抵当権に対する優越性については、今後の日本の立法のあり方を検討する場合に参考になろう。

（3）建物の維持・改良・復旧・建替え・解消
（前記⑤関連：p. 2 参照）

（ア）区分所有建物の維持・管理義務

　日本法では、区分所有者ないし管理者に対して、建物等の維持・管理が法的に義務づけられていない（3条参照）が、今後は「管理不全マンション」や「老朽化した危険・有害マンション」等が少なからず出現することが懸念されるところ、例え

ばドイツ法で定める各区分所有者の「秩序ある管理義務」については、日本の立法のあり方を検討する場合に参考になろう。

（イ）建物の改良（変更）

フランスをはじめとする欧米の各法制における、多様な目的のための多数決要件の緩和（団体的拘束の強化）は、今後の日本の立法のあり方を検討する場合に参考になろう。

（ウ）建物の滅失の場合（復旧等）

欧米の各法制における保険と連動した復旧義務については、地震大国である日本の今後の立法のあり方を検討する場合に参考になろう。

（エ）建物の老朽化等の場合（建替え等）

日本では、自明のことと認識されている区分所有建物の老朽化に伴う特別多数決議による「建替え」については、欧米の各法制においては基本的に予定されていない。これに対して、英米においては、必ずしも「老朽化」等と連動せずにその理由を問わない「解消」制度がある（ただし、アメリカについては州により異なる）。しかし、老朽化による「解消」の実績は、英・米ともに災害による場合以外はほとんどないか、極めて少ないと思われる。フランスには行政法と連動した荒廃区分所有建物制度があり注目に値する。いずれにしろ、この問題は、特に日本の喫緊の立法課題である。

■区分所有法制の国際比較（一覧表）

立法例／項目	ドイツ 民法典（1896年）共同関係及び共有 住居所有権法（1951年、2007年、 2020年改正） （Wohnungseigentumsgesetz, WEG）	フランス 建物区分所有権の地位を定める 1965年7月10日法律第65-557号 同法の適用のための公の管理規制に関する 1967年3月17日デクレ第67-223号
基礎データ （マンション戸数等）	約650万戸（2018年推計値）	56万棟、800万戸（主たる住戸は620万戸）
区分所有の形態 （建物と敷地の関係）	• 土地・建物一体 • 特別所有権（住居部分所有権）が 　共同財産共有持分と結合（1） • 付与（3）又は分割（8）	• 土地・建物一体 • 専有部分所有権と共用部分共有持分、共 　用部分付属権利の準共有持分が結合（lot） 　（1） • 分離処分禁止（6）
専有部分 共用部分	• 建物区分計画書等 • 特別利用権　規約共用部分（5-3） 　一部共用部分なし	• 証書・規約で決定（3-2） 　みなし規定に例示列挙 • 互有部分（7） 　規約共用部分（3-2） 　一部共用部分（4）
規約 （設定・変更等）	全員の合意（10）	二重の多数決（26-1b） • 専有部分の用途、使用収益変更には関係 　区分所有者の承諾が必要（26-3）
管理方式 （管理者／理事会）	管理者の選任任意（26）、選任排除は不可 • 現実には管理業者を選任 • 管理顧問会（29）	管理者の選任（17） • 現実には専門的管理業者を選任／荒廃区 　分所有の場合は仮管理者の選任（29の1） • 管理組合理事会（21）
集会 （多数決議）	過半数決議（25）	普通決議（過半数）／特別決議（全区分所 有者の議決権過半数／二重の多数決議（区 分所有者の過半数および議決権の2/3／全 員一致 特例措置（25の1，26の1等）
義務違反者に対する 措置	• 住居所有権者の義務（14） • 第三者の義務（15） • 住居所有権の剥奪（17）	• 強制履行 • 法定抵当・先取特権で担保（19） • 特定承継人に対する滞納債務の取立（20） • 荒廃区分所有建物についての特別規定／ 　行政プログラム上の所有権欠如宣言
団地	土地・建物一体のため特別の規定なし	土地・建物一体のため特別の規定なし 二次組合（27）、連合体（29）
管理組合の法的性格	権利能力を有する（9a）	民法上の組合、法人格あり 管理、取引、訴訟等

イギリス　共同保有権・不動産賃借権改革法（2002年）		アメリカ　統一コンドミニアム法典（UCA, 1980年）
長期不動産賃借権	共同保有権	統一共同財産所有法（UCIOA, 1982年、2008年最終版）※同法を採択するかどうかという形で州毎にコンドミニアム法等あり。記載ない限り以下は統一コンドミニアム法典に基づき記述。
約145万戸（イングランド・2019年）	ほぼ実績なし（20棟未満・2020年7月時点）	約742万戸（2019年AHS）
・土地・建物は一体 ・フラット所有者は99年（999年）の長期不動産賃借権を取得	・土地・建物一体 ・共同保有権区分の自由土地不動産権と共用部分の社員権の結合（共用部分は共同保有権組合が所有）	・土地・建物一体 ・戸（unit）単位の所有権
・不動産賃貸借契約書により決定	・共同保有権共同体宣言書（CCS）により決定	・UCIOA 1-103（35）の定義では、コオポラティブも含めて、「専有部分」に相当する。 ・専用使用部分（limited common interest） ・共用部分には、宣言文書により、開発分譲業者の開発権が留保されている場合もある。
不動産約款　定款（変更には特別決議が必要）	CCS（変更は不可、細則の変更は、特別決議等により可）　定款（同左）	宣言文書（declaration）が、わが国の規約に相当。登録が必要。下記規範としての規約（by-laws）、使用細則（house rule）等がある。　居住ルールに制限約款（covenant）が有効。
①開発業者による意思決定　②フラット管理会社の総会決議（および理事会決議）	共同保有権組合の総会決議（および理事会決議）	所有団体（unit owners association）の自主管理 ・実際には広範囲で管理委託会社に委託 ・理事会の構成員には外部の専門家も参加 ・普通決議（過半数）と特別決議があるが、特別決議に関しては、4/5以上や2/3以上など州や宣言文書の内容によって異なる。 ・議決権については、「1区分所有者1議決」が原則であるが、州によっても宣言文書によっても異なる。
普通決議（過半数）　特別決議（3/4以上）　全員合意	普通決議（過半数）　特別決議（3/4以上）　特別決議（4/5以上）　全員合意	
損害賠償　特定履行　没収（forfeiture）		各州法及び宣言に規定される合意の拘束力に基づき、特に、修繕積立金や損害保険料の支払の滞納者への強制回収や、制限特約違反者についての強制的排除が可能。
土地・建物一体のため特別の規定なし		土地・建物一体のために、区分所有法上の団地規定に相当するものはないが、段階的に管理対象であるコンドミニアムの数が増えていくことが予め企画されたprojectである "phased condominium" や、複数のコンドミニアムを統括した管理団体（Master Association :2-120）による管理を行う "multi condominium" はある。
株式会社または　保証有限会社	保証有限会社	州法により定められた社団や法人（営利・非営利）、パートナーシップ等の理事会（役員会）　法人の場合、会社法も適用。

立法例／項目	ドイツ 民法典（1896年）共同関係及び共有 住居所有権法（1951年、2007年、 2020年改正） （Wohnungseigentumsgesetz, WEG）	フランス 建物区分所有権の地位を定める 1965年7月10日法律第65-557号 同法の適用のための公の管理規制に関する 1967年3月17日デクレ第67-223号
管理（維持） 管理義務	過半数決議（19, 25） 秩序ある管理義務（18）	過半数決議（24）
変更（改良）	変更：秩序ある維持・修繕を超える変更・出費 　原則：過半数決議、単独での実施可。 　ただし、費用負担の分配あり。	2/3決議（26-1）
復旧 小規模一部滅失	過半数決議：復旧義務	被災区分所有者多数の請求 復旧義務（38）
大規模一部滅失 （建物価格1／2超）	保険で填補できない限り復旧義務なし（22） 【非解消原則の例外】（11） 共同関係の廃止：過半数廃止決議、又は廃止請求（19）	• 過半数決議：再建又は復旧（38） • 決議否決：終了→清算又は補償（41）
再建・終了・解消	多数決議による建替えなし 老朽化の場合は想定外（滅失の場合のみ）	老朽化の場合は想定外 以下の荒廃区分所有建物制度へ
老朽 滅失	大規模一部滅失に同じ	大規模一部滅失に同じ
清算等	BGB752, 753（競売、代金分割）	上記の清算又は補償
老朽建物に対する 行政等による 特別措置	• ノルトラインヴェストファーレン州やベルリン市、ヘッセン州などの住宅監督法による管理不全建物に対する任意の修繕要請や勧告による修繕命令、使用禁止・閉鎖命令。	荒廃区分所有建物 • 荒廃前建物：健全な管理の回復 • 所有者欠如宣言：公用収用
建替え実績 解消実績	全員合意（ほとんどなし）	公的収用によるもの数件 （2003年以降）

イギリス 共同保有権・不動産賃借権改革法（2002年）		アメリカ 統一コンドミニアム法典（UCA, 1980年） 統一共同財産所有法（UCIOA, 1982年、2008年最終版） ※同法を採択するかどうかという形で州毎にコンドミニアム法等あり。記載ない限り以下は統一コンドミニアム法典に基づき記述。
長期不動産賃借権	共同保有権	
賃貸人による管理責任	共同保有権組合による管理責任（共用部分を所有）	コンドミニアム財産損害保険制度を使った修繕義務（理事会の義務であり権限）が求められ、理事が与えた損害についても理事役員責任保険制度（D&O保険）が併用されている。但し、D&Oの責任については、会社法同様に一定の要件で、business judgement rule が適用されることになる。
	決議事項により、 普通決議（過半数） 特別決議（3/4以上） 関係権利者全員の同意	決議事項により、 普通決議：過半数 特別決議：80% 担保抵当権者等の同意
不動産賃借権の終了 ①存続期間の満了による終了（ただし、賃借人に存続保護の権利あり） ②再開発を理由とする占有回復と裁判所の命令による終了	共同保有権の終了（決議による任意清算） ①支払可能宣言 ②解散宣言書決議 ③清算決議（組合員全員の合意または80%以上の合意＋裁判所の命令）	• 保険で修復可能な場合には、修復（復旧・再建）義務がある。 • 解消決議80%（2-118）：一括売却・売買代金分割 • 解消決議の効力は登録により生じる。 • 解消決議によってコンドミニアム全体を共有する関係となるが、事業の清算・完了までは、なお、従前の団体が信託関係に基づいて事業を実施。 • 多数の州が採用しているが、不採用の州も少なくなく多様な法制が存在する。
両者の区別なし	両者の区別なし	両者の区別なし。ただし、州によっては老朽化を明記する（カリフォルニア等）ところもある。
	上記の任意清算のほか破産法に基づく清算あり	• 団体財産の売却・売却益の分配清算 • 清算事業の完了を停止条件としたり、完了まで、なお従前の法律関係が暫定的に存続するもの（UCIOA）、事業が頓挫した場合に共有関係をコンドミニアム関係に回復させるものなどがある。
		複数の専門家が関与しなければならないアメリカ固有の不動産取引の実情から、分譲時における不動産内容の開示・登録手続きが規定されている州が一般である。また、修繕費用の積立義務については、州の機関（ハワイやカリフォルニア等）が監査する場合や、州法規定（フロリダ等）をもつ場合があり、修繕費用の充足義務は、保険制度の付保義務とあわせて重要な維持・管理対策とされている。なお、老朽建物への対応については、解消一般に規定されるが、被災、特に水害やハリケーン被害等の場合の特別措置法がある（フロリダ等）。
不明	実績なし （共同保有権自体ほとんど実績なし）	老朽化や多数決合意のみによる解消事例はほとんど実績なし（2012年実態調査）。ただ、後の文献によれば、不動産投資機関の破綻を回避し、不動産流通市場の回復のため市場価値を失った管理不全コンドミニアムや被災建物の再生・建替えは促進されていると報告されている。

第二部
各国区分所有法の邦訳

第Ⅰ章　ドイツ法

国士舘大学法学部教授

藤巻　梓（翻訳）

住居所有権および継続的居住権に関する法律

（住居所有権法）

1951 年 3 月 15 日付［連邦官報第Ⅰ部 175、209 頁］

2020 年 12 月 1 日改正法施行

第 1 編　住居所有権

第 1 章　定義

第 1 条　［定義］

　1．この法律の定めるところにより、住居については住居所有権を、建物の居住に供しない空間については部分所有権を設定することができる。

　2．住居所有権とは、住居の特別所有権であって、その属する共同財産の共有持分と結合したものをいう。

　3．部分所有権とは、建物の居住の用に供しない部屋の特別所有権であって、その属する共同財産の共有持分と結合したものをいう。

　4．住居所有権及び部分所有権は、特別所有権を数個の土地の共有持分と結合する方法によっては、設定することができない。

　5．この法律において、共同財産とは、土地並びに特別所有権又は第三者の所有権の目的ではない建物部分をいう。

　6．住居所有権に関する規定は、部分所有権について準用する。

第2章　住居所有権の設定

第2条　［設定の方法］

　住居所有権は、特別所有権の契約による付与（第3条）又は分割（第8条）により設定される。

第3条　［特別所有権の契約による付与］

　1．土地の共有は、民法第93条の規定にかかわらず、共有者間の契約により、当該土地の上に既に建築され、又は将来建築されるべき建物（特別所有権）の特定の住居又は居住の用に供さない特定の空間の所有権を各共有者に付与する方法によって制限することができる。駐車場は、第1文の意味における空間に該当する。

　2．特別所有権は、建物が建築されていない土地の部分にも拡張することができる。ただし、それにより住居または居住目的外に供される空間が経済上の重要性を失うときはこの限りではない。

　3．特別所有権は、住居又はその他の部屋が完全な独立性を有する場合において、また、駐車場並びに建物外に存在する土地の部分についてはそれらが規定に従い分割計画書において確定されている場合に限り、付与することができる。

第4条　［方式に関する規定］

　1．特別所有権の付与及びその廃止には、権利変動の発生に関する当事者の合意及び登記簿への登記を要する。

　2．前項の合意は、不動産所有権移転につき定められた方式をもってすることを要する。特別所有権の付与又は廃止には、条件付又は期限を付すことができない。

　3．民法第311条b第1項の規定は、当事者の一方に特別所有権を付与し、取得し、又は廃止すべき義務を負わせる契約について準用する。

第5条　［特別所有権の目的物及び内容］

　1．特別所有権の目的物は、第3条第1項第1文の規定に従って定められた空間及び当該空間に属する建物の構成部分であって、その変更、除去及び接合が、共同財産又は他の住居所有権者の特別所有権に基づく権利を秩序ある共同生活において避けることができない限度を超えて侵害し、又は建物の外形を変更することなしに、可能であるものとする。敷地上の建物が建築されていない部分に特別所有権が

及んでいるときは、民法 94 条の規定が適用される。

　2．建物の存立又は安全に必要な建物の部分並びに住居所有権者の共同の使用に供される建物の施設及び設備は、特別所有権の目的物である空間又は敷地部分に存在するものであっても、特別所有権の目的物とならない。

　3．住居所有権者は、規約により、特別所有権の目的物となることができる建物の構成部分を共同財産に属させることができる。

　4．住居所有権者相互の関係に関する規約及びこの規約に基づく決議は、第4章の規定に従い、特別所有権の内容とすることができる。住居所有権に、第三者のための抵当権、土地債務又は定期土地債務若しくは物的負担が設定されているときは、他の法律の規定に基づいて要求される当該第三者の同意は、特別利用権が設定され、又は住居所有権に付随した特別利用権が廃止、変更又は移転される限りにおいて、必要である。

第6条　［特別所有権の非独立性］

　1．特別所有権は、その属する共有持分と分離して譲渡し、又はその上に負担を設定することができない。

　2．共有持分を目的とする権利は、共有持分に属する特別所有権に及ぶ。

第7条　［登記簿に関する規定］

　1．第3条第1項の場合には、職権で、共有持分ごとに特別登記用紙（住居登記簿、部分所有権登記簿）を備える。この登記用紙には、当該共有持分に属する特別所有権を登記し、かつ、共有の制限として、他の共有持分に属する特別所有権の付与を登記する。土地の登記用紙は、職権で閉鎖する。

　2．第5条第4項第1文の意味における決議の登記には、当該決議が第24条第6項に掲げる者の署名が公証を得ている議事録により証明され、又は第44条第1項・第2項に基づく手続において判決により証明されているときは、住居所有権者の承諾は不要である。申請権者は住居所有権者共同体である。

　3．特別所有権の目的物及び内容をより詳細に表示するために、登記承諾書又は第2項第1文に基づく証明を引用することができる。ただし、譲渡制限（第12条）及び特定承継人の金銭債務は明文で登記しなければならない。

　4．登記承諾書には、次の各号に掲げる書面を添付しなければならない。

　一．建築監督官庁が署名し、かつ、印章又はスタンプを押印した建設計画書であっ

て、建物の区分並びに特別所有権又は共同財産に属する建物部分及び土地部分の位置及び大きさを明らかにするもの（建物区分計画書）。同一の住居所有権に属するすべての個室及び土地の部分には、それぞれ同一の番号を付さなければならない。

　二．第3条第3項の要件が存在する旨の建築監督官庁の証明書

　登記承諾書において個々の特別所有権について番号が付されているときは、その番号は、建物区分計画書の番号と一致していなければならない。

　5．住居登記簿に関する規定は、部分所有権登記簿について準用する。

第8条　［所有者による分割］

　1．土地の所有者は、登記所に対する意思表示により、土地の所有権を複数の共有持分に分割し、各共有持分に特別所有権を結合させることができる。

　2．第3条第1項第2文、第2項及び第3項、第4条第2項第2文並びに第5条から第7条までの規定は、前項の場合について準用する。

　3．分割を行った所有者に対して住居所有権の譲渡を請求する権利を有する者は、それが土地登記簿において仮登記により保全されている場合には、特別所有権に属する空間の引渡しを受けた時に、住居所有権者共同体及び他の住居所有権者に対する関係において、分割を行った住居所有権者に代わり、住居所有権者となる。

第9条　［住居登記簿の閉鎖］

　1．住居登記簿の閉鎖については、次の各号に定めるところによる。

　一．住居所有権が第4条の規定に従い廃止されたときは、職権で、住居登記簿を閉鎖する。

　二．すべての住居所有権が一人に帰属するときは、当該所有者の申請により、住居登記簿を閉鎖する。

　2．前項の規定は、住居所有権が独立に第三者の権利の目的である場合において、一般の規定によれば、特別所有権の廃止につき当該第三者の承諾を要するときは、当該規定の適用を妨げない。

　3．住居登記簿を閉鎖したときは、一般の規定に従い土地につき登記用紙を備える。特別所有権は、それが未だ廃止されていないときは、当該登記用紙を備えたときに消滅する。

第3章　権利能力を有する住居所有権者の共同体

第9a条　［住居所有権者の共同体］

　１．住居所有権者の共同体は、権利を取得し、義務を負担することができるほか、裁判において訴え、又は訴えられることができる。住居所有権者の共同体は、住居所有権登記簿の設置により成立する。これは、第8条の場合も同様である。住居所有権者の共同体は、その共有敷地の記載事項に従い、「住居所有権者の共同体」又は「住居所有権者共同体」の表記を用いる。

　２．住居所有権者の共同体は、共同財産から生じた権利及び義務並びに住居所有権者の権利及び義務であって、統一的な行使を必要とするものについて、これを行使し又履行する。住居所有権者の義務についても同様とする。

　３．住居所有権者の共同体の財産（共同体財産）については、第18条、第19条第1項及び第27条の規定を準用する。

　４．各住居所有権者は、債権者に対し、住居所有権者の共同体の債務のうち、共同体の構成員である期間に発生し又は弁済期の到来したものについて、その共有持分の割合（第16条第1項第2文）に応じて責任を負う。住居所有権の譲渡後に生じた責任については、商法典第160条の規定を準用する。各住居所有権者は、債権者に対し、自己に個人的に成立した抗弁権のほか、住居所有権者の共同体の有する抗弁権を行使することができるが、自己が住居所有権者の共同体に対して有する抗弁権を行使することはできない。

　５．共同体財産については、破産手続は行われない。

第9b条　［代理］

　１．管理者は、住居所有権者の共同体を裁判上及び裁判外において代理する。土地の売買契約及び信用契約の締結については、住居所有権者の決議がある場合に限り代理する。住居所有権者の共同体に管理者がないときは、住居所有権者が共同でこれを代理する。代理権の範囲の制限は、第三者に対しては効力を生じない。

　２．管理者に対する関係においては、管理顧問会の議長又は決議により授権を受けた住居所有権者が、住居所有権者の共同体を代理する。

第4章　住居所有権者相互及び住居所有権者とその共同体の間の法律関係

第10条　［一般原則］

1. 住居所有権者相互の関係及び住居所有権者とその共同体との関係については、この法律の規定によることとし、この法律に特別の規定がないときは、共同関係に関する民法の規定による。住居所有権者は、この法律の規定と異なる規約を設定することができる。ただし、この法律に別段の定めがあるときは、この限りでない。

2. 各住居所有権者は、個々の事案におけるあらゆる事情、特に他の住居所有権者の権利及び利益を考慮して、現行の規律の維持が重大な事由から不相当であると思われるときには、法律の規定と異なる内容の規約又は規約の適正化を請求することができる。

3. 住居所有権者がこの法律の規定を補完し、又は変更して相互の関係を規律するために設定した規約及びこの規約に基づいてなされた決議、並びにこれらの変更又は廃止は、それが特別所有権の内容として登記簿に登記されているときに限り、住居所有権者の特定承継人に対してもその効力を生ずる。そのほか、決議は登記簿への登記がなくても特定承継人に対して効力を生ずる。

第11条　［共同関係の廃止］

1. 住居所有権者は、共同関係の廃止を請求することができない。重大な理由に基づく廃止も同様とする。これと異なる規約は、建物の全部又は一部が滅失し、かつ、再建の義務が存しない場合に限り、効力を有する。

2. 共同関係の廃止を請求する差押債権者の権利（民法第751条）及び破産手続上の権利（破産法第84条第2項）は、行使することができない。

3. 共同関係の廃止の場合には、共有者の持分は、共同関係が廃止された時点におけるその住居所有権の価格の割合に応じて定まる。共有持分の価格が、住居所有権者の費用負担のない措置により変更された場合には、かかる変更は持分価格の算定において考慮しない。

第12条　［譲渡制限］

1. 住居所有権者は、規約により、特別所有権の内容として、住居所有権を譲渡するには他の住居所有権者又は第三者の同意を要する旨を定めることができる。

2. 前項の同意は、重大な理由がなければ、拒むことができない。前項の規約に

おいて、特定の場合に住居所有権者が同意の付与を求める請求権を有するものとすることができる。

　　３．第１項の規約が存するときは、住居所有権の譲渡及び住居所有権者にその譲渡の義務を負わせる契約は、同項の同意がない限り、無効である。強制執行の方法による譲渡又は破産管財人による譲渡も、法律行為による譲渡と同様とする。

　　４．住居所有権者は、第１項の規定に基づく譲渡制限の廃止を決議することができる。第１文の規定による決議がなされたときは、土地登記簿における譲渡制限を抹消することができる。第７条第２項を準用する。

第13条　［住居所有権者の特別所有権に基づく権利］

　　１．各住居所有権者は、法律に反しない限り、特別所有権に属する建物部分を自由に支配し、特にこれに居住し、これを使用賃貸借若しくは用益賃貸借の目的に供し、又はその他の方法でこれを使用し、かつ、他人の干渉を排除することができる。

　　２．特別所有権の通常の維持及び修繕（Erhaltung）を超える措置については、第20条の規定が準用される。他に秩序ある共同生活を送る際に避けられない限度を超えて不利益を被る住居所有権者が存しない場合には、承諾は要しない。

第14条　［住居所有権者の義務］

　　１．各住居所有権者は、住居所有権者の共同体に対して次の各号に定める義務を負う。

　　一．法律の規定、規約及び決議を遵守すること。

　　二．規約又は決議に従い、若しくは相当の規約又は決議が存しない場合には、秩序ある共同生活を送る上で避けられない程度を超える不利益が生じない範囲において、自己の特別所有権への立入り及びその他の干渉、並びに共同財産について生ずる干渉を受忍すること。

　　２．各住居所有権者は、他の住居所有権者に対して次の各号に定める義務を負う。

　　一．他の住居所有権者の特別所有権に対し、前項第２号の程度を超えて干渉しないこと。

　　二．前項第２号に従い干渉を受忍すること。

　　３．住居所有権者が受忍すべき限度を超える干渉を受忍しなければならない場合には、当該住居所有権者は金銭による適切な補償を求めることができる。

第 15 条　[第三者の義務]

　住居所有権を使用する者であって、住居所有権者でない者は、住居所有権者の共同体及び他の住居所有権者に対して、以下の各号に掲げる事項を受忍しなければならない。

　一．共同財産及び特別所有権の維持で、適切な時期に使用者に対する通知がなされたもの。民法典第 555a 条第 2 項を準用する。

　二．維持を超える措置で、その開始から 3 カ月以上前に書面による通知がなされたもの。民法典第 555 c 条第 1 項第 2 文 1 号・2 号、第 2 項から第 4 項まで、及び 555d 条第 2 項から第 5 項までの規定を準用する。

第 16 条　[利益及び費用]

　1．各住居所有権者は、その持分に応じて、共同財産及び共同体財産から生ずる果実を収取する。その持分は、不動産登記法第 47 条の規定により登記簿に登記された共有持分の割合に応じて定める。各住居所有権者は、第 14 条の定めるところに従い、共同財産を共同で利用する権利を有する。

　2．住居所有権者の共同体の費用、特に共同財産の管理及び共同の利用に要する費用は、各住居所有権者がその共有持分（前項第 2 文）に応じて負担する。住居所有権者は、個々の費用又は特定の種類の費用について、第 1 文又は規約と異なる分配方法を決議により決することができる。

　3．建築上の変更の場合の費用及び利用については第 21 条を適用する。

第 17 条　[住居所有権の剥奪]

　1．住居所有権者が、他の住居所有権者又は住居所有権者の共同体に対して負う義務につき重大な違反をし、そのために当該住居所有権者との共同関係の継続を他の住居所有権者に対してもはや期待することができないときは、住居所有権者の共同体は、当該住居所有権者に対し、その住居所有権の譲渡を請求することができる。

　2．住居所有権者が警告を無視し、反復して第 14 条第 1 項・第 2 項の義務に著しく違反した場合は、特に前項の要件をみたすものとする。

　3．第 1 項の規定による請求権は、住居所有権者の規約により制限し、又は排除することができない。

　4．住居所有権者にその住居所有権の譲渡を命じる判決は、強制競売及び強制管理に関する法律第 1 章の規定に準じて、強制執行の権利を付与する。住居所有権

者にその住居所有権の譲渡を義務付ける、民事訴訟法第794条の意味における債務名義も同様とする。

第18条 ［管理及び使用］

1．共同財産の管理については住居所有権者の共同体がその義務を負う。

2．各住居所有権者は以下の各号に掲げるもののうち、衡平な裁量に基づく住居所有権者全体の利益に適合するもの、並びに法律の規定、規約及び決議が存する場合にはこれらに適合するものについて、住居所有権者の共同体に請求することができる。

一．共同財産の管理

二．共同財産及び特別所有権の使用

3．各住居所有権者は、共同財産について生ずべき直接かつ急迫の損害を避けるために、他の住居所有権者の同意なく必要な措置を講ずる権限を有する。

4．各住居所有権者は、住居所有権者の共同体に対し、管理に関する書類の閲覧を求めることができる。

第19条 ［決議による管理及び使用の規律］

1．住居所有権者は、共同財産の管理並びに共同財産及び特別所有権の使用が住居所有権者の規約により規律されていない限り、共同財産の性質に適合した秩序ある管理について決議により決する。

2．次の各号に掲げるものは、特に秩序ある、住居所有権者全体の利益に適合した管理に該当するものとする。

一．建物使用細則の制定

二．共同財産の秩序ある維持

三．共同財産の現価に応じた適当な保険契約の締結並びに住居所有権者が建物及び土地の占有者として負うべき損害賠償責任についての適当な保険契約の締結

四．適当な維持準備金の積立て

五．第28条第1項第1文に基づく前払金の確定、並びに

六．第26a条に基づく認証を得た管理者の選任。ただし、特別所有権が9個未満の場合において、住居所有権者の1人が管理者に選任され、かつ、認証を得た管理者の選任を求める住居所有権者が3分の1（第25条第2項）を超えないときはこの限りではない。

第20条　［建築上の変更］

１．共同財産の秩序ある管理の範囲を超える措置（建築上の変更）は、住居所有権者がこれを決議し、又は決議により住居所有権者の１人にこれを認めることができる。

２．各住居所有権者は、以下の各号に掲げる適切な建築上の変更を請求することができる。

一．障害を有する人の利用に資するもの

二．電気自動車の充電に供されるもの

三．防犯対策に資するもの、及び

四．大容量のテレコミュニケーションネットワークの構築に供されるもの

これらの措置の実施は秩序ある管理の範囲内において決議するものとする。

３．各住居所有権者は、前項の規定にかかわらず、建築上の変更により共同生活上避けることのできない程度を超えてその権利を侵害される住居所有権者の全員の同意があるときは、自己に建築上の変更を認めるよう請求することができる。

４．建築上の変更が居住施設の根本的な改変をもたらし、又は一部の住居所有権者に他の住居所有権者との関係でその承諾なく不当に不利益を与える場合には、これを決議し又は認めることができない。また、これを請求することもできない。

第21条　［建築上の変更の場合の利用と費用］

１．建築上の変更は、それが一人の住居所有権者に認められ、又は当該住居所有権者の請求により第20条第２項に基づいて住居所有権者の共同体により実施されたものである場合には、その費用は当該住居所有権者が負担するものとする。その利用も当該住居所有権者にのみ認められる。

２．前項の場合を除き、すべての住居所有権者は、以下に掲げる建築上の変更にかかる費用をその共有持分の割合（第16条第１項第１文）に応じて負担する。

一．行使された議決権の３分の２を超え、かつ、すべての共有持分の半分を超える賛成をもって決議されたもの。ただし、不当に高額な費用を要する建築上の変更は除く。

二．その費用が相当の期間内に償還されるべきもの。

利用については第16条第１項の規定を適用する。

３．前２項の規定に掲げたものに当たらない建築上の変更の費用は、それに賛成した住居所有権者が、その共有持分の割合（第16条第１項第２文）に応じて負

担するものとする。その利用は、第 16 条第 1 項に従い、費用を負担した住居所有
権者に帰する。

　4．使用する権利を持たない住居所有権者は、衡平な裁量に基づく補償を求める
ことができる。利用及び費用に対する参加については前項の規定を準用する。

　5．住居所有権者は費用及び利用の分配について異なる合意をなすことができる。
かかる決議がないかぎり、前 2 条の規定に従えば費用を負担しない住居所有権者
は、費用負担を課されることはない。

第 22 条　［復旧］

　建物がその価格の 2 分の 1 を超えて滅失し、かつ、その損害が保険その他の方法
により塡補されないときは、その復旧について決議をし、又は請求をすることがで
きない。

第 23 条　［住居所有権者の集会］

　1．この法律又は住居所有権者の規約において住居所有権者が決議により決する
ことができるものとされている事項は、住居所有権者の集会の議決により処理す
る。住居所有権者は、決議により、住居所有権者が集会にその開催場所において出
席することなく、電子的コミュニケーションの方法によりそのすべての又は一部の
権利を行使することができる旨を決することができる。

　2．決議を有効に行うためには、招集の際に集会の目的を明示することを要する。

　3．決議は、集会によらなくても、すべての住居所有権者が書面〔※訳者注：手
書きであることを要しないものとする趣旨〕により当該決議に同意することを明ら
かにするときは、有効である。住居所有権者は、決議により、個別の事項について、
行使された議決権の過半数で足りる旨を決することができる。

　4．強行規定に違反する決議は無効である。その他の場合には、決議は、確定力
を備えた判決により無効と宣言されない限り、有効である。

第 24 条　［招集、議長、議事録］

　1．住居所有権者集会は、管理者が少なくとも年 1 回招集する。

　2．管理者は、住居所有権者の規約に定める場合のほか、総数の 4 分の 1 を超え
る区分所有者が目的及び理由を記載した書面〔※訳者注：手書きであることを要し
ないものとする趣旨〕により請求する場合には、住居所有権者集会を招集しなげれ

ばならない。

　３．管理者が欠けている場合又は管理者が住居所有権者集会を招集する義務を履行しない場合には、管理顧問会の議長、その代理人又は授権を受けた住居所有権者が住居所有権者集会を招集することができる。

　４．招集は、書面によって行う。特に緊急を要する場合を除き、招集期間は、三週間以上でなければならない。

　５．別段の決議がない限り、管理者が住居所有権者集会の議長となる。

　６．集会においてされた決議については、遅滞なく議事録を作成しなければならない。議事録には、議長及び住居所有権者の一人並びに管理顧問会が設置されているときは、管理顧問会の議長又はその代理人が署名することを要する。

　７．決議集を備えるものとする。決議集は、当該決議又は裁判所の裁判が 2007 年 7 月 1 日以降に行われた限りにおいて、次の各号に掲げる記述のみを内容とする。

　一　住居所有権者の集会において周知された決議に、集会の日付及び場所の記載を付したもの。

　二　書面による決議に、告知の場所と日付の記載を付したもの。並びに

　三　第 43 条の規定に基づく訴訟における、判決の形式による裁判所の裁判に、訴訟の日付、裁判所及び当事者の記載を付したもの。

　決議及び裁判所の裁判は、連続して登録し、通し番号を付さなければならない。決議及び裁判所の裁判が取り消され又は破棄されたときは、その旨を付記しなければならない。破棄の場合には、付記に代えて登録を抹消することができる。登録は、それがその他の事由から住居所有権者にとってもはや意義を有さない場合にも、抹消することができる。登録、付記及び抹消は、第 3 項から第 6 項までの規定に基づきこれを遅滞なく処理し、日付に従って管理しなければならない。住居所有権者又は住居所有権者の授権を受けた第三者は、請求により決議集を閲覧することができる。

　８．決議集は管理者が整備する。管理者が欠けているときは、住居所有権者集会の議長が、決議集を整備する義務を負う。ただし、住居所有権者が多数決の決議により、当該職務を他の者に課している場合は、この限りでない。

第 25 条　［議決］

　１．議決は行使された議決権の過半数をもって決する。

　２．各住居所有権者は、一個の議決権を有する。一個の住居所有権が数人の共有

に属するときは、共有者は、議決権を統一して行使しなければならない。

　3．代理権の授与は、書面をもってすれば足りる。

　4．住居所有権者は、議決が、共同財産の管理に関する自己との間の法律行為の実現に関するものであるか、若しくは自己に対する訴えの提起又は終結に関するとき、又は第17条の規定に従い確定判決を受けたときは、議決権を行使することができない。

第26条　[管理者の選任及び解任]

　1．住居所有権者は、管理者の任命及び解任について決議により決する。

　2．管理者の任期は、5年を超えることができず、住居所有権の設定後初めて管理者を選任するときは、任期は、最長3年に制限される。管理者の再任も許される。再任には、任期の満了前1年以内に住居所有権者の新たな決議を要する。

　3．管理者はいつでも解任することができる。管理者との契約は、その解任の時から遅くとも6カ月を経過すると終了する。

　4．管理者がその資格を公の証明文書により証明する必要があるときは、その証明は、その任命決議に係る議事録で、第24条第6項に掲げる者の署名につき公の証明のあるものの提示をもって足りる。

　5．第1項から第3項までの規定と異なる内容の合意をすることはできない。

第26a条　[認証を受けた管理者]

　1．「認証を受けた管理者」を（「」は訳者が付した。以下同じ。）称することができるのは、商工会議所の実施する試験により、管理者としての活動に必要な法的、商事的及び技術的知識を備えていることを証明した者である。

　2．連邦司法消費者保護省は、「認証を受けた管理者」の試験について法規命令による詳細な規律を設けることができるものとする。第1文の法規命令においては特に以下の事項を定めることができる。

　一．試験の内容及び手続についての詳細な規律

　二．付与される認証に関する規律

　三．法人及び人的会社が「認証を受けた管理者」を称する場合の要件

　四．他の資格により試験を免除される場合、特に判事職、不動産経営学部の卒業、不動産業者としての職業教育又はこれと同等の職業教育を修了している場合に関する規律

第27条　［管理者の職務及び権限］

　１．管理者は、住居所有権者の共同体に対して、次の各号に掲げる秩序ある管理措置を実施する権限を有し、義務を負う。

　一　優先度が低く、かつ重大な義務を生じさせないもの、又は

　二　期間の定めの遵守又は不利益の回避に必要なもの。

　２．前項の規定による管理者の職務及び権限は、住居所有権者が決議によりこれを制限し、又は拡大することができる。

第28条　［予算、年次決算、財産状況報告書］

　１．住居所有権者は費用負担及び第19条第2項第4号の規定又は決議により予定された積立金のための前払金について決議する。この目的のために、管理者は、暦年ごとに、収入と支出の見込みを含んだ予算を作成しなければならない。

　２．住居所有権者は、暦年の経過後に、追加払いの必要性又は決定された前払金の適合化を決議する。この目的のために、管理者は、収入と支出の見込みを含んだ、予算（年次決算）に関する決算を作成しなければならない。

　３．住居所有権者は、各債務の履行期及びその弁済の方法を決議することができる。

　４．管理者は、暦年の経過後に、第1項第1文に規定する積立金の状況及び重要な共同財産の一覧を含んだ、財産状況報告書を作成しなければならない。財産状況報告書は、各住居所有権者がこれを自由に閲覧できるものとする。

第29条　［管理顧問会］

　１．住居所有権者は、決議により、管理顧問会の構成員に選任されうる。管理顧問会に複数の構成員がいる場合には、1名の議長及び1名の代行者を決定しなければならない。管理顧問会は、必用に応じて、議長が招集する。

　２．管理顧問会は、管理者の職務の執行を援助し、監督する。予算、予算に関する決算、収支計算及び費用の見積りについては、住居所有権者集会が第28条第1項第1文・第2項第1文に基づく決議をする前に、管理顧問会が検査し、その意見を付さなければならない。

　３．管理顧問会の構成員が無償で活動をする場合には、構成員は、故意又は重大な過失がある場合を除き、責任を負わない。

第5章　住居地上権

第2編　継続的居住権

第31条から第42条まで　省略

第3編　手続規定

第43条から第45条まで　省略

第4編　補足規定

第46条から第49条まで　省略

第Ⅱ章　フランス法

建築不動産の区分所有の規則を定める 1965 年 7 月 10 日の法律第 65-557 号

Loi n°65-557 du 10 juillet 1965 fixant le statut de la copropriété des immeubles bâtis

明治大学法学部教授

吉井　啓子（翻訳）

　本翻訳は、フランスの区分所有法である「建築不動産の区分所有の規則を定める 1965 年 7 月 10 日の法律第 65-557 号」（以下、1965 年法と呼ぶ）の第 1 条から第 41 条までの翻訳である。第 41 条の 1 から第 50 条までは、本レポートの内容や紙幅の関係から、ここでは省略した。翻訳した条文は、フランス政府の法令情報サイトである Légifrance（https://www.legifrance.gouv.fr/）に掲載された 2021 年 1 月 6 日版による。

　翻訳にあたっては、法務省委託調査研究報告書『老朽化した区分所有建物の建替え等に関する諸外国の区分所有法制及びその運用状況等に関する調査研究報告書』（2013 年、公益社団法人商事法務研究会）85 頁以下の条文訳を参考とした。各条文の小見出しを含む〔〕内の記載は翻訳者の注記である。

第 1 章　区分所有の定義及び組成

第 1 条〔適用範囲〕

Ⅰ①本法は、その所有権が複数の者の間で分配される全部又は一部が居住目的である建築不動産 immeuble bâti 又は建築不動産群 groupe des immeubles bâtis を規律する。

②区分所有の区分 lot は、専有部分 partie privative 及び共用部分 partie commune の持分を必ず含んでいなければならず、これらは分離することができない。

③この区分は、過渡的区分 lot transitoire でありうる。この場合において、それ〔過渡的区分〕は、実現することが認められた建築物に関する明確に定義された建築権で構成される専有部分及び対応する共用部分の持分で構成される。

④過渡的区分の創設及び内容は、区分所有規約 règlement de copropriété におい

て定められる。

Ⅱ①明白に反対の、法人格が付与されその要素及び共用に供せられる物の管理を保証するために十分な組成を持つ組織を置く合意がない限り、本法は、同様に、以下の場合に適用される。

　一　その所有権が複数の者の間で分配される、全部又は一部が居住以外の目的である全ての不動産及び建築不動産群

　二　共通の土地 terrains、空間 volumes、付属施設 aménagements 及び共用に供せられる物 services communs の他、専有所有権の目的となる建築又は非建築土地区画 parcelles 又は空間 volumes を含む全ての不動産集合体 ensemble immobilier

②前 2 項で言及されており、すでに本法により規律されている不動産、不動産群及び不動産集合体について、Ⅱ第 1 項が規定する合意は、管理組合を構成する全ての区分所有者の全員一致で総会〔集会〕assemblée générale により採択される。

第 1 条の 1〔既存建物の区分所有への変更〕

①すでに存在している建築不動産を区分所有にする場合において、定款 statut 全体は、一個の区分が最初に譲渡された時から適用される。

②建築予定不動産については、管理組合 syndicat de copropriétaires の法人格から生じる区分所有の運営は、最初の区分の引渡し時に始まる。

③管理組合の登録 immatriculation は、定款の適用に影響を及ぼさない。

第 2 条〔専有部分〕

①専有部分は、特定の区分所有者の独占的使用のために留保された建物及び土地の部分である。

②専有部分は、各区分所有者の単独所有である。

第 3 条〔共用部分〕

①区分所有者の全員若しくは一部の使用又は効用に充てられる建物部分及び土地部分は、共用である。

②証書に明示のない場合又は証書の記載と矛盾する場合、以下のものは共用部分とみなされる。

- 敷地 sol、中庭 cours、庭園 parc et jardin、通路 voie d'accès

- 建物の躯体 gros œuvre des bâtiments、共通の設備要素 éléments d'équipement commun につながる配管部分 partie de canalisations で専有の場所 locaux privatifs を通過するものを含む共通の設備要素
- 暖炉の焚口、煙道及び煙突
- 共用に供せられる場所
- 渡り廊下 passage 及び回廊 corridor
- 共用部分に一体化した全ての構成要素

③証書に明示のない場合又は証書の記載と矛盾する場合において、以下のものは、共用部分に付属する権利 droits accessoires とみなされる。
- 共通の使用に充てられる建物若しくは異なる専有部分を構成する複数の場所を含む建物を増築する権利又はその敷地を掘削する権利
- 共用部分を構成する中庭又は庭に新たな建物を建造する権利
- 共用部分を構成する中庭又は庭を掘削する権利
- 共用部分に関する互有の権利 droit de mitoyenneté
- 共用部分への掲示の権利
- 共用部分に関する建築権

第4条〔共用部分の所有関係〕

共用部分は、区分所有者の全体又はその一部のみの不分割所有〔共有〕propriété indivise の目的となり、一般 générale 又は特別 spéciale 共用部分となる。それらの管理 administration 及び使用収益 jouissance は、本法の規定に従って定められる。

第5条〔共用部分の持分〕

権原証書 titres に明示のない場合又は権原証書の記載と矛盾する場合において、各区分に属する一般共用部分及び特別共用部分の持分は、各専有部分の相対的な価値に比例する。この価値は、使用は考慮せず、区分所有の成立時における区分の組成、面積及び位置から計算される。

第6条〔共用部分の分離の禁止〕

共用部分及びそれに付属する権利は、専有部分と分離して分割の訴え又は強制換価処分の訴えの目的とすることができない。

第6条の1 A〔地役権〕

地役権は、ある区分のために共用部分について設定することはできない。

第6条の1〔共用部分の持分等の変更〕

①区分に属する共用部分の持分を変更する場合において、公示しなければならない権利又は公示できる権利で区分を目的とするものは、原因の如何を問わず、区分から分離されるものは消滅し、区分に付随するものは拡張される。

②共用部分の任意譲渡若しくは強制譲渡、又は取得から生じる区分所有の範囲の変更の場合において、地役権以外の、公示しなければならない権利又は公示できる権利で区分を目的とするものは、譲渡される財産については消滅し、取得される財産については拡張される。

③但し、前項に定める拡張は、当初の公示がなされた順位による。この拡張は、取得される財産が移転の日において同一の性質の全ての権利から自由である旨の記載、又は当該財産がそれらの権利から自由になった旨の管理者 syndic 若しくは債権者による申立てが不動産登記簿 fichier immobilier に公示されることによって生じる。この申立てが不正確である場合は、公示手続きが拒絶される。

第6条の2〔特別共用部分〕

①特別共用部分 partie commune spéciale は、複数の区分所有者の使用又は効用のために充てられる共用部分である。それは、これらの区分所有者の不分割所有〔共有〕である。

②特別共用部分の創設は、それについての特別な負担の設定と分離することができない。

③特別共用部分のみに関する議決は、特別総会又は全ての総会においてすることができる。当該共用部分の使用又は効用を充てられた区分所有者のみが、議決に参加することができる。

第6条の3〔専用使用共用部分〕

①専用使用共用部分 parties communes à jouissance privative は、ある区分の独占的な使用又は効用のために充てられる共用部分である。それは、全ての区分所有者に不分割所有〔共有〕的に帰属する。

②専用使用権 droit de jouissance privative は、当然に、それが付属する区分所

有の区分の従たるものである。それは、いかなる場合においても、区分の専有部分を構成しない。

③区分所有規約は、場合によっては、この専用使用権の権利者が負う負担を定める。

第６条の４〔特別共用部分及び専用使用共用部分に関する規約〕

特別共用部分及び専用使用共用部分の存在は、それらに関する区分所有規約の明文の規定に従う。

第７条〔専有部分間の障壁の帰属〕

専有部分を分離する障壁又は壁で躯体に含まれないものは、隔離する場所の間の互有と推定される。

第８条〔区分所有規約、駐車場所〕

Ⅰ①区分所有明細一覧書 état descriptif de division を含む又は含まない合意による区分所有規約が、専有部分及び共用部分についての用途並びにそれらの使用収益の条件を定める。それは、同様に、本法の規定を留保して、共用部分の管理に関する規則を定める。それは、必要な場合は、特別共用部分及び専用使用共用部分を列挙する。

②区分所有規約は、区分所有者の権利に対して、証書 acte が定める不動産の用途、その性質又はその位置から正当とされるものを除いて、いかなる制限も課すことができない。

Ⅱ①駐車場所 aire de stationnement の設置義務を課す都市計画に関する地域プラン又は他の都市計画文書に適合するものとして建築許可がなされている不動産の区分所有規約は、建設・住居法典第 L.111 条の７の１が定めるアクセス義務の節に規定され〔それに〕適合する駐車場 place de stationnement の一部が共用部分に含まれることを規定する。

②不動産の区分所有規約は、デクレ〔政令〕が定める要件の下で、これらの適合した駐車場所を優先的に区分所有に居住している障がい者に賃貸するための条件を規定する。

第８条の１〔駐車場所の売却〕

①駐車場所設置義務を課す都市計画に関する地域プラン又は他の都市計画文書に適

合するものとして建築許可がなされている不動産の区分所有規約は、区分所有内で排他的に駐車場としての使用に充てられている区分を売却する際に区分所有者に優先権を付与する条項を規定することができる。

②この場合において、売主は、一個又は複数の駐車場としての使用に充てられている区分の売買契約の締結に先立ち、管理者に受領証明付書留郵便で価格と売買条件を示して売却の意向を知らせなければならない。

③この情報提供は、管理者により、売主の負担において、受領証明付書留郵便で各区分所有者に直ちに知らされる。この情報提供は、その通知の時より2月間、売買の申込みとしての効力を有する。

第8条の2　〔区分所有総合帳簿〕

①管理者は、デクレによりその内容が定められる、区分所有及びその建物に関する基本的な財務及び技術データをまとめた区分所有総合帳簿 fiche synthétique de la copropriété を作成する。管理者は、毎年、この区分所有総合帳簿を更新する。

②管理者は この帳簿を区分所有者が自由に使えるようにする。

③区分所有者からの請求から1月を越えて総合帳簿を自由に使えない場合は、デクレが金額を定める遅延した日ごとの制裁金が〔管理者に〕科せられ、管理者の毎年の一括報酬から差し引かれる。この制裁金は、総会に決算が提出されるべき時に、管理者の報酬から差し引かれる。

④前項までの規定は、全ての用途が居住用ではない不動産を管理する管理者には適用されない。

第9条　〔専有部分の使用・収益・処分〕

Ⅰ①各区分所有者は、自己の区分に含まれる専有部分を自由に使用する。各区分所有者は、他の区分所有者の権利及び不動産の用途を侵害しないことを条件として、専有部分及び共用部分を自由に使用し収益する。

②専有部分への立入りを要する工事は、保安上又は財産の保全上の必要がある場合を除いて、その実現開始の少なくとも8日前に関係する区分所有者に通知されなければならない。

Ⅱ①区分所有者は、自己の専有部分〔についての工事〕であっても、専有部分の用途、構成又は使用収益を永続的な仕方で変質するものでないならば、適法に総会によって議決された共同の利益のための工事の実施を妨げることができない。専有部

分についてのそのような工事の実現は、当該部分〔専有部分〕に影響を与えない他の解決策が存在するならば、状況がそれを正当化する場合でなければ、区分所有者に強制することができない。

②専有部分についての共同の利益のための工事の実現について、管理組合は、工事の受領時まで注文者としての権限を行使する。

Ⅲ①工事の実施により、自己の区分の価値の終局的な減少、一時的であっても重大な使用収益の妨げ又は損傷を理由として損害を被る区分所有者は、賠償を受ける権利を有する。使用収益が全てできなくなる場合、総会は、最終的な補償額に基づき評価されるべき仮の賠償を、それを請求する区分所有者に認める。

②共同の利益のための工事の実現により生じる一時的又は最終的賠償は、管理組合が負担する。それは、工事額についての各区分所有者の負担割合に応じて分配される。

第9条の1 〔保険加入義務〕

各区分所有者は、居住区分所有者又は非居住区分所有者として負うことになる民事責任の危険に対して保険に加入する義務を負う。各管理組合は、管理組合が負うべき民事責任に対して保険に加入する義務を負う。

第10条 〔共用部分についての負担〕

①区分所有者は、共用に供せられる物及び共通の設備要素がもたらす負担を、これらの負担が個別化されない限りにおいて、これらの共用に供せられる物及び要素が各区分に対して示す客観的効用に応じて負担する義務を負う。

②区分所有者は、一般共用部分又は特別共用部分の保存 conservation、維持 entretien 及び管理 administration に関する負担を、第5条の規定から帰結される価額と同様、自己の区分に含まれる専有部分の相対的価額に応じて分担する義務及び第14条の2が規定する拠出金を同条が規定する工事基金に対して支払う義務を負う。

③区分所有規約は、負担の種類ごとに、各区分に関わる負担部分を定め、考慮する要素、共用部分の割合及び負担の分担を定める計算方法を規定する。

④区分所有規約が一定の共用に供せられる物若しくは設備要素の維持又は運営のための支出を、一定の区分所有者のみの負担としている場合において、それ〔区分所有規約〕は、これらの区分所有者のみがこの支出に関する議決に参加できることを

規定することができる。これらの区分所有者の各人は、上記支出の分担割合に応じた議決権の数を有する。

第 10 条の 1 〔例外〕

①第 10 条第 2 項の規定にかかわらず、以下〔の負担〕については関係する区分所有者のみが負う。

a) 管理組合によって必要であると説明される費用、特に、区分所有者に対する債権回収のための催告費用、督促費用及び抵当権設定費用。同様に、執行官文書の作成費用及び報酬、債務者の負担となる回収又は取立費用

b) この区分所有者のために行われた給付に関わる管理者の費用及び報酬。一個又は複数の区分の有償移転に際して報告書作成のために行う給付の名目で管理者が受け取る報酬及び費用は、デクレにより定められた金額を超えることができない。

c) 第 24 条Ⅱ c ）及び第 25 条 f ）の適用により専有部分に対してなされる共同の利益のための工事に関する支出

d) 権限ある行政当局により命じられ総会の議決の対象であった措置又は工事が区分所有者の不履行により実現できなかった場合において、区分ごとに定められるアストラント〔罰金強制〕

②管理組合に対する訴訟手続きにおいて裁判官にその主張を認められた区分所有者は、たとえ自ら請求しなくとも手続きに関する支出の共同負担を免れ、その他の区分所有者がこれを負担する。

③但し、裁判官は、訴訟当事者の衡平又は経済的状況を考慮して、この点につき他の決定ができる。

第 11 条〔負担の変更〕

①以下の第 12 条の規定を除き、負担の分配は、区分所有者の全員一致でなければ、変更することができない。但し、工事又は取得行為又は処分行為が、法律が要求する多数で総会で議決される場合は、必要となる負担の分配の変更を同一の多数で総会で議決することができる。

②一個の区分の一つ又は複数の部分の分離譲渡の場合において、それらの部分の間での負担の分配は、区分所有規約に定めがない場合、第 24 条が定める多数で議決する総会の承認に服する。

③前 2 項に定める場合において負担の分配の基礎を変更する総会の議決がない場

合、全ての区分所有者は、必要となった新たな分配を行わせるため、不動産所在地の司法地方裁判所 tribunal judiciaire に申立てを行うことができる。

第 12 条〔負担の修正の訴え〕

①不動産登記簿への区分所有規約の公示の日から 5 年以内に、各区分所有者は、自己の区分に対応する負担が、負担の種類ごとに、第 10 条の規定に従う分配から算出される負担部分にその 4 分の 1 を加えたものより多い場合、又は他の区分所有者のそれに対応する負担部分がその 4 分の 1 を加えたものより少ない場合において、負担の分配の修正を裁判所に請求することができる。訴えが認められる場合において、裁判所は新たな負担の分配を行う。

②区分所有者は、同様に、不動産登記簿への区分所有規約の公示後に生じた区分の最初の有償移転から 2 年間、この訴権を行使することができる。

第 13 条〔特定承継人に対する規約の効力〕

区分所有規約及びその変更は、不動産登記簿にそれを公示した日からでなければ、区分所有者の特定承継人に対抗することができない。

第 14 条〔管理組合〕

①区分所有者の団体は、民事上の人格を有する組合 syndicat として設立される。

②管理組合は、本法の規定によって規律される協同組合方式の管理組合 syndicat coopératif の形式をとることができる。

③管理組合は、必要がある場合において、区分所有規約を定め、変更する。

④管理組合は、不動産の保存、改良及び共用部分の管理を目的とする。

⑤管理組合は、建築物の瑕疵又は共用部分の維持の欠如によって区分所有者又は第三者に生じた損害について責任を負う。但し、全ての求償の訴え action récursoire を妨げない。

第 14 条の 1〔管理組合の予算〕

①不動産の共用部分並びに共同の設備の維持、運営及び管理のための支出に充てるため、管理組合は毎年議決によって予算を定める。予算を議決するため、総会は、前会計年度最終日から 6 月以内に招集される。

②区分所有者は、管理組合に対し、議決された予算の 4 分の 1 に等しい概算払金〔前

払金〕provision を支払う。但し、総会はこれと異なる〔支払いの〕方法を定めることができる。

③概算払金は、各四半期の最初の日又は総会で定めた期間の最初の日に請求される。

第14条の2〔工事に関する支出〕

Ⅰ①コンセイユ・デタ〔国務院〕のデクレによって定められるリストにある工事のための支出は、予算に含まれない。

②前条の工事に必要な支出は、総会により議決された方法に従い請求される。

Ⅱ①本法に従う一部又は全部が居住目的の不動産において、管理組合は、工事の受領時から5年以内に、以下の支出のための工事基金〔修繕積立金〕fonds de travaux を設置する。

一　法令が定める工事

二　本条Ⅰにおいて総会が議決した工事

②この工事基金は、総会で議決された予算の概算払い方法と同様の方法に従って、区分所有者により毎年義務的に払い込まれる拠出金により補給される。

③第25条及び第25条の1の多数で議決することにより、総会は、工事基金に払い込まれる全て又は一部の金額を、Ⅱ第1号及び第2号の支出に充てることができる。この充当については、特別共用部分の存在又は負担の分担の基礎を考慮しなければならない。

④但し、第18条の適用により、管理者が緊急の場合に自己の率先により不動産保護のために必要な工事を行った場合、総会は、第25条及び第25条の1の多数で議決することにより、工事基金に拠出された全て又は一部の金額をこの工事に充てることができる。

⑤年間の拠出金の金額は、総会において、予算〔金額〕のパーセンテージにより、第25条及び第25条の1の多数で議決される。この金額は、第14条の1が規定する予算の5パーセントを超えるものでなければならない。

⑥建設・住居法典第 L.731 条の1が規定する総合技術診断 diagnostic technique global が行われ、その後10年間は工事の必要がないことが明らかになった場合において、管理組合は、この診断が有効な期間は工事基金設置の義務を免除される。

⑦工事基金のために払い込まれる金員は、区分に付随し、終局的に管理組合により取得される。この金員は、区分譲渡の際に払い戻されることはない。

Ⅲ　不動産の区分が 10 個以下の場合において、管理組合は、総会での全員一致の議決により、工事基金を設定しないことを議決することができる。

Ⅳ　工事基金の額が第 14 条の 1 が規定する予算の額に達する場合、管理者は、以下の事項を総会の議題とすることができる。

一　建設・住居法典第 L.731 条の 2 が規定する工事の複数年計画の作成の問題

二　総会での工事の複数年計画の作成の議決に応じた工事基金拠出金の停止の問題

第 14 条の 3 〔管理組合の会計〕

①予算、負担、運用による利益、財務状況及び予算に関する付随事項を含む管理組合の会計は、デクレが定める特別の会計準則に一致するように作成される。会計は、前年度に承認された会計と比較されるように提示される。

②予算書に示された管理組合の負担及び収益は、管理者により、その規約とは別に、法的な合意 engagement juridique として記録される。合意は、規約により決算される。

③会計規則の改正及び不動産登記制度の適用に関する 1998 年 4 月 6 日の法律第 98-261 号第 1 条ないし第 5 条の規定は、管理組合の会計には適用されない。

第 15 条 〔管理組合の訴訟能力〕

①管理組合は、原告としても被告としても、区分所有者に対してであっても、裁判上行為する資格を有する。管理組合は、特に不動産に関する権利の保護のために、区分所有者の一人又は数人と共同して、又は共同しないで、行為をなすことができる。

②但し、全ての区分所有者は、管理者に通知する必要があるが、自己の区分の所有権又は使用収益に関する訴権を単独で行使することができる。

③管理者がいない場合又は管理者が何もしない場合、管理組合理事会長 président du conseil syndical も、総会の明白な授権に基づいて、管理組合が被った損害賠償請求訴訟を管理者に対して提起することができる。区分所有に管理組合理事会がない場合、この訴権は、少なくとも全ての区分所有者の議決権の 4 分の 1 を代表する一人又は複数の区分所有者が行使することができる。

④支払いを命ずる判決の場合、損害賠償金は管理組合に対して支払われる。

⑤審理の後、管理組合の利益のために行われた訴訟が裁判官により適法なものとされた場合において、管理者により引き受けられていない手続費用の負担は、各区分

の共用部分の持分に応じて、全ての区分所有者の間で分配される。

第16条〔管理組合による処分行為〕

①共用部分の取得若しくは譲渡又は共用部分の利益若しくは負担となる全ての不動産物権の設定は、第6条、第25条及び第26条の規定に従って議決されることを要件として、管理組合自身が、その名において有効に行うことができる。

②管理組合は、専有部分を、専有的性質を失わせることなく、有償又は無償で、自ら取得することができる。管理組合は、専有部分を、前項に定める要件に従って譲渡することができる。管理組合は、総会において、自らが取得した専有部分について議決権を有しない。

第16条の1〔共用部分譲渡代金の分配〕

①譲渡される共用部分の代価に相当する金額は、自己の区分のうちに当該共用部分が存在する区分所有者の間で、各区分に関する共用部分の割合に比例して当然に分配される。

②各区分所有者に帰属する代価分は、管理組合が請求できる金額を差し引いて、管理者からその者に直接に交付される。

第16条の2〔公用収用の場合〕

本法に従う建築不動産、建築不動産群又は不動産集合体の公用収用は、公用収用法典第L.221条の2が規定する要件の下で行われ宣言される。

第2章　区分所有の管理

第1節　総則

第17条〔管理者の選任〕

①管理組合の議決は、総会において行う。その執行は、管理組合理事会の監督下に置かれる管理者に委ねられる。

②区分所有となってから最初の総会前に仮管理者が区分所有規約又はその他の合意により選任されている場合は、この管理者は、管理組合理事会又は管理組合理事会がない場合は区分所有者が複数の管理者委託契約の相見積もり mise en concurrence をとった後での総会の議決によってしか追認を受けることができない。

③管理者を選任するための総会で管理者の選任が行われない場合、管理者は、一人又は複数の区分所有者、不動産が存する市町村長若しくは住宅政策の権限を有する市町村間協力公施設法人 établissement public de coopération intercommunale の長の申立てを受けた司法地方裁判所長によって選任される。

④管理組合が管理者を欠くその他全ての場合、全ての区分所有者は、管理者を選任するために、総会を招集することができる。そのような招集が行われない場合、司法地方裁判所長は、利害関係人の申立てにより、申立てに基づく命令 ordonnance sur requête により 区分所有の仮管理者を選任する。仮管理者は、特に、管理者を選任するための総会を招集する義務を負う。

第17条の1AA 〔区分所有者の請求による総会開催〕

全ての区分所有者は、管理者に対して、自己の費用において、自己の権利義務にしか関係しない一個又は複数の問題を議題とするために、総会の招集及び開催を求めることができる。

第17条の1A 〔総会への参加方法〕

①区分所有者は、実際に出席すること、ビデオ会議又は本人確認ができるその他の電気通信の方法を用いることより、総会に出席できる。

②区分所有者は、アレテ〔省令〕が定めるひな形に対応して作成された様式により、総会開催前に郵便投票をすることもできる。郵便投票の対象となった解決方法が総会中に修正された場合において、郵便投票で賛成に投票した者はこの解決について棄権した区分所有者とみなされる。

③電気通信の方法を用いて総会に出席する区分所有者の本人確認の要件及び郵便投票用紙を管理者に提出する方法は、コンセイユ・デタの議を経たデクレが定める。

第17条の1 〔協同組合方式の管理組合〕

①区分所有の管理が協同組合方式の管理組合に委ねられた場合、管理組合理事会の設置は義務的であり、管理者は管理組合理事会の構成員により構成員の中から選出される。この者〔管理者〕は、当然に管理組合理事会理事長の職務を行う。他方、管理組合理事会は、同様の要件で、管理者の職務不能の場合にこれを補完する副理事長を選任することができる。

②理事長及び副理事長は、それぞれ同じ要件の下で解任される。総会は、区分所有

者又は区分所有者ではない一人若しくは複数の自然人又は法人を管理組合会計の監督を保証するために選任することができる。

③協同組合方式の管理組合の形式の採用又は廃止は、第25条の多数によって、場合によっては第25条の1の多数によって議決される。

第17条の2〔非職業的管理者〕

①管理することになる区分所有の一個又は複数の区分の区分所有者のみが、非職業的管理者 syndic non professionnel となることができる。

②この要件が消滅する場合において、消滅時から3月の経過により、委任は失効する。この期間に、管理者は、総会を招集し新管理者の選任を議題とする。

第18条〔管理者の職務・権限〕

Ⅰ①管理者は、本法の他の規定又は総会の特別議決 délibération spéciale によって管理者に付与された権限とは別に、以下の第47条が規定するデクレが定める要件の下で、以下のことを行う義務を負う。

- 区分所有規約の規定及び総会の議決の執行を保証すること

- 不動産を管理し、その保存、保守及び維持に備え、かつ、緊急の場合において、不動産の保護に必要な全ての工事の実施を自己の率先によって行わせること

- 管理組合が負うことになる民事責任の危険に対する保険契約の締結を、第24条の多数による総会の議決に委ねること。総会で否決された場合は、保険は、保健法典第L.112条の1の適用により、管理組合の会計において管理者により締結される。

- 本法第15条並びに第16条が規定する場合における全ての民事行為並びに訴訟行為について管理組合を代表すること、及び区分所有明細一覧書並びに区分所有規約の公示又はこれらの文書に関する修正の公示。〔これらの〕行為又は公示申請につき各区分所有者の介入は必要ではない。

- 管理組合に関する文書の保存を保証すること。管理者の費用により管理組合の文書を専門企業に任せる場合の議決は、全員一致で行われる。そのような議決は、管理者のためにいかなる追加報酬も発生させえない。

- デクレが定める内容に応じた不動産の管理簿 carnet d'entretien を作成し、維持し、区分所有者に使用させること

- 管理組合の登録に関する建設住居法典第L.711条の1ないし第L.711条の6に

より定められた手続きを行うこと。手続きがなされない場合は、第 L.711 条の 6 によりアストラントの制裁を受ける。

・デクレが定める方法により、区分所有の各不動産の占有者への総会の議決に関する情報伝達を保証すること

・管理者が職業的管理者である場合において、本法第 25 条が定める多数によって行う総会の反対の議決がない限り、不動産又は管理されている区分の管理に関する非物質化された書類へのオンラインでのアクセスを提案すること。このアクセスは、管理組合構成員又は管理組合理事会構成員が自由に使用できる文書の性質に応じて区別することができる。デクレが、安全な空間においてオンラインでアクセスできる文書の最小限のリストを定める。

Ⅱ　管理者は管理組合の会計管理を保証し、そのために以下のことを行う義務を負う。

・管理組合理事会と協議のうえ、管理組合の予算、会計及び付属文書を作成すること、それらを総会で議決すること、各管理組合について分離され、各区分所有者の管理組合に対する残高を明確にした会計を行うこと。

・自らが選んだ銀行に、管理組合の名義で、分離された口座を開設すること。この口座には、管理組合名で又は管理組合のために受領した全ての金額及び証券〔小切手〕が速やかに払い込まれる。総会は、第 25 条の多数で、この口座を総会が選択した別の銀行に開設することを議決することができる。この銀行口座は、他の全ての口座との融合の合意の対象にも、相殺の対象にもならない。この口座により発生した利子は、最終的には管理組合により取得される。管理者がこの義務を懈怠した場合、選任から 3 月が経過するとその委任は当然に無効となる。但し、管理者が善意の第三者となした行為は有効なままである。管理者は、管理組合理事会理事長に、口座の定期的な口座取引明細書の複本を、受領後直ちに引き渡す。

・自らが選んだ又は総会が本条Ⅱ第 3 項で規定される口座のために選んだ銀行に、管理組合の名で報酬を受ける分離された口座を開設すること。この口座には、第 14 条の 2 で規定された工事基金の拠出金が速やかに払い込まれる。この銀行口座は、他の全ての口座との融合の合意の対象にも、相殺の対象ともならない。本条Ⅱ第 3 項が規定する口座からの振込みは認められる。この口座により発生した利子は、最終的には管理組合により取得される。管理者がこの義務を懈怠した場合、選任から 3 月が経過するとその委任は当然に無効となる。但し、管理者が善意の第三者となした行為は有効である。管理者は、管理組合理事会理事長に、口座の定期的な口

座取引明細書の複本を、受領後直ちに引き渡す。

②第29条の1及び第29条の11の適用により選任された一時的管理者 syndic provisoire、仮管理者 administrateur provisoire を除いて、管理者は、管理組合に資金を用立てることができない。

Ⅲ　管理者は、同様に、以下のことを行う義務を負う。

‐　県における国家代表者及び区分所有者に、環境法典第 L.515 条の 16 の 3 が規定する条件の下で、共用部分の持分の少なくとも 3 分の 2 を代表する 3 分の 2 の区分所有者が委棄の権利を行使したという情報を通知すること。区分所有者への通知には本条 Ⅳ の規定を明記する。

‐　通信の自由に関する 1986 年 9 月 30 日の法律第 86-1067 号第 34 条の 1 第 2 項が定めるように、不動産内部の電気通信網がテレビサービスを提供している場合で、設備がデジタル方式での地上ヘルツ波国内テレビサービスへのアクセスを可能にする場合は、明白な方法で、区分所有者に、この可能性及び区分所有者がデジタルの「放送サービス service antenne」を享受するために連絡すべきサービス供給者の住所を知らせること。

Ⅳ　管理者は、管理についての唯一の責任者であり、他の者を代わりとすることができない。総会のみが、第 25 条に定める多数で、一定の目的のために〔管理者の〕権限の授権を承認することができる。

Ⅴ　原因の如何を問わず管理者に支障がある場合、管理組合理事会理事長は、新管理者を選任するための総会を招集することができる。管理者がいない場合又は区分所有規約の条項がない場合は、特別管理者 administrateur ad hoc が裁判所の判決により選任される。

Ⅵ　管理者委任契約 contrat de syndic は、定められた期間について締結される。それは、総会の明示的な議決により承認される。

Ⅶ①当事者の一方が同じ契約相手方と新たな管理者委任契約の締結を望まない場合は、以下の要件の下で、賠償金なしにそれを終了させることができる。

②新管理者の選任及び期限前の契約終了期日の決定は、契約終了期日の 3 月前に開催される総会の議題となる。管理者の率先による場合〔管理者が新たな契約の締結を希望しない場合〕、管理者は、総会開催日の少なくとも 3 月前に、管理組合理事会に新たな契約を締結しない意向を知らせる。

③総会は、新管理者を選任し、現在の契約の終了期日及び新たな契約の発効日を定める。それは、早くても総会開催日の翌日である。

Ⅷ①管理者委任契約は、契約相手方の十分な履行がない場合、当事者の一方から解除することができる。

②管理者により契約の解除が行われる場合、管理者は、解除の意思を、管理組合の責めに帰すべき一個又は複数の不履行を明確にして、管理組合理事会理事長、管理組合理事会がない場合においては区分所有者全員に通知する。

③この通知から２月を下回らない期間に、管理者は総会を招集し、新管理者の選任を議題とする。契約の解除は、早くても総会開催日の翌日に効果を生じる。

④この総会中に、管理組合は新管理者を選任し、契約の発効日を定める。

⑤管理組合理事会により解除が行われる場合、管理組合理事会は、管理者の責めに帰すべき一個又は複数の不履行を明確にして、管理者に対して、この問題を次回の総会の議題とする旨の理由のついた請求を行う。

⑥総会は、契約の解除の問題について議決し、場合によっては、早くても総会開催日の翌日以降で発効日を定める。

⑦この総会中に、管理組合は、新管理者を選任し契約の発効日を定める。

第 18 条の１ＡＡ 〔法人のみの管理組合〕

その用途が全て居住目的以外の不動産で、かつ、管理組合が法人のみで構成されている場合において、区分所有者は、第 25 条の多数によって、場合によっては、第 18 条の規定にかかわらず、管理者との契約の枠内で、管理者の職務、報酬、任期、単一又は分離された銀行口座の運用条件及び基金受領の方法について定めることができる。

第 18 条の１Ａ 〔管理者の特別報酬〕

Ⅰ①管理者の報酬は、その職務として行われる給付については、事前に一括して決定される。但し、補完的な特別報酬を、通常の管理に属さない、コンセイユ・デタの議を経たデクレによって定義される管理者の特別な給付の際に受け取ることができる。

②第１項が規定するデクレは、修正のため、半期ごとの協議 concertation の対象となる。この協議は住宅担当大臣によって組織化され、特に、動産及び営業財産を目的とする一定の取引に関する活動の条件を規制する 1970 年１月２日の法律第 70-9 号第 13 条の１の適用により創設された不動産取引管理全国評議会 Conseil national de la transaction et de la gestion immobilières と連携する。

③管理者の職務行使に関する全ての契約又は契約案は、コンセイユ・デタの議を経たデクレで定義された標準契約を遵守する。契約案には、アレテが定めるひな形に従って管理者が提案する価格及び給付についての情報資料が添付される。

④本条第1項及び第3項が規定する義務の不履行は、自然人については3000ユーロ、法人については15000ユーロを超えない行政罰を受ける。この行政罰は、消費法典第5編第2章第2節が規定する要件の下で科される。

II①管理者は、出席した区分所有者、代理された区分所有者又は郵便投票を行った区分所有者全員一致での総会での明白な承認により、管理者の職務以外のサービスについて管理組合と合意を締結することができる。この給付は、管理者委任契約中に記載することはできない。

②管理者は、管理組合と、管理者と資本関係若しくは法的関係がある人又は企業との間で締結される全ての合意について、同一の多数による総会の承認を求める。

③これらの規定を無視して締結された合意は、管理組合に対抗することができない。

III①第24条、第25条、第26条の3及び第30条に従って議決された第14条の2が規定する工事は、管理者の特別報酬の対象とすることができる。この報酬は、工事と同じ総会において、同じ多数で議決される。

②総会の議決による解決案の中で決められた報酬は、税を含まない工事費用に対するパーセンテージにより、実施前の工事の重要性に応じた逓減的な割合で、示されなければならない。

IV　本条の規定は、管理者が無報酬の場合は適用されない。但し、この管理者は、標準契約に適合した管理者委任契約を総会に提案することができる。

第18条の1〔会計書類〕

会計承認を行うための総会の招集から開催までの期間において、区分所有の諸負担の証明書類、特に、請求書、期間中の供給・業務契約及びその変更証書、負担の種類ごとの消費量及び単一又は一括価格、場合によっては、共同の冷暖房及び衛生的な温水生産に関する負担の計算方法に関する情報メモは、コンセイユ・デタの議を経たデクレにより定められた条件に従って、管理者により、区分所有者が自由に使えるようにしなければならない。

第 18 条の 1 の 1 〔犯罪を構成しうる事実の通報〕

①管理者は、検事正に、刑法典第 225 条の 14 及び、建設・住居法典第 L.511 条の 22 の犯罪のいずれか一つを構成する可能性がある事実を通報する。

②この通報は、場合によっては、貨幣・金融法典第 L.561 条の 15 が規定する届出を妨げることなく行うことができる。

③上記の規定は、本法第 17 条の 2 が規定する管理者〔非職業的管理者〕には適用されない。

第 18 条の 2 〔管理者の交代〕

①管理者が交代する場合、旧管理者は、新管理者に、その職務停止から 15 日以内に、管理組合の財務状況、銀行口座に関する証明書類、銀行の住所を引き渡す義務を負う。旧管理者は、同日から 1 月以内に、管理組合の書類及び記録全てと、場合によっては、第 18 条第 11 項が規定する不動産又は管理している区分に関する非物質化した書類をダウンロードし印刷可能なフォーマットで引き渡す。管理組合が全て又は一部のその書類を専門サービス供与者に引渡す選択をしていた場合、管理組合は、同じ期間に、サービス供与者に新管理者の連絡先を知らせることにより、この〔管理者の〕交代を通知する義務を負う。

②旧管理者は、新管理者に、前項の期間満了後 2 月の期間に弁済及び会計閉切りの後、区分所有者の会計状況明細書並びに管理組合の会計状況明細書を供与する義務を負う。

③催告を行ったが成果なく終った後に、新たに選任された管理者又は管理組合理事会理事長は、急速審理 référé として裁判する司法地方裁判所長に対して、資料、情報並びに前 2 項が規定する非物質化された書類の引渡し、及び損害賠償としての全ての概算払金の他に催告時からの利息の支払いをアストラント付きで命じるよう求める申立てができる。

第 19 条 〔法定抵当権・先取特権〕

①各区分所有者に対する管理組合の全ての性質の債権は、概算払いであるか精算払いであるかを問わず、その区分上の法定抵当権 hypothèque légale によって担保される。抵当権は、請求可能となった負債の弁済について催告を行ったが成果なく終った時から、又は区分所有者が本法第 33 条の規定を援用した時から、登記することができる。

②管理者は、この抵当権を管理組合のために登記する資格を有する。管理者は、負債が消滅した場合において、総会の同意なしに、抵当権の登記抹消 mainlevée に有効に同意すること、及びその抹消 radiation を申請することができる。

③不履行のある区分所有者は、本案の訴訟の場合においても、充分な弁済の提供又は同等の担保を提供することを条件に、急速実体審理手続き procédure accélérée au fond として裁判する司法地方裁判所長に抵当権の全部又は一部の登記抹消を求めることができる。

④いかなる登記又は補完的登記も、5年以上前から請求可能である債権については、申請することができない。

⑤第1項が規定する債権は、賃貸人のために民法典第2332条第1号が定める先取特権も享受する。この先取特権は、区分所有者が所有する場所に備え付けられた動産、同様に賃借人が賃貸人に対して支払うべき金員に及ぶ。

第19条の1 〔不動産先取特権〕

第19条第1項が規定する全ての債権は、民法典第2374条が定める不動産特別先取特権によって担保される。

第19条の2 〔履行強制の方法〕

①支払期日に第14条の1又は第14条の2Ⅰが規定する概算払金の支払いがなされなかった場合で催告が30日以上経過して成果なく終わった後は、第14条の1又は第14条の2の適用によってまだ支払期限が来ていない他の概算払金、及び会計承認後の前年度までに請求されたが義務を負ったままの金員は、直ちに請求可能となる。

②急速実体審理手続きとして裁判する司法地方裁判所長は、総会による予算、工事並びに毎年の会計の承認及び区分所有者の不履行を確認した後で、この区分所有者に対して概算払金又は請求可能な金員の支払いを命じる。

③本条は、第14条の2が規定する工事基金の拠出金に適用される。

④執行方法が、不履行のあった区分所有者の債務者に対する連続履行債権 créance à exécution successive、特に賃料債権又は占有に対する賠償金債権を対象とする場合、この方法はオルドナンス〔命令〕から生じる管理組合の債権の消滅まで行われる。

⑤総会で管理者が管理組合の債務者である区分所有者の区分の差押え訴訟の提起を

なすことを承認する議決をする場合、この〔管理組合の債務者である〕区分所有者の議決権は多数決の計算には含まれず、この区分所有者は第 22 条の適用により他の区分所有者を代理する委任も受けることができない。

第 20 条〔区分譲渡代価の支払いに対する異議申立て〕

Ⅰ ①区分の有償移転において、売主が管理組合との関係で一切の債務の負担を負わないことを証明する 1 月以内の日付の管理者の証明書を公証人に提示しなかった場合において、所有権移転の日から 15 日以内に、公証人は不動産の管理者に対して受領証明付書留郵便で移転の通知 avis をしなければならない。管理者は、この通知の受領から 15 日の期間の満了前に、旧所有者が支払うべき金員の弁済を得るために、後に掲げる限度において、選定住所地において裁判外の行為によって異議申立てを行うことができる。この異議申立ては、不動産所在地の司法地方裁判所の管轄区域における住所の選定を含み、債権の額及び原因を掲げるが、これに反する場合は無効となる。公証人は、管理者と売主の間の義務を負ったままの金員についての合意の時から、〔売買の〕資金を自由にする。管理者により適法になされた異議申立て後 3 月の期間に合意がない場合において、当事者のうちの一人から裁判所に対して異議への反論がなければ、公証人は保持している金員を管理組合に支払う。異議申立ては、このように表明された金額に制限される。

②適法に異議申立てを行った管理者に対しては、前項の規定に反して行われた全ての代金の支払い又は合意による移転若しくは司法上の移転を対抗することができない。

③適法な異議申立ては、管理者のために第 19 条の 1 が規定する先取特権を生じさせる。

Ⅱ ①区分又は区分の一部の売買の公正証書作成前に、場合によっては、都市計画法典第 L.211 条の 4 最終項の適用により設定された先買権の権利者がこの権利の行使を放棄した後に、公証人は、当該区分所有の管理者に、取得候補者の氏名又は取得候補者である会社の代表者若しくは不動産民事会社若しくは合同会社の社員の氏名及びこれらの者の配偶者又は民事連帯協約 pacte civil de solidarité のパートナーの名前を通知する。

②1 月以内に、管理者は、公証人に少なくとも 1 月以内の日付の入った以下の事項を証する証明書を交付する。

一　取得候補者又は取得候補者である会社の代表者若しくは不動産民事会社若しく

は合同会社の社員、これらの者の配偶者又は民事連帯協約のパートナーは、譲渡に関係する不動産の区分所有者ではないこと

二　又は、これらの者のうちの一人が譲渡に関係する不動産の区分所有者である場合、その者が 45 日以上前からの管理者による成果なく終わった催告の対象ではなかったこと

③本条Ⅱ第 2 号が規定する負担を区分所有者がその時点で弁済していない場合、公証人は当事者に売買契約締結が不可能であることを通知する。

④売買の前契約 avant-contrat が売買契約の公正証書［作成］前に締結されている場合、その名前が公証人により通知された取得候補者又は取得候補者である会社の代表者若しくは不動産民事会社若しくは合同会社の社員、これらの者の配偶者又は民事連帯協約のパートナーは、この通知から 30 日以内に管理組合に対する債務を弁済する。負担の支払いの証明書がこの期間に提出されない場合、前契約は無効であり取得者について何らの効果も生じさせないものとなる。

第 21 条〔管理組合理事会〕

①全ての管理組合において、管理組合理事会が、管理者を補佐し、かつ、その管理を監督する。

②管理組合理事会は、この他、諮問された、又は自ら取り上げた管理組合に関する全ての問題について、管理者又は総会に対して意見を述べる。総会は、第 25 条の多数によって、管理組合理事会への諮問が義務的となる市場価額及び契約の額を定める。総会は、同じ多数によって、管理者のそれ以外の金額で相見積もりが義務的となる取引及び契約の額を定める。

③職業的管理者の選任について議決するために招集された総会への情報提供のため、かつ、この手続きが管理者の選任の議決を無効とする不適法性を与えることがないようにするために、管理組合理事会は、第 18 条の 1 A が規定する標準契約に適合して作成され、同条が規定する情報文書を添付した複数の管理者委託契約の相見積もりをとる。管理組合理事会は、区分所有者の全員一致の議決で、この相見積もりの免除を受けることができる。そのために、管理組合理事会は、この〔免除の〕請求を次回総会の議題とする。

④いかなる場合においても、区分所有者は、管理者に対して、管理者の選任について議決するために招集される総会において、管理者が発表する管理者委任契約案の検討を議題とすることを請求できる。

⑤管理組合理事会は、書面の意見により、全ての管理者委託契約案について判断を示すことができる。そのような意見が発せられた場合、それは当該契約案とともに総会の招集に付される。

⑥区分所有に管理組合理事会が設置されていない場合、相見積もりは義務的ではない。

⑦管理組合理事会は、自己の請求により、管理者に意見を述べた後で、管理者の管理に関して、全体的見地から、区分所有の管理に関する全ての書類及び資料、郵便物又は記録について内容を知り、複本を取ることができる。管理組合理事会の請求から1月を超えてこれらの書類の伝達がない場合は、日毎の制裁金が科せられる。制裁金の額はデクレにより定められており、管理者の一括年間報酬から差し引かれる。これらの制裁金は、閉め切られ承認のために総会に付議される最終的な会計の確定時に、管理者の報酬から差し引かれる。それがない〔総会が開催されない〕場合、管理組合理事会理事長は、急速実体審理手続きとして裁判する司法地方裁判所長に対して、管理者が管理組合にこの制裁金を支払うことを命じるよう請求できる。

⑧管理組合理事会は、請求により、管理組合に関する全ての資料を受け取ることができる。

⑨管理組合理事会の構成員は、総会により、区分所有者、その尊属及び卑属、本法第23条第1項が規定する場合の社員、期限付きの応諾者 accédants 若しくは取得者、又はこれらの者の配偶者、民事連帯協約のパートナー、法定代理人、用益権者の中から選任される。法人が管理組合理事会構成員に選任された場合において、法人は、法定代理人又は法令が定める代理人又は当該事項について特別に権限のある代理人 fondé de pouvoir によって代理されうる。

⑩管理者、その従業員、配偶者、民事連帯協約のパートナー、同棲者、尊属及び卑属、二親等までの傍系親族は、区分所有者、組合員、期限付きの応諾者若しくは取得者であっても、管理組合理事会の構成員になることができない。本項の規定は、非職業的管理者により管理されている管理組合には適用されない。

⑪管理組合理事会は、構成員の中から理事長を選ぶ。

⑫総会において候補者又は要求される多数を得た候補者がいないため管理組合理事会構成員を選任するに至らなかった場合、そのことを明確に記載した議事録が1月の間に全ての区分所有者に通知される。

⑬総会は、特別議決により、第26条が規定する多数で、管理組合理事会を設置し

ないことを議決することができる。反対の議決は、全ての区分所有者の議決権の過半数で行われる。

⑭総会において要求される多数で〔管理組合理事会構成員の〕選任がなされなかった場合、前項の規定の留保の下、一人若しくは複数の区分所有者又は管理者の申立てを受けた裁判官は、利害関係人の承認を得て、管理組合理事会構成員を選任することができる。裁判官は、同様に、管理組合理事会の設置ができないことを確認することもできる。

第21条の1　〔管理組合理事会への総会の議決事項の授権〕

①第25条の規定を留保して、管理組合理事会が少なくとも3名の構成員からなる場合、総会は、全ての区分所有者の議決権の過半数の議決により、出席した区分所有者、代理された区分所有者又は郵便投票を行った区分所有者の表明された議決権の過半数により決せられる議決事項の全部又は一部に関する権限を管理組合理事会に授権することができる。

②但し、授権は、会計の承認、予算の決定又はその作成後に法令の修正により必要となった区分所有規約の修正を対象とすることはできない。

第21条の2　〔授権に伴う金員〕

総会は、授権された権限を実施するために管理組合理事会に与える金員の最高額を定める。

第21条の3　〔授権期間及び更新〕

第21条の1が規定する権限の授権は、最大2年の期間で、管理組合理事会に認められる。それは、総会の明示の議決により更新することができる。

第21条の4　〔管理組合理事会構成員の民事責任保険〕

管理組合は、管理組合理事会の各構成員について、民事責任保険を締結する。

第21条の5　〔管理組合理事会の議決〕

①第21条の1が規定する授権された権限の実施のための管理組合理事会の議決は、その構成員の過半数でなされる。票数が同数の場合は、管理組合理事会理事長が優先的議決権を有する。

②管理組合理事会は、〔総会から〕授権された権限の実施につき、会計承認につい
て議決する総会において報告する。

③管理組合理事会は、区分所有者への情報提供のために報告書を作成する。

第22条〔総会の議決権及び代理〕

Ⅰ①区分所有規約は、本条の規定を尊重しつつ、総会の運営規則 règles de fonc-tionnement 及び権限を定める。

②各区分所有者は、共用部分におけるその持分に相応する数の議決権を有する。但し、ある区分所有者が共用部分の2分の1を超える持分を保有する場合は、その者が有する議決権の数は、他の区分所有者の議決権の総和に縮減される。

③全ての区分所有者は、その議決権を受任者に授権することができる。受任者は、組合の構成員であるか否かを問わない。各受任者は、その資格がどのようなものであろうと、3を超えて議決権を授与されえない。但し、受任者は、自ら有する議決権とその委任者のそれとの合計が組合の議決権の10パーセントを超えない場合において、3を超える議決権を授与されうる。区分の共有者である夫婦の各々は、本項の要件の下で、個人的に〔配偶者から〕議決権を授与されうる。授権された受任者は全て、委任契約において禁止されていない限り、その権限を他の者に再授権することができる。受任者は、さらに、主たる管理組合 syndicat principal の総会に出席する場合で、かつ、その委任者全てが同一の二次的管理組合 syndicat secondaire に属している場合において、3を超える議決権を授与されうる。管理者が受任者の記載のない議決権を授与された場合は、管理者はそれらを自己の名で投票するために保存することも、管理者が選んだ受任者にそれらを分配することもできない。

④以下の者は、区分所有者を代理するために委任を受けることも、総会の議長となることもできない。

一　管理者、その配偶者、民事連帯協約のパートナー又は同棲者

二　管理者の尊属及び卑属、その配偶者、民事連帯協約のパートナー又は同棲者の尊属及び卑属

三　管理者、その配偶者、民事連帯協約のパートナー又は同棲者の従業員

四　管理者、その配偶者、民事連帯協約のパートナー又は同棲者の従業員の尊属及び卑属

Ⅱ①第25条が規定する多数で議決する二次的管理組合の総会は、1年間、二次的

管理組合理事会理事長に、主たる管理組合の総会において区分所有者を代理することを委任することができる。本条Ⅰの規定にかかわらず、二次的管理組合理事会理事長に対してなされた委任は、第24条の議決を必要とする主たる管理組合の議題の議決について、全ての区分所有者の議決権の代理をもたらす。

②第25条若しくは第26条が規定する多数又は全員一致を必要とする主たる管理組合の議題の議決について、二次的管理組合理事会理事長は、本法の要求する多数で決する二次的管理組合の総会の議決を得た場合にしか、議決に参加できない。

③二次的管理組合理事会理事長は、毎回の二次的管理組合の総会でその活動を報告する。委任期間の更新は、毎年の総会の議題となる。

Ⅲ①Ⅱは、自由管理組合協会 association syndicale libre の範囲内に含まれる不動産の管理組合構成員についての自由管理組合協会の総会における代理に適用される。

②定款で特別な多数を規定している自由管理組合協会の総会の議題の議決について、Ⅱが規定する要件により選任された代理人は、その点につき委任しそれと同じ多数で議決する総会の議決がなければ〔自由管理組合協会の〕議決に参加することができない。

第23条〔所有者組合、共有・用益権等の場合の議決権行使〕

①複数の区分がそれらの区分の所有者組合 société propriétaire を結成した者に帰属する場合において、各組合員は、管理組合の総会に参加し、その者が使用収益する区分に相応する共用部分の持分に等しい数の議決権を有する。

②不分割所有〔共有〕の場合において、共有者は、区分所有規約に反対の定めがある場合を除いて、共通の受任者 mandataire commun によって代表される。この受任者は、〔誰に委任するかについて〕合意がない場合、共有者のうちの一人又は管理者の申立てにより司法地方裁判所長が選任する。

③用益権 usufruit の場合において、利害関係人は、〔誰に委任するかについて〕合意がない場合、虚有権者〔用益権が設定された場合の所有者のこと〕nu-propriétaire に代理される。虚有権者が複数いる場合は、共通の受任者は、〔誰に委任するかについて〕合意がない場合において、虚有権者のうちの一人又は管理者の申立てにより司法地方裁判所長が選任する。

④前2項の規定による受任者の裁判所による選任は、共有者又は虚有権者の負担である。

⑤その他の所有権の支分権〔用益物権〕démembrement du droit de propriété の場合で、〔誰に委任するかについて〕合意がない場合において、利害関係人は、所有者により代理される。

第 24 条〔総会の議決要件－通常多数決〕

Ⅰ　総会の議決は、法律に特段の規定のない限り、出席した区分所有者、代理された区分所有者又は郵便投票を行った区分所有者の過半数によって行われる。

Ⅱ　Ⅰが規定する多数の下で以下の事項は承認される。

a)　不動産の保全に必要な工事、占有者の健康・安全の保持に必要な工事。そこには不動産の堅固性・障壁・外壁・配管に関する工事、住居の改善に関する 1967 年 7 月 12 日の法律第 67-561 号第 1 条の適用のための規定により定義される衛生・安全・設備基準に適合させるために必要な工事が含まれる。

b)　法令の規定又は管理者を通じて管理組合に通知された安全又は公衆衛生に関する行政警察アレテより、義務的なものとされる工事の実現及び実施のための方法

c)　都市計画法典第 L.313 条の 4 の 2 により通知された工事の実現及び実施のための条件。特に、一部又は全部の区分所有者の専有部分につき、当該専有部分の区分所有者の費用で行われる通知された工事についての監督権限を保証する管理組合の権限

d)　不動産の基本構造又はその主な設備要素に影響を与えないという留保の下での、障がい者又は身体能力減退者のアクセスのために実施する工事

e)　衛生上の要請によるダストシュート vide-ordures の廃止

f)　作成以降になされた法令の修正により必要になった区分所有規約の変更。これらの区分所有規約の修正の公示は固定税で実施される。

g)　建設・住居法典第 L.731 条の 1 が規定する診断〔全体的建築技術診断〕を行う議決及びその実現方法

h)　警察又は国家憲兵隊の共用部分への立入りに関する永続的な承認

i)　電気自動車又はハイブリッド自動車の充電スタンド bornes de recharge を備えており専有的使用のために安全にアクセスできる駐車場所を設置することについての承認及び第 24 条の 5 Ⅲが規定する調査 étude を実現することについての承認

j)　当該工事が不動産の構造、その用途又はその本質的な設備要素に影響を与えないという留保及び工事が占有者の安全に影響を与えないという留保の下での、一人又は複数区分所有者に与えられる、彼らの費用で共用部分に自転車の安全な駐輪場

を設置する工事を行うことの承認

第24条の1 〔テレビサービス〕

①不動産内部の電気通信網がテレビサービスを提供しているが、デジタル方式での地上ヘルツ波国内テレビサービスにアクセスできる設備となっていない場合において、サービス供給者がデジタル方式での提供を申し出た場合、通信の自由に関する1986年9月30日の法律第86-1067号第34条の1第2項第2文に規定するような全ての商業的提案の検討が、当然に総会の議題となる。

②本法第25条h）にかかわらず、この商業的提案は第24条第1項が規定する多数によって議決される。

第24条の2 〔高速電気通信網〕

①不動産に光ファイバーによる高速電気通信網の設備がない場合、電気通信事業者による、その費用での、郵便電気通信法典第33条の6及び第34条の8の3に従った一般大衆向け高速電気通信網の居住者全体の利用を可能とする設備を設置する旨の提案は全て、次の総会の議題となる。

②総会は、管理者による提案の受領の日から遅くとも12月以内に、第1項の対象とする全ての提案につき議決しなければならない。

③本法第25条の規定にかかわらず、この提案受入れの議決は、第24条Ⅰ第1項の多数による。

④総会は、同様に、同じ条件の下で、本条第1項の高速電気通信網の設備を設置するための、電気通信事業者による将来の全ての提案に関する議決について、管理組合理事会に委任することができる。そのような設置が許可されなかった場合、総会の議題には管理組合理事会へのそのような委任の解除案が当然に含まれる。

⑤ラジオ放送受信アンテナの設置に関する1966年7月2日の法律第66-457号第1条が規定する条件の下で、光ファイバー高速電気通信網への接続の請求が複数の住居を含む又は混合用途の不動産中の住居の所有者、賃借人又は善意占有者によりなされた場合、管理組合は、同条Ⅱに適合した重大かつ適法な理由なしに、各住居の通過を可能にする方法での不動産の共用部分へのそのような通信線の設置に反対する全ての合意を、不動産が適合した受信装置を備えている場合を除いて、それ以降対抗することができない。

⑥郵便電気通信法典第L.34条の8の3に適合する事業者の費用で行われるこの設

置は、管理組合理事会が設置されている場合は管理組合理事会の諮問後に、同法典第L.33条の6が規定する条件の下で管理組合と締結される合意の対象となる。

第24条の3〔デジタル放送への移行〕

①不動産が集合アンテナで地上ヘルツ派テレビサービスを受信している場合、総会の議題には、市町村におけるアナログ放送停止及びデジタル方式への変更計画の終了前に、工事に関する解決案及びデジタル方式での地上ヘルツ波国内テレビサービスの不動産の集合アンテナによる受信に必要な改修を含む。

②第25条h）の規定にかかわらず、前項が規定する工事及び改修を行う議決は第24条I第1項の多数によって行われる。

③総会は、同様に、同じ条件の下で、管理組合理事会又は管理組合理事会がなければ管理者に、一定の費用額を上限として、アナログ方式のテレビの停止時又はデジタル方式での地上ヘルツ波国内テレビサービスの周波数変更時に、集合アンテナでのテレビサービス受信の継続に必要な改修をなすことについて委任することができる。

第24条の4〔省エネルギー又はエネルギー効率を高めるための工事〕

①冷暖房の共同設備を備えた全ての不動産について、管理者は、省エネルギーのための工事計画又はエネルギー効率に関する契約の問題を、建設住居法典第L.134条の1が規定するエネルギー効率に関する診断書の作成後又は同法典第L.134条の4の1が規定するエネルギー診査の作成後に、総会の議題にする。

②上記の契約の締結を総会で議決する前に、管理者は複数の業者につき相見積もりをとり、管理組合理事会の意見を聴取する。

③第1項が規定する義務は、総会の議題となる複数年次工事計画が、建設住居法典第L.731条の2の適用による省エネルギーのための工事を含む場合は満足される。

④コンセイユ・デタの議を経たデクレが、本条の適用条件を定める。

第24条の5〔電気自動車の充電設備〕

I 不動産が専有的使用のための安全にアクセスできる駐車場所を有しているが自転車のための安全な駐輪場を備えていない場合、管理者は、自転車の安全な駐輪を可能にする工事の問題及びこのために作成した見積もりの提示を総会の議題とする。

Ⅱ　本条Ⅲ及びⅣは、不動産が専有的使用のための安全にアクセスできる駐車場所を有しているが、電気自動車及びハイブリッド自動車にこの設備から充電することを可能にするための内部若しくは外部の電気設備又は同様の自動車に個別の計算を可能にする充電設備がない場合に適用される。

Ⅲ　Ⅱが規定する設備を実現することを可能にするための工事が実施されなかった場合、管理者は存在する電気設備を充電設備に適合させる調査の実現の問題、場合によっては、このための工事を総会の議題とする。

Ⅳ①管理者は、第24条Ⅱⅰ）又は第25条が規定する工事の問題、場合によっては、新たな電気網のその後の管理条件を議題とする。以下が〔総会の〕招集に付される。

一　実現されるべき工事の詳細

二　そのために作成された見積もり及び財務計画

三　場合によっては、改修された電気網の管理条件を定める契約計画

四　それが実現された場合、本条Ⅲが規定する調査

②一人又は複数の区分所有者は、請求者である区分所有者のみの費用により、管理者に対して、Ⅳ第1項が規定する工事の問題を管理組合の責任において実現するために、総会の議題とすることを請求することができる。この議題は、第24条が規定する条件の下で採択される。

第24条の6〔委棄〕

①環境法典第L.515条の16第2号で規定された区域の一つに不動産が位置する場合、管理者は、同条が規定する区分所有者による〔公共目的のための〕委棄権の行使に関する情報提供を総会の議題とする。

②管理者は、議題と同時に、委棄される区分の現況明細書 état actualisé を通知する。この明細書には、委棄権を行使した区分所有者の数及びそれらの者の共用部分の持分が含まれており、本法第18条Ⅲ第2項及び環境法典第L.515条の16の1の規定が記載される。

第24条の7〔都市不動産組合〕

管理者が第24条Ⅱｃ）の適用により不動産の共用部分及び専有部分を目的とする工事の監督権限を保証する場合を除いて、管理組合は、都市計画法典第L.322条の2第5号が規定する都市不動産組合 association foncière urbaine の創設又は加入について議決することができる。この場合、第14条にかかわらず、都市不動

産組合は、最終的な〔工事の〕受領まで、管理組合の権限を不動産の共用部分の不動産修復工事について行使することができる。

第24条の8〔工事の不履行〕

①行政当局により、建設・住居法典第L.511条の15に従い各区分に適用されるアストラントが管理人を通じて管理組合に通知された場合、管理者はそれを直ちに区分所有者に伝える。

②行政警察アレテが規定する工事及び措置の不履行が区分所有者の不履行によるものである場合、管理者は、権限のある行政当局に、予定されたやり方を示し不履行の証明を添付して、そのことを伝える。管理者の催告から15日経過後、工事の実現に必要な資金の請求に応えなかった区分所有者は、不履行とみなされる。不履行の証明のために、行政当局は、建設・住居法典第L.511条の15が規定するように、不履行のある区分所有者に対してアストラントの額を通知し、その清算及び回収を行う。

③総会が、同条が規定する行政警察アレテが規定する工事実現の方法について議決する措置を取らなかった場合で、かつ、管理組合自身に不履行がある場合、各区分所有者は権限ある行政当局により通知された、区分に対応したアストラントの額を負担する。

第24条の9〔冷暖房・温水生産費用〕

①不動産に、全て又は一部の専有的権限で占有している場所についての共同の、かつ、建設・住居法典第L.174条の2の適用により費用の個別化義務に従う集中冷暖房装置又は衛生的な温水製造装置がない場合、管理者は、不動産にそのような個別化装置を備えるための工事の問題を総会の議題とし、そのために作成された見積もりを提示する。

②この装置が設置され、それが遠隔通信可能 télé-relevable である場合、管理組合は、コンセイユ・デタの議を経たデクレが規定する条件、特に情報伝達の頻度に従って、各区分所有者に、それぞれの専有場所の冷暖房、衛生的な温水の消費〔量〕を伝える。

③管理者は、各区分所有者に、会計審査のための総会を招集する際に、コンセイユ・デタの議を経たデクレにより定められた条件に従って、各住戸の冷暖房、衛生的な温水の消費〔量〕を伝える。

第 25 条〔特別多数決－絶対的多数決〕

以下の事項に関する議決は、全ての区分所有者の議決権の過半数によってでなければ認められない。

a)　第 24 条が規定する行為若しくは議決を行う権限の管理者又は管理組合理事会への授権。総会は、授権された者に費用決定を認める場合、当該授権で認められる費用の最高額を定める。

b)　共用部分又は不動産の外観に関わる工事で、不動産の用途に合致するものを自己の費用で実施することについて一定の区分所有者に与えられる承認

c)　一人又は複数の管理者及び管理組合理事会構成員の選任又は解任

d)　共用部分又は共用部分に付随する権利に関する処分行為が、共通の庭地、その他の地役権の設定又は互有の権利の譲渡に関する義務のような法令上の義務から生ずるとき、それらの行為が実施される条件

e)　一個又は複数の専有部分の使用の変更によって必要となる先の第 10 条第 1 項が規定する負担の分配の変更

f)　省エネルギー又は温室ガス排出削減のための工事。この工事は、区分所有者の費用で行われる専有部分についての共同の利益のための工事を、当該区分所有者が過去 10 年間に同等の工事を行ったことを証明できる場合を除いて、含むことができる。

コンセイユ・デタの議を経たデクレが f ）の適用条件を明確にする。

g)　不動産の入口開放の条件。不動産の完全な閉鎖の場合について、それ〔閉鎖〕は区分所有規約で認められた活動の実施と両立することができるものでなければならない。

h)　公衆に開放された無線通信網の展開に必要な無線通信基地局の設置又は共用部分を目的とする場合における集合アンテナ又は不動産内部の電気通信網の設置又は改修

i)　管理組合理事会理事長に対する、管理組合が被った損害の賠償について管理者に対する訴訟を提起する権限の授権

j)　専有的使用のための安全にアクセスできる駐車場所における電気自動車又はハイブリッド自動車の充電を可能にするための内部の電気設備又は同様の自動車に個別の計算を可能にする内部若しくは外部の電気設備の設置又は改修

k)　個別水道メーターの設置

l)　熱エネルギーメーター又は暖房費用の分配盤の設置

m）　建設・住居法典第 L.126 条の１の１が規定する要件の下での、共用部分の保護のための映像を安全維持サービスに送ることについての承認

n）　変更、付加、改良を含む全ての工事

o）　水供給契約の個別化の請求及びこの個別化のために必要な工事の調査の実現

第 25 条の１〔第２回投票〕

第 25 条又は他の規定に従い、総会において全ての区分所有者の議決権の過半数による議決がなされなかったが、議題が議決権の３分の１の賛成を集めた場合において、同じ総会において直ちに第２回投票を行うことにより、第 24 条に定める多数によって議決することができる。

第 25 条の２〔障がい者又は身体能力減退者の住居へのアクセスのための工事〕

①各区分所有者は、自己の費用で、共用部分又は不動産の外観に影響を与える、障がい者又は身体能力減退者の住居へのアクセスのための工事を実現することができる。　そのために、区分所有者は、管理者に対して、工事に関する詳細な計画を添付して、次回総会の議題に関する情報登録の請求をする。

②区分所有者は、工事の受領時まで、注文主としての権限を行使することができる。

③総会は、区分所有者の議決権の過半数で、工事が不動産の構造若しくはその基本的な設備要素に損害を与えること又は不動産の用途に適応していないことを理由とする議決により、この工事の実現に対して異議を申し立てることができる。

第 25 条の３〔共同借入れに関する決議〕

総会が第 26 条の４が規定する工事について議決するために招集された場合において、この工事の資金調達のためにする共同借入れの締結の問題は同一の総会の議題となる。

第 26 条〔特別多数決－二重多数決〕

①次の各事項に関する議決は、組合構成員〔区分所有者〕の過半数及び議決権の３分の２以上によって行われる。

a）不動産の取得行為及び第 25 条 d）で規定するもの以外の処分行為

b）共用部分の収益、使用及び管理に関する範囲内での区分所有規約の変更、又は必要な場合において制定

c）管理人 concierge ou gardien のポストの廃止及び管理人に割り当てられている住戸の所有権が管理組合に帰属している場合におけるその〔住戸の〕譲渡。これら二つの問題は同一の総会の議題となる。

②区分所有規約の条項により、管理人サービスの削除、管理人のポストの廃止、管理人に割り当てられている住戸の所有権が管理組合に帰属している場合の当該住戸の譲渡が、不動産の用途又は専有部分の使用収益条件に損害を与える場合においては、全員一致でなければ議決できない。

③総会は、いかなる多数によっても、区分所有規約が定める専有部分の用途又はその使用収益の態様に関する変更を区分所有者に課すことができない。

④総会は、区分所有者の全員一致でなければ、不動産の用途の尊重にとってその保存が必要な共用部分の譲渡又は不動産の用途に関する区分所有規約の条項の修正を議決することができない。

第 26 条の 1 〔第 2 回投票〕

反対の規定がない限り、総会が第 26 条第 1 項の多数で議決できなかったが、出席した管理組合構成員〔区分所有者〕、代理された管理組合構成員〔区分所有者〕又は郵便投票を行った管理組合構成員〔区分所有者〕の過半数、かつ、全ての区分所有者の議決権の 3 分の 1 が議題に賛成していた場合、同じ総会は、直ちに第 2 回投票を行うことにより全ての区分所有者の議決権の過半数で議決できる。

第 26 条の 2　欠番

第 26 条の 3 〔例外〕

総会は、第 26 条最終項〔第 3 項〕の規定にかかわらず、地方自治体一般法典第 L.1231 条の 2 Ⅳ の適用のために、共用部分の譲渡及び当該共用部分の上になされた工事については、前条第 1 項の定める二重多数決によって議決することができる。

第 26 条の 4 〔管理組合による借入れ〕

①総会は、全員一致でなければ、共用部分に関して適法に議決された工事、適法に議決された専有部分についての共同の利益のための工事、管理組合の目的に合致し適法に議決された取得行為の資金調達のため、管理組合の名での銀行からの借入れ

を議決することができない。

②第1項にかかわらず、総会は、共用部分に関する工事又は専有部分についての共同の利益のための工事の議決に必要な多数と同じ多数で、この借入れの唯一の目的が議決された工事実現のための管理組合に認められた公的な補助金の事前資金調達である場合は、管理組合の名での銀行からの借入れを議決することができる。

③第1項にかかわらず、総会は、同様に、共用部分に関する工事又は専有部分についての共同の利益のための工事の議決、管理組合の目的に合致し適法に議決された取得行為に必要な多数と同じ多数で、それ〔借入れ〕に参加することを決めた区分所有者のみの利益のため、管理組合の名での銀行からの借入れを議決することができる。

④借入れに参加することを決めた区分所有者は、管理者に、これらの者の支出の持分の範囲内で、その決定について借入れの額を明確にして通知しなければならない。管理者への通知は、全ての区分所有者に対する付属文書なしの総会の議事録の通知日から2月以内になされなければならず、この期間に通知がなければ失効する。

第26条の5 〔同上〕

第26条第4項が規定する貸借は、消費法典第L.313条の4、第L.313条の5第1号及び第L.314条の1ないし第L.314条の5の規定に適合する。総会の議題に添付される貸借契約案の一般条件及び特別条件に合致する、第26条の4を適用して締結された貸借契約は、第42条第2項が規定する2月の経過前には、管理者が署名することができない。

第26条の6 〔同上〕

①第26条の4による借入れ額は、参加することを決定した区分所有者の支出の分配額の合計を超えることができず、銀行により管理者が代表する管理組合に支払われる。

②借入れの利益を受ける区分所有者のみが、以下の事項に寄与する義務を負う。

一　区分所有者が参加する借入れの額に応じた、第10条、第10条の1及び第30条が規定する支出の分配のために作成された一覧表に従った管理組合への支払い

二　区分所有者が参加する借入れの金額に応じた、かつ、付随費用の分配のため作成された特別の一覧表に従った、関係する利子、費用及び報酬の管理組合への支払

い

③総会は、第 18 条Ⅳに規定された条件の下で、管理人に、貸主である機関に対して、共同借入れの返済のための義務のある金員並びに付随費用の支払いをする権限、そこ〔共同借入れ〕に参加する区分所有者の口座から直接に引き落とす権限及び未払いの場合において回収方法を実施する権限を付与することを承認できる。

第 26 条の 7 〔同上〕

①管理組合は、免責及び猶予期間なしに、第 26 条の 4 が規定する自己の支払い及び付随費用の支払いに対応する金額についての借入れを享受する区分所有者の不履行を確認した後、連帯保証により全額を保証する。連帯保証は、特別に認可された保険会社、信用機関、金融会社、貨幣・金融法典第 L.518 条の 1 が規定する機関から提示される書面での約束からしか生じえない。

②第 1 項及び第 2 項が規定する連帯保証は、管理組合によって締結された借入れが、管理組合に議決された工事実現のために認められた公的補助金の事前資金調達のみを目的とする場合においては任意的である。補助金の充当の議決は、この場合、管理者により貸主たる組織に義務的に伝達される。

③民法典第 2374 条第 1 号 bis が規定する先取特権について、借入れの返済及び利子等の支払いに対応する金額は、工事の負担の支払いと同一視される。支払いの後、同条第 1 号 bis が規定する管理組合の先取特権の行使において、保証人は当然に代位する。

第 26 条の 8 〔同上〕

第 26 条の 4 による借入れを享受する区分所有者の区分を生存者間で移転する場合、この移転が会社への出資によるものであっても、区分所有者により借入れの返済及び利子等の支払いの名目で出された金員は、直ちに請求可能になる。但し、借主と保証人の合意がある場合において、この金員を支払う義務は新区分所有者にその承諾を得て移転することができる。公証人は、これらの合意につき管理者に通知する。

第 27 条 〔二次的管理組合〕

①不動産が複数の建物又は自律的な管理が可能である均質な単位 entités を含む場合は、その区分がこれらの一個又は数個の建物若しくは均質な単位を構成する区分所有者は、区分所有者の全ての議決権の過半数によって、二次的 secondaire と称

する組合をそれらの者の間で設立することを議決することができる。

②この〔二次的〕組合は、区分所有規約の規定から他の区分所有者のために生ずる権利を除き、その一個若しくは複数の建物又は均質な単位の管理、維持及び内部の改良を保証することを目的とする。この目的は、第24条に定める多数で議決する区分所有者全体の総会の合意を得て、拡大することができる。

③二次的管理組合は、民事上の人格を付与される。二次的管理組合は、本法に定める条件に従って運営される。二次的管理組合は、主たる組合に管理組合理事会が存在する場合において、そこにおいて代理される。

第28条〔分離請求〕

Ⅰ　不動産が複数の建物を含み、かつ、敷地の所有権における分離が可能である場合は、

a)　それらの建物の一個又は数個を構成する区分の〔区分〕所有者は、一個又は複数の当該建物を元の管理組合から抜いて、別個の管理組合を形成することを請求することができる。総会は、この〔区分〕所有者によってなされた請求につき、全ての区分所有者の議決権の過半数によって議決する。

b)　それらの建物の一個又は数個を構成する区分の〔区分〕所有者は、総会を構成する全ての区分所有者の議決権の過半数によって議決する特別総会を招集し、一個又は複数の当該建物を元の管理組合から抜いて、別個の管理組合を形成することを請求することができる。元の管理組合の総会は、この〔区分〕所有者によってなされた請求につき、全ての区分所有者の議決権の過半数によって議決する。

Ⅱ①これら二つの場合、元の管理組合の総会は、分離に関わる実質的、法律的及び財務的な諸条件を考慮して議決する。

②債権及び債務の分配は、以下の原則に従って行われる。

一　旧区分所有者及び現在の区分所有者に対する元の管理組合の債権及び区分所有者の区分上の元の管理組合の抵当権は、民法典第1346条の適用により、区分が関係する分離により生じた管理組合に当然に移転する。

二　元の管理組合の債務は、分離から生じた管理組合に移った区分所有者に対する元の管理組合の債権と同じ額を上限として、分離により生じた管理組合の間で分配される。

Ⅲ①元の管理組合の総会において、共用設備の創設、管理及び維持のための管理組合連合会 union de syndicats を創設することを議決する場合、その議決は第24

条の多数による。

②元の管理組合に関する区分所有規約は、各組合が新たな区分所有規約を制定するまで、場合に応じて適用される。

③分離は、前項の定める決定がなされるまでは、効力を生じない。分離は、元の管理組合の解散をもたらす。

Ⅳ① 本条が規定する手続きは、同様に、同じ地盤上の区別された複数の建物を含む複合的不動産集合体及び様々な使用に充てられており自律的な管理が可能である複数の均質な単位の空間分割 division en volumes にも用いることができる。

②〔本条が規定する〕手続きは、いかなる場合においても、単一の建物の空間分割に用いることはできない。

③空間分割の場合において、共同使用のための設備要素の創設、管理及び維持のために管理組合連合会を創設することについての議決は、第25条が規定する多数でなされる。

④第29条第3項の規定にかかわらず、管理組合連合会の定款は、構成員に脱退を禁じることができる。

第29条〔管理組合連合会〕

①管理組合は、民事上の人格を有する団体である管理組合連合会の構成員となることができる。この団体の目的は、共通の設備要素の創設、管理及び維持並びに共同の利益のためのサービスを保証することにある。

②この管理組合連合会は、一個又は複数の管理組合、不動産組合 société immo-bilière、建設・住居法典第 L.212 条の 1 以下による居住者組合 sociétés d'attribution 及びその他の所有不動産が管理組合連合会構成員の不動産と隣接関係にある全ての所有者の加盟を受け入れることができる。

③管理組合連合会の定款は、本法の規定の留保の下で、その運営の条件を定める。定款は構成員に対して管理組合連合会からの脱退を禁止することができない。

④ある管理組合連合会への加盟又は、管理組合連合会の創設は、各管理組合の総会において、第25条の定める多数によって行う。管理組合連合会からの脱退は、各管理組合の総会において第26条が規定する多数によって行う。

⑤管理組合連合会の総会は、管理組合の管理者、各管理組合の法定代理人及び連合会に加盟した所有者らによって構成される。管理者は、この総会に、自らが代表する一個又は複数の管理組合の受任者又は代理人の資格において出席する。

⑥管理組合連合会の議決の執行は、総会において選任された管理組合連合会会長が行う。

⑦管理組合連合会会長を補佐しその管理を監督するため、管理組合連合会理事会が設立される。この理事会は、管理組合連合会の各構成員により選任された代表者により構成される。

第2節　荒廃区分所有に関する特別規定

第29条の1A〔荒廃前区分所有〕

①会計年度終了時に、未支払分が第14条の1及び第14条の2が要求する額の25パーセントに達する場合、管理者は、これを管理組合理事会に伝え、不動産所在地の司法地方裁判所長に対して特別受任者mandataire ad hocの選任の請求をする。200個を超える区分所有の場合は、裁判所への申立てを引き起こす未払割合は15パーセントとなる。

②会計年度終了時から1月以内に管理者の行動がない場合、裁判官は以下の者の申立てによっても同じ請求を受けることができる。

一　管理組合の議決権の少なくとも15パーセントを代表する区分所有者又は管理組合理事会理事長

二　水又はエネルギーの供給の請求書又は総会で議決され実施された工事の請求書が6月前から未払いの場合、かつ債権者が管理組合に対してした弁済の催告が実効性のないものであった場合の債権者

三　県における国家代表者又は司法地方裁判所検事正

四　不動産所在地の市町村長

五　不動産所在地の住宅政策の権限を有する市町村間協力公施設法人établissement public de coopération intercommunaleの審議機関の長

③第1項、第1号及び第2号の場合、不動産が存在する県における国家代表者、市町村長、場合によっては、住宅政策の権限を有する市町村間協力公施設法人の審議機関の長は、一人又は複数の請求者により申立てについて知られる。

第29条の1B〔特別受任者の選任・職務〕

①司法地方裁判所長は、第29条の1Aが規定する〔特別受任者選任のための〕要件が満たされていると判断すれば、申立てに基づく命令ordonnance sur requête、又は急速実体審理手続きprocédure accélérée au fondとして裁判を

行い、特別受任者を選任し、その職務及び報酬を決める。特別受任者の介入方法は、デクレにより定められる。

②司法地方裁判所長は、特にその判決において、管理組合、他の手続き当事者間で誰が費用を負担するか、又はこれらの者がどのように費用を分担するかを明確にして理由を付する。

③特別受任者は、選任から３月で司法地方裁判所長が一度だけ更新できる期間に、司法地方裁判所長に、管理組合の財務状況、不動産の状態、管理組合の財務の均衡を回復するための提案、場合によっては、建物の安全を保障するための提案及び関係者との斡旋 médiation 並びに交渉 négociation の結果をまとめた報告書を提出する。金銭上又は管理上の重大な困難が確認された場合、特別受任者は、第 29 条の１の適用による仮管理者の選任を司法地方裁判所長に申し立てる。

④管理人は、特別受任者に、司法地方裁判所から管理者への通知後 15 日以内に、その職務を果たすために必要な全ての書類を引き渡す義務を負う。特別受任者は、その職務を果たすうえでの問題を司法地方裁判所長に申し立てることができる。その職務を果たすために、特別受任者は、権限ある行政当局から 管理組合に対する［行政］警察手続きに関する書類を受け取ることができる。

⑤司法地方裁判所書記課は、この報告書の複本を、管理者、管理組合理事会、不動産が存在する県における国家代表者、市町村長、場合によっては、住宅政策の権限を有する市町村間協力公施設法人の審議機関の長に送付する。

⑥管理者は、報告書の内容を実行するために必要な解決案を次回の総会の議題とする。報告書提出後６月以内、報告書で緊急を要するとされた場合は３月以内に総会が開かれないときは、管理者がそのための特別総会を招集しなければならない。

⑦報告書の内容を実行するために必要な解決案について議決する総会の議事録は、管理者により、申立人、司法地方裁判所長及び特別受任者に交付される。第６項が規定する６月以内に通知がない場合、特別受任者又は手続きの当初の当事者は、急速実体審理手続きとして裁判する司法地方裁判所長に、以下についての申立てができる。

一　管理者に速やかに総会を招集することを求める判決

二　申立人が第 29 条の１によりそれをなす権限を有する場合、仮管理者の選任

第 29 条の１Ｃ〔特別受任者の資格〕

Ⅰ　第 29 条の１Ａが規定する特別受任者の職務を行使するために、裁判官は、商

法典第 L.811 条の 2 が規定する裁判所選任の管理人 administrateur judiciaire リストに掲載された裁判所選任の管理人を選任することができる。

Ⅱ　但し、例外的に、裁判官は、特別に理由を付した判決により、この件の性質を鑑みて、デクレが定める条件を満たす経験若しくは特別な資格を証明する自然人又は法人を選任することができる。

Ⅲ　本条Ⅱの適用により選任された特別受任者は、5 年間、以下のことができない。

一　いかなる権限によっても、直接又は間接に、管理者、管理組合又は手続きを申し立てた債権者及び商法典第 L.233 条の 16 Ⅱ及びⅢの意味における管理者又は債権者の一人を監督する権限を有する者から報酬又は支払いを受けること。

二　管理組合理事会、管理組合若しくは関係する債権者の立場にあること又はこれらの者に従属する立場にあること

三　自らに付与された委任から利益を得ること

四　商法典第 L.811 条の 6、第 L.811 条の 12 及び第 L.812 条の 4 の適用により、リストからの削除又は取下げの判決の対象となった元の裁判所選任の管理人又は受任者に含まれていること

Ⅳ　特別受任者は、職務終了後、管理者に選任されえない。

第 29 条の 1 〔仮管理者の選任〕

Ⅰ ①管理組合の財務上の均衡が大きく崩れ、又は管理組合が不動産の保全にあたることが不可能である場合、司法地方裁判所長は、急速実体審理手続きによる裁判又は申請に基づく裁判を行い、管理組合の仮管理者を選任することができる。司法地方裁判所長は、管理組合の議決権の少なくとも 15 パーセントを代表する区分所有者、管理者、不動産所在地の市町村長、住宅政策の権限を有する市町村間協力公施設法人の長、不動産が存在する県における国家代表者、検事正、管理組合が第 29 条の 1 A 及び第 29 条の 1 B の手続きの対象になっている場合は特別受任者による申立てがなければ、このための裁判を開始することができない。

②司法地方裁判所長は、区分所有の正常な機能を回復するために必要な措置をとることを仮管理者の職務とする。そのために、司法地方裁判所長は、仮管理者に、損害賠償なくして当然に〔管理者と管理組合の間の〕委任契約が終了することになる管理者の全ての権限及び第 26 条 a）並びに b）に定める権限を除いた総会及び管理組合理事会の権限の全部又は一部を付与する。仮管理者によって招集され主宰される管理組合理事会及び総会は、仮管理者の職務に含まれないその他の権限を引き

続き行使する。仮管理者は、個人として、彼に与えられた職務を遂行する。しかし、仮管理者は、職務の良好な遂行のため必要であれば、司法地方裁判所長によりその〔裁判所長の〕提案に基づいて選任され報酬を受ける第三者の補佐を受けることができる。全ての場合において、現在の管理者は区分所有の仮管理者に選任されえない。

③仮管理者を選任する判決が仮管理者の任期を定めるが、それは12月を下回ってはならない。前年に第29条の1Bが規定する報告書が作成されなかった場合において、仮管理者は、その職務の最初の6月が経過した後に、管理組合の財務状況を修復するために適した方法を記した中間報告書を作成する。司法地方裁判所長は、管理者（管理者を選任するための総会を招集するためだけに選任された者でもよい）、区分所有者、県における国家代表者、不動産所在地の市町村長、住宅政策の権限を有する市町村間協力公施設法人の長、司法地方裁判所検事正の請求により、又は職権により、何時でも、仮管理者の職務を変更し、延長し、終了させることができる。

④仮管理者は、同様に、管理組合の収用又は解散の場合に、管理組合の債務を清算するために選任されうる。収用される又は解散する管理組合の法人格は、債務の清算のために、司法地方裁判所長が仮管理者の職務を終了させるまで存続する。債務の清算のため、本節の規定は、コンセイユ・デタの議を経たデクレで定められる要件の下で適用される。

Ⅱ　仮管理者の報酬の条件は、デクレで定める。

Ⅲ①Ⅰが規定する仮管理者の職務を行使するために、司法地方裁判所長は、商法典第L.811条の2が規定する裁判所選任の管理人のリストに記載された裁判所選任の管理人を選任することができる。

②司法地方裁判所長は、同様に、特別に理由を付した判決により、この件の性質を鑑みて、そしてデクレが定める条件を満たす経験若しくは特別な資格を証明する自然人又は法人を選任することができる。

③管理組合が第29条1A及び第29条の1Bの手続きの対象となっている場合は、特別受任者は、司法地方裁判所長の理由付きの判決により、管理組合理事会の意見聴取の後に、仮管理者として選任されうる。その他の場合、Ⅲ第2項の条件の下で選任された仮管理者は、5年間、以下のことができない。

一　いかなる権限によっても、直接又は間接に、管理者、管理組合又は手続きを申し立てた債権者及び商法典第L.233条の16Ⅱ及びⅢの意味における管理者又は債

権者の一人を監督する権限を有する者から報酬又は支払いを受けること

二　管理組合理事会、管理組合若しくは関係する債権者の立場にあること又はこれらの者に従属する立場にあること

三　自らに付与された委任から利益を得ること

四　商法典第 L.811 条の 6、第 L.811 条の 12 及び第 L.812 条の 4 の適用により、リストからの削除又は取下げの判決の対象となった元の裁判所選任の管理人又は受任者に含まれていること

④仮管理者は、自らに付与された委任を、その職業上の注意を果たすことで、裁判所選任の管理人に付与されたのと同じ義務に適合するように履行する義務を負う。

Ⅳ　仮管理者は、その職務終了後 5 年間、当該管理組合の管理者に選任されえない。

第 29 条の 2 〔情報伝達〕

①仮管理者を選任する判決の複本及びこの者により作成された報告書は、区分所有者及び司法地方裁判所検事正に知らされる。

②仮管理者を選任する判決の複本は、同様に、司法地方裁判所書記により、検事正、市町村長、住宅政策の権限を有する市町村間協力公施設法人の長、不動産が存在する県における国家代表者に送られる。これらの者の請求があれば、仮管理者により作成された報告書が、司法地方裁判所書記により通知される。

第 29 条の 3 〔訴えの停止又は禁止〕

Ⅰ①第 29 条の 1 が規定する仮管理者の選任の議決は、12 月の間、この議決より前にその起源を有する公共及び社会保障債権を除く債権の請求可能性の停止をもたらす。

②それ〔仮管理者の選任の議決〕は、以下の債権に関わる債権者の全ての裁判上の訴えを停止又は禁止する。

一　債務者たる管理組合に金員の支払いを命ずることを目的とするもの

二　金員の不払いによる契約の解消

③それは同様に、債権者側からの全ての執行手続き及びこの判決前の分配的効果を発生させない全ての配当手続きを停止又は禁止する。

④選任の判決は、同様に、増額若しくは遅滞の制裁及び契約の当然の解消を規定する契約条項の停止をもたらす。

⑤本条Ⅰは、管理組合により締結された共同借入れにも適用される。第 26 条の 6

の適用により、借主が共同借入れの弁済又は付随的な金員の支払いの名目で各区分所有者から区分所有者が負う金額の引落しを認める管理者の代理の恩恵を受ける場合、この委任は、〔仮管理者の〕選任の判決により停止される。

Ⅱ　急速実体審理手続きとして裁判する司法地方裁判所長は、仮管理者の請求により、本条Ⅰが規定する停止又は禁止を 30 月まで延長することができる。

Ⅲ　急速実体審理手続きとして裁判する司法地方裁判所長は、仮管理者の請求により、契約の解除の宣言又は契約履行の継続を命じることができる。

Ⅳ　本条が規定する条件の下での停止、禁止又は中断されたもの以外の訴訟及び執行手続きは、仮管理者の強制参加の後、管理組合に対して行われる。

第 29 条の 4 〔債権の届出〕

Ⅰ　その任命から 2 月以内に、仮管理者は、債権者が自己の債権額を計算するために必要な要素を提出することを可能にする公示措置を実施する。

Ⅱ①仮管理者選任のオルドナンスの公示〔の時〕から、管理組合の債権者は、自己の債権をコンセイユ・デタの議を経たデクレが定める期間内に届け出る。

②届出のあった債権の確認後、仮管理者は届出のあった債権のリストを作成し公示する。

③債権者には、リストの公示日から 2 月以内に、司法地方裁判所長に対してその内容について異議を申し立てることができる。

Ⅲ①Ⅱが規定する期間に適法な届出がなかった債権は、手続きに対抗できない。

②コンセイユ・デタの議を経たデクレが定める期間及び方法により、不履行が自己の行為によるものではないことを証明した債権者は、失権回復訴訟 action en relevé de forclusion を提起することができる。

第 29 条の 5 〔弁済計画〕

Ⅰ①仮管理者は、債務の弁済計画を作成する。

②最長 5 年のこの計画は、管理組合の債権者への支払期限を含む。

Ⅱ①支払期限案は、第 29 条の 4 Ⅱ第 2 項が規定するリストに記載された債権者に通知される。債権者は、この通知から 2 月の間、異議 observation を知らせることができる。債権者は、個別に債務の免除を提案できる。

②仮管理者は、最終的な弁済計画を債権者及び管理組合理事会に伝える。債権者は、この通知から 2 月の間、裁判官に対して異議申立てをすることができる。

③この期間に異議申立てがない場合は、裁判官は、仮管理者の請求により計画を承認する。承認のオルドナンスは債権者及び管理組合理事会に最終的な弁済計画とともに通知される。

Ⅲ①命令又は判決の通知は、弁済計画が遵守される限りにおいて、第29条の3Ⅰ及びⅡが規定する停止及び禁止の維持をもたらす。

②弁済計画は、仮管理者の職務が終了した後は、管理者により実施される。

Ⅳ　管理組合の財務状況が変化する場合、管理組合、議決権の少なくとも15パーセントを代表する区分所有者、債権者、管理者又は仮管理者の申立てに基づき、裁判官の判決により、弁済計画は延長又は修正されうる。

Ⅴ　弁済計画の実現を妨げるものでない限り、仮管理者は、区分所有者と個別に、彼らの管理組合に対する債務の弁済の支払期限について合意することができる。

第29条の6〔資産の譲渡〕

①管理組合が、管理組合の債務を弁済する性質の、譲渡可能な資産、特に建物が建てられていない土地を有している場合、仮管理者は、第26条及び第29条の1第2項にかかわらず、裁判官に譲渡を実現するための許可を求めること及びその結果として区分所有規約及び区分所有明細一覧書を修正することができる。

②この請求に基づいて、仮管理者は、譲渡可能な財産の評価を明らかにし管理組合理事会の意見を付した報告書を作成する。

③裁判官により定められる許可期間は、5年を超えることができない。資産の譲渡がこの期間に行われる場合において、それは、第29条の5Ⅳが規定する手続きに従って、債務弁済計画により定められた区分所有者への支払いの請求期日の修正をもたらす。

第29条の7〔債務の消滅〕

①仮管理者は、裁判官に提出する弁済計画の作成において、管理組合の区分所有者に対する取立て不可能な債権額を明らかにする。

②第29条の6の条件の下で譲渡できる管理組合の資産がない場合、又は譲渡の引受人がいない場合は、仮管理者は、裁判官に対して、部分的に取立て不可能な額と同じ金額について、管理組合の債務を消滅させることを請求できる。

③裁判官は、一部又は全ての債務を消滅させることができる。消滅させられた金額は、管理組合の債権者間で各自の債権額に応じて分配され、仮管理者により債務弁

済計画に組み入れられ、続いて裁判官により第 29 条の 5 Ⅱが規定する条件の下で承認される。判決は、同様に、場合によっては、管理組合に帰属する場所について設定されたこれらの債務に関係する抵当権の登記抹消を命じる。

第 29 条の 8 〔二次的管理組合の設置及び管理組合の分離〕

Ⅰ①区分所有の通常の管理及び運営を他の方法では回復できない場合、裁判官は自らが定める条件の下で、仮管理者の請求により以下を命じることができる。

一　一個又は複数の二次的管理組合の設置

二　管理組合の分離

②仮管理者が空間分割を請求した場合、裁判官は、市町村長又は住宅政策の権限を有する市町村間協力公施設法人の長への諮問の後に、自らが選び管理組合の費用で選任された鑑定人の、不動産又は不動産集合体が共用部分なしに分割でき自律的に機能することを証明する報告書の理由書を考慮して判決を下す。

③これらの請求に基づき、仮管理者は、管理組合理事会の意見、分離される管理組合の物質的、法的及び金銭的な条件又は二次的管理組合の設置の条件を明らかにした報告書を作成する。仮管理者は、特に元の管理組合の共用部分の分配、区分所有規約案及び新管理組合の区分所有明細一覧書を作成し、管理組合の債権債務概況書を作成し、第 28 条Ⅱが規定する原則に従いその分配を決める。

④仮管理者は、債権債務状況明細書とともに、分離により設置される各管理組合に移される債務についての弁済計画を作成する。この計画は有効であることが確認され、分離から生じた管理組合に適用される。それは第 29 条の 5 が規定する条件に従って実施される。

⑤管理組合の間での有効であることが確認された債務の分配は、元の管理組合の債権者に個別に通知される。

Ⅱ　二次的管理組合の設置又は本条が規定する分離を実現するための事前の工事が必要な場合において、裁判官は、仮管理者に、区分所有者の費用で工事を実現することを許可することができる。

Ⅲ①分離又は二次的管理組合の設置を許可する判決は、同様に、分離による新たな区分所有規約および管理組合の区分所有明細一覧書、又は二次的管理組合設置による区分所有規約の修正を承認する。

②管理組合の分離を宣言する判決は、元の管理組合の解散をもたらす。

③裁判官は、本条による分離の結果生じた各管理組合について、又は本条に従い設

置された各二次的管理組合について、管理者選任のための総会を招集する責めを負う者を選任する。

第 29 条の 9 〔暖房の個別化〕

①仮管理者の理由の付された申立てにより、かつ、区分所有の財政的回復に必要な場合において、裁判官は、仮管理者に、区分所有の機能回復に寄与し、負担の分担を修正する工事、特に暖房の個別化の工事のための区分所有規約の修正を命じることができる。暖房の個別化工事において、裁判官は、同じ判決により、この工事の実現を命じることができる。

②仮管理者の理由の付された申立てにより、かつ、維持、管理及び修理費用が回復不可能な方法で管理組合の財務状況を悪化させている場合において、裁判官は、仮管理者に、非訟事件として à titre gracieux、市区町村又は住宅政策の権限を有する市町村間協力公施設法人に、建物が建てられていない公益のための土地又は公的管理に属しうる共用場所若しくは共用設備を譲渡することを許可すること及びその結果として区分所有規約並びに区分所有明細一覧書を修正することを命じることができる。

第 29 条の 10 〔保護計画〕

①仮管理者は、県における国家代表者に、建設・住居法典第 L.615 条の 1 に従って保護計画を率先するよう提案できる。

②保護計画策定の進行が始まる場合、仮管理者は、当然に同条 I の委員会の構成員となる。

③保護計画作成時又は保護計画実施時に、仮管理者は、保護計画措置が裁判官に付与された自己の職務と矛盾していることを確認した場合は、それを県における国家代表者又は市町村長又は住宅政策の権限を有する市町村間協力公施設法人の長に知らせる。これらの者は、保護計画を修正するか、又は裁判官に仮管理者の職務の内容を変更するように請求することができる。

④仮管理者は、管理組合に対する公的補助金の付与に関する全ての融資に関する合意を、この合意が自らに付与された職務と矛盾しない限りにおいて、締結できる。

第 29 条の 11 〔強化仮管理〕

Ⅰ　財務状態により、不動産の保全・安全、占有者の保護、占有者の健康の維持、

及び区分所有の負担の軽減のために必要な工事を施せない場合、〔以下の申立てにより〕裁判官は不動産を強化仮管理の下に置くことができる。

一　不動産が位置する市町村長、住宅政策の権限を有する市町村間協力公施設法人の長、又は県における国家代表者の申立てにより

二　又は第29条の1によりすでに選任されている仮管理者の申立てにより

Ⅱ①強化仮管理下の対象物の枠内で、裁判官は、第29条の1により選任された仮管理者に、管理組合の名で、工事の監督及びの財務調整についての資格がある一人又は複数の事業者と、期限の定めのある合意を締結することを許可することができる。このような事業者は、特に、都市計画法典第L.321条の14、第L.321条の29、第L.326条の1、並びに建設・住居法典第L.411条の2及び第L.481条の2の組織の一つでありうる。

②裁判官の判決は、利害関係人、不動産が位置する市町村長、住宅政策の権限を有する市町村間協力公施設法人の長、県における国家代表者に通知される。

Ⅲ①仮管理者は、事業者に対して、この合意により、全ての区分所有の機能回復に寄与する職務、特に工事計画の監督権限、計画の財務調整を委ねることができる。デクレが、区分所有者が負担する事業者の報酬の方法を決める。

②裁判官は、事業者と仮管理者の間で締結された合意を承認する。

③合意の履行は、仮管理者の職務が終了したとしても継続されうる。合意は、合意によって定められた期間の満了により終了する。

Ⅳ　不動産が存する市町村長又は住宅政策の権限を有する市町村間協力公施設法人の長は、いつでも、建設・住居法典第L.615条の6が定める手続きに参加することができる。この場合、本条Ⅱに記載された合意の締結は裁判官の判決を待って停止されるが、仮管理者の職務は第29条の1が規定する条件の下で継続される。

第29条の12〔同上〕

Ⅰ　第29条の11Ⅱが規定する事業者の職務が、第29条の8が規定する条件の下で管理組合の分離の実現である場合、第29条の11が規定する合意は、創設された管理組合間での事業者の報酬の分配を規定する。分離により創設された各管理組合は、関係者について、合意により規定された条件に従い、解散した管理組合の合意による権利及び債務に代位する。

Ⅱ　事業者の職務は、裁判官の判決より前には終了しえない。合意は、義務的に、裁判官が判決を下す前の解除の場合について、合意により規定された工事の実現に

関する事業者の損害賠償の方法について規定する。

Ⅲ　裁判官は、議決権の 15 パーセントを代表する区分所有者の申立てにより、仮管理者に改良工事の実現を事業者契約に含ませることを許可することができる。

Ⅳ　仮管理者の職務が終了し区分所有が財務的に機能回復した場合において、裁判官は、管理者に対して、本法が規定する多数による総会での補完的工事の承認の後、期間中の契約の修正を許可することができる。

第 29 条の 13〔住宅手当〕

第 29 条の 11 が規定する事業者の報酬は、居住所有者に対して、建設・住居法典第 L.821 条の 1 第 2 号が規定する住宅手当の権利を与える。

第 29 条の 14〔裁判官の権限〕

裁判官は、以下のことができる。

一　建設・住居法典第 L.615 条の 1 の適用により不動産が保護計画の目的となっている場合において、仮管理者又は議決権の少なくとも 15 パーセントを代表する区分所有者の請求により、工事基金への拠出金の払込みを停止すること

二　仮管理者が工事基金に寄託された金員を区分所有の機能回復に必要な行為又は通常の管理の維持を可能にする行為のために使用することを許可すること

第 29 条の 15〔商法典の不適用〕

商法典第 6 編が規定する手続きは管理組合には適用されない。

第 3 章　専有の場所の改良、付加及び増築権の行使

第 30 条〔改良工事〕

①総会は、第 25 条に定める多数で議決することによって、不動産の用途との合致を要件として、既存の一個又は複数の設備要素の改造 transformation、新たな要素の結合 adjonction、共通の使用に充てられる場所の整備 aménagement 又はそのような場所の創設、その他全ての改良を議決することができる。

②総会は、この場合、区分所有者のうちある者がより多くの支出部分を負担するための区分所有者間での合意を考慮する場合を除いて、同じ多数によって、企図される工事から各区分所有者に生ずる利益に応じて、工事費用及び後の第 36 条に定める補償の負担の分配を定める。

③総会は、同じ多数によって、改造若しくは創設される共用部分又は要素の運営、維持及び取替え remplacement の支出の分配を定める。

④総会が第 25 条ｂ）に定める承認を拒否する場合は、全ての区分所有者又は区分所有者の集団は、司法地方裁判所から、裁判所が定める条件に従って第 1 項が規定する全ての改良工事を実施する許可を得ることができる。裁判所は、この他、他の区分所有者がこのようにして実現される施設物 installation を利用することができる条件を定める。区分所有者のうちそれ〔改良工事〕を実施した者に使用を留保することが可能である場合は、他の区分所有者は、その権利が行使される日において評価されるそれらの施設物の価額の負担部分を払い込まなければ、それを利用する許可を得ることができない。

第 31 条　欠番

第 32 条〔費用負担義務〕

第 34 条の規定による場合を除き、議決は、区分所有者に、総会で定めた割合に従って、工事費用の支払い、第 36 条に定める補償の負担、改造される若しくは創設される共用部分又は設備の運営、管理、維持及び取替えに関する支出を分担する義務を負わせる。

第 33 条〔非同意区分所有者の工事費用〕

①議決に同意しなかった区分所有者に課せられる工事費用、それに関わる財務負担及び補償部分は、その部分の 10 分の 1 を均等年賦の方法により支払うものとすることができる。この可能性を享受しようとする区分所有者は、その決定を総会議事録の通知から 2 月の間に管理者に知らせなければならず、知らせない場合は失権する。組合が工事のための借入れを契約しなかった場合は、年賦で支払う区分所有者が負う財務負担は、民事法定利率に等しい。

②但し、前項が規定する金額は、当該区分所有者が最初に生前の移転を行う場合において、その移転が組合への出資の方法で実現されるものであったとしても、直ちに訴求可能となる。

③前 2 項の規定は、法令上の義務の尊重によって課される工事に関わる場合は適用されない。

第34条〔過剰な改良〕

第30条が規定する議決は、議決された改良が不動産の状態、特性及び用途に照らして過剰であることの確認を求めて第42条第2項に定める期間に司法地方裁判所に異議を申し立てた区分所有者に対しては、対抗することができない。

第35条〔増築〕

①専有的使用のための新たな場所を創設するための建物の増築又は建築は、第26条が規定する多数での議決によらなければ管理組合によって行われえない。

②同様の目的のために既存の建物の増築権を譲渡することの議決は、第26条に定める多数によるほか、不動産が複数の建物を含む場合においては、増築する建物を構成する区分の区分所有者が上記の多数によって議決する特別総会による承認を得なければならない。

③但し、建物が都市計画法典第L.211条の1の適用による都市先買権 droit de préemption urbain の設定された圏内に位置する場合は、この建物の増築権を譲渡する議決は、全ての区分所有者の議決権の過半数による。この議決は、不動産が複数の建物を含んでいる場合においては、関係する区分所有者の議決権の過半数によって議決する、増築する建物が含む区分の区分所有者の特別総会による承認を得なければならない。

④計画された増築部分の下に自らの場所が全部又は一部位置する区分所有者は、新たに作られた専有部分の管理組合による売買の際又は管理者によるその増築権の譲渡の際に、優先権を享受する。一個又は複数の全ての売買契約締結前に、管理者は、優先権を享受する各区分所有者に管理組合の売却の意図を価格と売却条件を付して通知する。この通知は、その通知から2月の間、売買の申込みとしての意味を有する。

第36条〔補償〕

第35条に定める増築工事の実施の結果、第9条に定める要件に対応する損害を受ける区分所有者は、補償を受ける権利を有する。補償は、区分所有者全員の負担として、共用部分における各人の権利の当初の割合に従って分配される。

第37条〔権利の専用行使に関する合意〕

①第3条が規定する付属の権利の一つで互有権以外の権利の行使を所有者又は第三

者が自己に留保する合意は全て、その権利が当該合意に続く 10 年以内に行使され
なかった場合に失効する。

②合意が本法の公布以前のものである場合において、10 年の期間は、当該公布か
ら進行する。

③この期間の満了前であっても、管理組合は、第 25 条に定める多数で議決するこ
とによって、この権利の行使に異議を申し立てることができる。但し、権利の留保
が自己負担の対価を伴っていたことを権利者が証明する場合に権利者にそれを補償
することは除く。

④本法の公布の後の全ての合意で先に掲げる権利の一つの留保を含むものは、建築
すべき場所の規模、組成及びその実施が区分所有者の権利及び負担にもたらす変更
を表示しなければならず、これに反する場合、無効とする。

第 37 条の 1　〔例外〕

第 37 条の規定にかかわらず、建築権、掘削権及び増築権は、所有者又は第三者が
それらを留保するという合意の対象とならない。但し、これらの権利は、過渡的区
分の専有部分を構成することができる。

第 4 章　再築

第 38 条〔再築及び原状回復〕

全部又は一部の損壊 destruction の場合において、被災建物 bâtiment sinistré を
構成する区分の区分所有者の総会は、区分所有者の議決権の過半数によって、その
建物の再築 reconstruction 又は被害部分の原状回復 remise en état を議決するこ
とができる。損壊が建物の 2 分の 1 未満に関わる場合、原状回復は、被災区分所有
者の多数がそれを請求する場合において、義務的である。損害を受けた建物の維持
を分担する区分所有者は、同一の割合及び同一の規則に従って、工事の支出を分担
する義務を負う。

第 38 条の 1　〔技術的災害〕

①技術的災害 catastrophe technologique の場合において、共用部分が被災した
区分不動産の管理者は、15 日以内に総会を招集する。

②この総会は、災害後 2 月以内に開催される。管理者に対し、緊急にとるべき必要
な復旧工事を実施する契約を締結する権限を与える場合において、出席又は代表す

る区分所有者の過半数による。

第39条〔改良又は付加にあたる場合〕

災害前の状態に対比して改良又は付加となる場合には、第3節の規定が適用される。

第40条〔補償の充当〕

損壊した不動産に相当する補償は、登記された債権者の権利を留保して、再築に優先的に充てられる。

第41条〔原状回復をしない場合の補償〕

被災建物を原状に回復しない旨の議決が先の第38条に定める要件に従って行われる場合において、区分所有上の権利の清算 liquidation des droits 及び区分所有者のうちその区分が再築されない者への補償が行われる。

第4章 bis　居住サービス

第41条の1〜第41条の7　〔略〕

第4章 ter　一定の区分所有に関する特別規定

第1節　小規模区分所有に関する特別規定

第41条の8〜第41条の12　〔略〕

第2節　管理組合の議決権数が二人の区分所有者に分配されている区分所有に関する特別規定

第41条の13〜第41条の23　〔略〕

第5章　一般秩序に関する規定

第42条〜第50条　〔略〕

建設・住居法典
(Code de la construction et de l'habitation)

新潟大学人文社会科学系（工学部・経済科学部）准教授

寺尾　仁　（翻訳）

法律編

第3部：住宅建設および住居改良への各種補助金－応能住宅援助（Aide personnalisée au logempent）（法第 300-1 条～法第 381-3 条）

第1巻：住居政策総則（法第 300-1 条～法第 303-2 条）

第2章：市町村住居政策（法第 302-1 条～法第 302-19 条）

第1節：市町村住居プログラム（programme local de l'habitat）（法第 302-1 条～法第 302-4-2 条）

法第 302-1 条（市町村住居プログラム）

Ⅰ．市町村住居プログラムは、市町村間協力公施設法人（établissement public de coopération intercommunale）によって、その構成市町村全体のために策定される。

（後略）

Ⅱ．市町村住居プログラムは、市町村間および同一市町村内の街区間で均衡が取れて多様性のある住宅の分布を保障しつつ、住宅および収容施設の需要に応えることを目指し、市街地の更新とソーシャル・ミックスを促進し、ならびに住居のエネルギー消費性能（performance énergétique）および障がい者の住環境へのアクセスを改善する政策の6年間の目的と原則を定める。

（後略）

Ⅲ．市町村住居プログラムは、住宅市場の機能と収容施設の状況を、民間住宅および社会住宅、戸建て住宅および集合住宅の供給ならびに収容施設の供給のさまざまな部分の分析に基づいた診断を含む。この診断は、とりわけ不動産市場、不動産の供給およびその用途、土地の権利移転可能性、ならびに住宅の建設可能量の分析を含む。この診断は、住宅への権利の行使を目指す 1990 年 5 月 31 日の法律第 90-449 号（loi n° 90-449 du 31 mai 1990 visant à la mise en oeuvre du droit au logement）第 1-1 条第 1 項に言う不適切住宅（habitat indigne）の状況および破綻区分所有（copropriétés dégradées）の場所を特定することを含む。

市町村住居プログラムは、その区域内における住居および不動産の監視措置の発動条件を定める。

Ⅳ．市町村住居プログラムは、住宅および収容場所の需要を満たすために発動すべき手段を、住宅への権利を尊重し均衡が取れて多様性のある住宅の分布を保障しつつ、次の事項を明確に定めて記す。

- 新規供給の目的

- 公共部門であれ民間部門であれ既存ストックの、とりわけエネルギー面の改良および修復のための施策、ならびに荒廃区分所有（copropriétés en difficulté）向けの施策、とりわけ予防および居住者支援施策。このために同プログラムは、住居改善プログラム事業（opérations programmées d'amélioration de l'habitat)、場合によっては破綻区分所有再生事業（opérations de requalification des copropriétés dégradées)、および不適切住宅対策を明確に述べる。

　（後略）

- 市街地再生および市街地更新の施策と事業、とりわけ都市および市街地再生の方向およびプログラムに関する 2003 年 8 月 1 日の法律第 2003-710 号（loi n° 2003-710 du 1er août 2003 d'orientation et de programmation pour la ville et la rénovation urbaine）に記すもの。社会住宅の取壊しと再建、破綻区分所有内の住宅の取壊しを、保存する不動産の価値の再向上プラン、当該街区と住民へ提供されるサービスの市街地としての価値を改善すること、住民の転居および居住状況政策（politiques de peuplement）の目標を考慮に入れることを組合わせて行うことを含む。

　（後略）

第2巻：住居改良（法第 321-1 条～ 326-1 条）

第1章：全国住居事業団（Agence nationale de l'habitat）－規則および財政支援（法第 321-1 条～法第 321-12 条）

第1節：総則（法第 321-1 条～法第 321-2 条）

法第 321-1 条（全国住居事業団、各種事業制度）

I. 全国住居事業団は、法第 301-1 条に定める目的を尊重するなかで、民間住宅の既存ストックの開発および質を伸ばすこと、とりわけ断熱性能および自治の喪失への対応を伸ばすことを任務とする。同事業団は、不適切および劣化住居対策、不安定区分所有（copropriétés fragiles）あるいは荒廃区分所有の予防および処理施策、エネルギー不安定対策、および収容施設（structures d'hébergement）改善に関与する。このために同事業団は、住宅、とりわけ農村賃貸借（bail rural）あるいは商業用賃貸借（bail commercial）の対象となっている住宅の修繕・衛生設備・改良・基準への適合の工事の実施、住宅に充てられていない区画を主たる住居（résidence principale)として用いる住宅へ転換する工事の実施、非衛生住居(habitat insalubre) 収去・劣化民間不動産再生事業（requalification d'immeubles d'habitat privé dégradé）、法第 615-6 条に従い所有者欠如（état de carence）が宣言された区分所有の収去事業ならびに荒廃区分所有の住居用区画に限った所有権伝達（portage）事業の実施を支援および援助する。同事業団は、既存民間ストックおよびその占有の条件への知識を改善し、困窮者および低所得世帯あるいは中間所得世帯の民間賃貸住宅への入居を助けることを目的とする援助、研究、あるいは広報の施策を進めることができる。これらの任務を実行するために、同事業団は、住宅費の人への援助（aide personnelle au logement）の決済および支払に責任をもつ機関が保有する情報に、デクレで明確に定める条件に従ってアクセスする。同事業団は、法第 365-1 条により承認された機関が協力する自力修復工事(travaux d'auto-réhabilitation）に資金面で加わることもできる。

　（後略）

第6部：住宅の例外的荒廃を解消するための手段（法第611-1条～法第662-2条）

第1巻：総則（法第611-1条～法第616条）

第5章：保護（sauvegarde）の手段（法第615-1条～法第615-10条）

法第615-1条（保護プラン：策定）

I. 区分所有法制に従う、住居用もしくは専門職、商業および住居の混合用途の不動産群（groupe d'immeubles）または確定した不動産集合体（ensemble immobilier）、または分配民事会社（société d'attribution）もしくは区画の分配を目的とする建設協同組合（société coopérative de construction donnant vocation à l'attribution d'un lot）の建築不動産群（groupe d'immeubles bâtis）が、とりわけ法律上および技術上の複雑さを原因とし、最後にはその保存を危うくする恐れのある社会面、技術面および財務面の深刻な荒廃に直面する場合に、当該県における国務代理官（représentant de l'Etat dans le département）は、自ら主導するか、または住居に権限を有する当該市町村長（maire）もしくは市町村間協力公施設法人理事長（président de l'établissement public de coopération intercommunale compétent en matière d'habitat）、住民団体（associations d'habitants）、所有者もしくは区分所有者の団体（associations）、もしくは建物の区分所有の規則を定める1965年7月10日の法律第65-557号第29-1条に記す仮管理者（administrateur provisoire）の提案により、自らが結成する委員会に対して、状況診断を作成し、当該建築不動産群または不動産集合体の荒廃を解消する保護プラン（plan de sauvegarde）を提案するという件を委ねることができる。この委員会は、当該不動産の所有者および賃借人の代表を必ず含む。

II. 保護プランの案は、当該県における国務代理官の認可（approbation）を受け、ならびに住居に権限を有する当該市町村長もしくは市町村間協力公施設法人理事長、および法第301-5-2条に記す協定を締結した県がある場合にはその県議会議長（président du conseil départemental）からの意見（avis）に服する。

III. 当該建築不動産群または不動産集合体が、前記1965年7月10日の法律第65-557号に服している場合、本条Iに定める委員会の保護プランの案、そして県における国務代理官が認可したプランは、管理者（syndic）に人格を借りた区分

所有管理組合（syndicat des copropriétaires）、または仮管理者がいる場合はその者へ通知のために送られる。管理者は、県のおける国務代理官が認可したプランを受領しだい、次回の区分所有者の集会の議題に、プランで奨励されている手段を加える。次回の区分所有者の集会がプラン認可から 6 ヵ月以内に開催されない場合、管理者は臨時集会を招集する。

IV．集会が開催されないかまたは保護プランの手段が否決されて、建築不動産群または不動産集合体の荒廃が不動産の保存を損なう場合には、住居に権限を有する当該市町村長もしくは市町村間協力公施設法人理事長は、前記 1965 年 7 月 10 日の法第 65-557 号第 29-1 条を適用して仮管理者を任命するか、または法第 615-6 条に定める所有者欠如を宣言するかを目的に裁判所へ訴えを提起することができる。

V．I から IV は、法第 411-2 条に記す適正家賃住宅組織に全体として属する不動産には適用されない。

法第 615-2 条（保護プラン：目的、執行手続き）

I．保護プランは、次に掲げる目的のために、5 年間、公共団体、公的組織あるいは当該私人が署名した約束に基づいて必要とされる手段を定める。

- 区分所有の財務状況を立て直すこと
- 建築不動産群または不動産集合体の機構と管理に関する規則を明確化および簡素化すること
- 公共の用（usage public）に供される集団的財産および集団的設備の規則を明確化および適正化すること
- 不動産の保存工事または管理費の縮減のための工事を実施するかまたは第三者に実施させること
- 不動産の占有者（occupants）の社会関係を回復するために占有者への情報提供あるいは研修を確実に行うこと
- 居住者支援の手段を整えること

保護プランは、権限ある公法人（personnes de droit public compétentes）、不動産が建物の区分所有の規則を定める 1965 年 7 月 10 日の法律第 65-557 号第 29-1 条以下に定める手続きの対象となっている場合は仮管理者、および目的に関係する私人がいる場合はその者との間で、とりわけこれらの手段の工程、その財務条件、署名人から受任するさまざまな事業者（opérateurs）の作業様式および仮

管理者の任務と事業者の関連付けを明確に定める実施協定の対象となる。協定は、同様に保護プランの評価の様式およびプラン終了時の区分所有の追跡調査の様式も明確に定める。

II．　県における国務代理官は、委員会委員の中あるいは外から、保護プランの良好な執行を監督する責任を負う調整者を任命する。

調整者は、保護プランに含まれる約束を定められた期間内に守らない当事者に、督促を送ることができる。司法手続きが前記 1965 年 7 月 10 日の法律第 65-557 号第 29-1 条以下に基づいて開始される場合は、調整者は保護プランと仮管理者の任務、および同法第 29-11 条に記す事業者の契約がある場合はその契約との連携を監督する。

調整者は、その任務の報告書を作成する。

III．　国務代理官は、法第 615-1 条 I に記す委員会の評価および協議の後に同条 II に定める様式に従って、仮管理者任命の際には当初の保護プランを修正すること、または区分所有の立直しによって必要な場合には 2 年間、保護プランを延長することができる。

法第 615-3 条（保護プラン：策定委員会の構成）
法第 615-1 条に記す委員会は、県における国務代理官が委員長を務め、とりわけ保護プランの当該不動産あるいは不動産集合体が位置する場所の住居に権限を有する市町村長もしくは市町村間協力公施設法人理事長・県議会議長・区分所有理事会理事長またはそれらの代理人、および前記 1965 年 7 月 10 日の法律第 65-557 号第 29-1 条以下の適用により任命された仮管理者がいる場合はその者を含む。区分所有に理事会が置かれていない場合は、区分所有者の集会は委員会内で区分所有を代理する責任をもつ代理人を任命することができる。

県における国務代理官は、住居に権限を有する当該市町村当局もしくは市町村間協力公施設法人当局のいずれかが保護プランを主導する際には、法第 615-1 条に記す委員会の委員長を、その長に委ねることができる。

法第 615-4 条（保護プラン：間接強制）
督促の後も保護プランで課された約束を定めた期間内に守らない者に対しては、法第 615-2 条に記す手段に対応する援助（aides）は撤回され、支給された補助金は直接納付（contributions directes）として回収される。

法第 615-4-1 条（保護プラン：占有者）

本章の規定の適用につき、占有者とは、占有所有者、賃借人、物件に善意で留まっている占有者、および専門職用あるいは商業用賃貸借の賃借人をいう。

占有所有者とは、区分所有者、分配民事会社もしくは区画の分配を目的とする建設協同組合の出資者で自分が所有権または使用権を有する不動産を占有している者をいう。

法第 615-4-2 条（保護プラン：書類の伝達）

管理者は、保護プランの立案、実施および評価に必要な書類を、県における国務代理官、住居に権限を有する当該市町村長もしくは市町村間協力公施設法人理事長、および法第 615-1 条に記す委員会が利用できるようにする。

この提供によって、管理者のために特別な謝金の支払は生じ得ない。

書類の伝達が、受取証明要求付き書留郵便（lettre recommandée avec demande d'avis de réception）による督促の後、1 ヵ月が経過しても実行されないと管理者の責任となる。

法第 615-5 条（保護プラン：デクレへの委任）

国務院の議を経るデクレによって、法第 615-1 条から法第 615-4-2 条までの適用様式が明確に定められる。

法第 615-6 条（所有者欠如宣言：言い渡し手続き）

I. 主たる住居の用に供される共同不動産において、所有者、不動産民事会社（société civile immobilière）、区分所有管理組合、分配民事会社または建設共同組合が、財務上または管理上の深刻な荒廃および実施すべき工事が巨大であることを理由に、不動産の保全または占有者の安全および健康を保障できない場合、不動産がある区域の住居に権限を有する市町村長または市町村間協力公施設法人の理事長は、所有者、管理組合あるいは不動産管理を行う会社の財務の差損の大きさ、区分所有者ひとりひとりの債務額、共用部分の性質および状態、ならびにその結果として占有者の健康と安全を守るために実施すべき工事の性質と費用を、3 ヵ月を超えず、1 回のみ更新できるという範囲で裁判官が設ける期間内に証明する責任をもつ1 人または複数の専門家を任命するために、司法裁判所長（président du tribunal judiciaire）に対して本案迅速手続（procédure accélérée au fond）により訴え

を提起することができる。専門家は、任務の遂行中に認めた、人々の安全と健康に
影響を与える専有部分の不具合を、鑑定報告書の付録で知らせる義務を負う。この
付録の欠如または付録の内容は、手続きの効力あるいは鑑定の結論に異議を申し立
てるために援用することはできない。訴えは、住居に権限を有する当該市町村長ま
たは市町村間協力公施設法人の理事長との合意の後では、当該県における国務代理
官、管理者、建物の区分所有の規則を定める 1965 年 7 月 10 日の法律第 65 -
557 号第 29-1 条に定める仮管理者または管理組合の議決権数の少なくとも 15%
を有する区分所有者によっても提起されることができる。

II.　訴訟が、住居に権限を有する市町村長または市町村間協力公施設法人の理事長
によって提起される場合、市町村長または理事長は、法第 615-10 条に定める条件
で共用部分を収用（expropriation）するか、住居もしくはその他の用途とする目
的で修復をするか、または当該不動産の全部または一部を取壊すことを目指す、公
共団体による取得の簡略事業計画（projet simplifié d'acquisition publique）を、
訴えの提起後最初の議会本会議に通知のために提出する。事業計画は、経費の概算
および都市計画法典（code de l'urbanisme）第 3 部第 1 巻第 4 章に明確に定め
る条件を満たす、当該占有者の転居プランをも含み、どの公共団体あるいは組織の
ために収用を求めるのかを明確に示す。

III.　鑑定の結論は、それを命ずる決定とともに、所有者、区分所有の管理者、お
よび区分所有者、または仮管理者がいる場合はその者、分配民事会社、不動産民事
会社もしくは建設共同組合がある場合はその代表者、県における国務代理官、住居
に権限を有する市町村長または市町村間協力公施設法人の理事長に通知される。こ
の通知は、決定機関への強制参加（intervention forcée）に相当する。

県における国務代理官および住居に権限を有する当該市町村長または市町村間協力
公施設法人の理事長への鑑定の結論の通知は、本法典法第 143-3 条、法第 184-1
条および第 5 部第 1 巻第 1 章に定める手続きの中で権限を有する公当局への通知
に相当する。

鑑定の結論に照らして、司法裁判所長は、当事者を正式に聴取するかまたは召喚し
た後、所有者、不動産民事会社、区分所有管理組合、分配民事会社または建設共同
組合の欠如を宣言することができる。

IV.　司法裁判所長の判決は、所有者、区分所有管理組合、区分所有者、仮管理者
または分配民事会社、不動産民事会社もしくは建設共同組合の法定代理人、訴訟の
原告、社会保障法典法第 542-1 条および法第 831-1 条に記す住宅手当の支払組織、

ならびに住居に権限を有する当該市町村長または市町村間協力公施設法人の理事長
へ通知される。

前項に記された人の住所が不明、またはそれらの人を特定できない場合は、その人
に関する通知は、不動産が位置する市役所、町村役場もしくはパリ、マルセイユ、
リヨンでは区役所への掲示、および当該不動産の前面への掲示によって有効に実行
される。

司法裁判所の判決は、県における国務代理官へ伝達される。

V. 当該市町村長または当該住居に権限を有する市町村間協力公施設法人の理事
長は、司法裁判所長の判決の後の最初の議会本会議中に、IIに記す簡略事業計画、
場合によっては同じIIに定める情報提供の後の議会の意見およびIIIに記す鑑定の
結論を考慮して修正したものの賛成を得て、当該市町村長または当該住居に権限を
有する市町村間協力公施設法人理事長の命令で明確に定める条件で、1ヵ月以上、
公衆が自らの意見を形成できるようにするために、簡略計画を公衆の利用に供す
る。

VI. 場合によっては、司法裁判所長は、所有者欠如を言い渡す判決の中で、区分
所有の債務を清算し、安全確保の緊急工事を実施するために前記1965年7月10
日の法律第65-557号第29-1条に記す仮管理者を任命する。

本法典法第615-7条から法第615-10条の規定を損なうことなく、管理組合の法
人格は、収用の後、債務の清算のために司法裁判所長が仮管理者の任務を終了させ
るまで存続する。

VII. 仮管理者の指名によって妨げられることなく、区分所有管理組合または管理
者は、所有者欠如の判決の通知から2ヵ月以内に所有者欠如の宣告および仮管理
者の指名に異議を申し立てることができる。

VIII. 本条に述べる手続きは、二次的管理組合（syndicat secondaire）に対して
も行われ得る。

法第615-7条（所有者欠如宣言：効果－収用）

所有者欠如が宣言された場合、不動産の収用は、住居に権限を有する当該市町村も
しくは市町村間協力公施設法人、法第615-10条に記す事業者、収用された共用部
分の管理を確実に行う能力を有している当該組織、そのような能力を有している組
織、都市計画法典法第300-4条の対象となる整備事業の受任者（concession-
naire）、または国が資本の過半を有する建設会社の利益のために遂行される。

公用収用法典（code de l'expropriation pour cause d'utilité publique）の規定を適用除外し、司法裁判所長の決定（'ordonnance）、公共団体による取得の簡略事業計画、転居事業計画および公衆の意見に照らして、県における国務代理官は命令により、次のことを行う。

1°　法第615-6条Ⅴに記す事業計画の公益性を宣言し、収用すべき不動産もしくは不動産の部分、共用部分、区画または不動産物権の一覧表およびこれらの物権の所有者の身元を確定する。

2°　前項の対象となる不動産もしくは不動産の部分、共用部分、区画、または不動産物権を譲渡可能と宣言する。

3°　どの公共団体または組織のために収用を執行するかを示す。

4°　所有者、区分所有者もしくは持分所持者、または商業用賃貸借・専門職用賃貸借の賃借人に対して給付される仮補償金（indemnité provisionnelle）の金額を定める。この補償金は、土地を担当する部局が実施する評価を下回ってはならない。

5°　不動産もしくは不動産の部分、共用部分、区画または不動産物権を、仮補償金の支払もしくは支払に差し障りがある場合は供託（consignation）の後で、占有（possession）することができる日を定める。この日付は、事業計画の公益を宣言する命令の発表から2ヵ月後以降でなければならない。

この命令は、当該県の行政行為集（recueil des actes administratifs）に公表され、財産のある場所の市役所または町村役場に掲示される。収用者は、この命令を所有者および不動産物権の所持者へ通知する。

占有の改定の翌月に、収用者は公用収用法典に定める条件で収用手続きを遂行しなければならない。

法第615-8条（所有者欠如宣言：収用命令後の任意譲渡）

収用命令または法第615-7条に定める命令の発動後に合意された任意譲渡は、公用収用法典法第222-2条の対象となる効果を生ずる。

不動産の所有権または不動産物権の移転様式は、公用収用法典の規定に従う。

収用補償は、公用収用法典法第242-2条から法第242-6条、法第311-1条から法第311-8条、法第312-1条、法第321-2条から法第321-6条、および法第323-4条に定める手続きに従って定められ、同法典法第322-1条から法第322-12条に従って計算される。

財産の価値は、本法典法第615-6条に定める鑑定報告書に記されている、不動産

の保存に必要な工事の金額、ならびに場合によっては、公衆衛生法典（code de la santé publique）法第 1331-26 条以下および本法典法第 511-2 条に基づく規則により住宅について命じられる工事費用を考慮に入れて評価される。

法第 615-9 条（所有者欠如宣言：占有者）

占有所有者は、収用者に対して支払う占有補償ついて法第 821-1 条 2°に定める住宅手当（allocations de logement）を請求する権利を付与される。

法第 615-10 条（共用部分の収用）

I. 建物の区分所有の規則を定める 1965 年 7 月 10 日の法律第 65-557 号第 6 条の適用を除外し、共用部分の収用は、実験的でかつ住宅へのアクセスおよび都市計画の改革に関する 2014 年 3 月 24 日の法律第 2014-366 号の審署（promulgation）から 10 年間につき、可能とされる。この場合、公用収用法典法第 242-1 条から法第 242-3 条が適用される。

II. 本法典法第 615-6 条 V に記す事業計画が共用部分全体の収用を定める場合、住居に権限を有する当該市町村または市町村間協力公施設法人は、集団的利益（intérêt collectif）のあるこの財産の管理を事業者に委ねること、または収用がその者のために遂行される事業者を任命することができる。

委任（concession）契約または事業者による占有取得契約の成立の時に、区分所有明細一覧書は更新されるか、それが無い場合は作成される。区分所有明細一覧書に記された専有財産には、集団的利益のある財産の地役（servitude des biens d'intérêt collectif）が付される。これらの専有財産の所有者は、事業者が作成した利用規則を遵守しなければならない。

この地役に対して、所有者は事業者へ専有部分の面積に応じて月割りの使用料を支払わなければならない。この使用料により、不動産の共用部分および共用設備の維持、改良および保存に必要な支出を事業者は賄うことができ、その改定様式はデクレによって定められる。

占有所有者は、この使用料について法第 821-1 条 2°に定める住宅手当を請求する権利を付与される。

III. 事業者は、集団的利益のある財産を維持管理し、その保存に留意する責任をもつ。事業者は、集団的利益のある財産の建設の瑕疵または維持管理の不足によって、専有部分の所有者または第三者に生じた損害につき責任を負う。なお、あらゆ

る求償訴訟は別である。

事業者は、共用部分の技術診断を実施し、複数年工事計画を作成して3年ごとに更新し、自らの会計の中で工事の実施で予測される金額を蓄える。

IV. 都市計画法典法第211-4条に定める強化市街地先買権（droit de préemption urbain renforcé）は、事業者に委譲することができる。

V. 本条に定める実験の枠内で、財務面の差損が大きい場合、事業者は、実験を行う住居に権限を有する市町村または市町村間協力公施設法人に対して、不動産全体の収用を進めるよう求めることができる。この場合、公共団体による取得（appropriation）の新たな事業計画が、本法典法第615-6条Vで定める条件の中で認可されなければならない。手続きは法第615-7条で定める条件の中で遂行される。

VI. 実験を行う住居に権限を有する市町村または市町村間協力公施設法人および専有財産の所有者の賛成意見に続いて、事業者の要求に応じて、不動産を新たな区分所有の対象とすることができる。この場合、所有者は、集団的利益の財産の所有者に対して、当初収用の対象となった共用部分の当初の取得価格と同額の補償金に、実施された工事の経費を加算し、事業者に支払われた使用料を差し引いた金額を支払う。この補償金は、区分所有規則の案において各区画に割り当てられる共用部分の持ち分に応じて割当てられる。

第7部：区分所有規則に従う不動産（法第711-1条～法第741-2条）

第1巻：区分所有規則に従う不動産の識別（法第711-1条～法第711-7条）

第1章：区分所有管理組合の登録（immatriculation）（法第711-1条～法第711-7条）

法第711-1条（区分所有管理組合登録：目的）

区分所有の状態を市民および公権力が知ること、およびその機能不全の突発防止を目的とした施策を実施することを助けるために、建物の区分所有の規則を定める1965年7月10日の法律第65-557号第14条に定める区分所有管理組合のうち、一部または全部が住居に供される不動産を管理するものを登録する登録簿（registre）を設ける。

法第 711-2 条（区分所有管理組合登録：内容）

Ⅰ．区分所有管理組合は、本条に記す事実（données）およびそれに関するあらゆる改正を申告しなければならない。

Ⅱ．登録簿には次のものが記載される。

1° 管理組合の名称、所在地および創設年月日、区分所有を構成する区画の数量および性質ならびに管理者がいる場合その名称

2° 管理組合が、建物の区分所有の規則を定める 1965 年 7 月 10 日の法律第 65-557 号第 29-1A 条もしくは第 29-1 条または本法典法第 615-6 条で定める手続きの対象となっているか否か。

3° 管理組合が、本法典第 5 部第 1 巻第 1 章の適用による命令の対象となっているか否か。

Ⅲ．登録簿には次のものも記載される。

1° 各会計年度終了後に、管理組合の管理および会計に関する主要事実、とりわけ概算予算、管理組合の会計報告およびその付録に由来する主要なもの

2° 管理帳（carnet d'entretien）および法第 731-1 条を適用して実施される総合技術診断（diagnostic technique global）がある場合、それに由来する建物に関する主要な事実が、税務当局によって、法第 711-1 条に記されている目的を実施するために、その事実を用いることが許可されている登録簿担当者にまだ提供されていない場合はその事実

本条で定める義務は、前記 1965 年 7 月 10 日の法律第 65-557 号第 14-3 条第 2 項に記す管理組合に固有の状況への適応の対象とすることができる。

Ⅳ Ⅱに記す内容は、公に知らされる。情報処理と自由に関する全国委員会（Commission Nationale de l'Informatique et des Libertés）の意見に基づいて、国務院の議を経るデクレが、本条ⅡおよびⅢに記す情報の公開の条件ならびに登録簿の参照の条件を明確に定める。

法第 711-3 条（区分所有管理組合登録：行政による情報収集）

居住政策ならびに不適切住居および破綻区分所有対策を実施するために、国、地方公共団体およびその連合体は、その区域内に立地する区分所有に関する登録簿の情報を、求めに応じて登録簿担当者から受取る。

区分所有区画の買主の情報収集を助け、法第 711-5 条の適用により買主に託された義務（mission）を果たすために、公証人（notaires）は本条第 1 項に記す登録

簿の規定すべてを知ることができる。

法第 711-4 条（区分所有管理組合登録：登録申請者）

Ⅰ．区分所有不動産につき、区分所有明細一覧書および区分所有規約を不動産登記簿および土地登記簿に公開する責任を負う公証人は、区分所有管理組合登録の申請を行う。

Ⅱ．Ⅰに記す案件以外では、管理者が登録の申請を行う。

管理者は、法第 711-2 条に定める事実の申告および修正の書式に記入する。

Ⅲ．登録書類の保管、その修正および法第 711-2 条に定める事実の伝達は、電磁化される。

法第 711-5 条（区分所有管理組合登録：売買の登録申請者）

区分所有区画に関する公証人を介する売買公署証書は、すべて区分所有登録番号を記載する。

選任された管理者がいない場合、または法第 711-6 条に記す督促が 1 ヵ月経過した後にも効果が発生しない場合は、売買証書の作成に責任を負う公証人は区分所有管理組合登録を職権で行う。

この場合、公証人に生じた費用は、管理者、または管理者がその職務（mandat）の執行について報酬を得ていない場合は管理組合が負担する。

公証人は、登録簿について認めたすべての誤りを、それの管理を担う公施設法人に通知する。

法第 711-6 条（区分所有管理組合登録：間接強制）

Ⅰ．管理者が区分所有管理組合の登録を行わなかった場合、または法第 711-2 条に定める情報を登録簿の管理を担う公施設法人に伝えなかった場合には、当該公施設法人、区分所有者、またはそれに利益を有するあらゆる人は、受取証明要求付き書留郵便により管理者に督促することができる。

II．管理者をして法第 711-1 条から法第 711-4 条に記す義務の履行をせしめるために、登録簿の管理を担う者は、管理者への督促の後、1 ヵ月を経ても実行されない場合、管理者に対して間接強制を適用することができる。間接強制は、督促の後から事実の完全な伝達または更新までの間行われる。

間接強制は、管理簿の管理を担う公施設法人のための直接納付として徴収される。

間接強制の金額は、区画および週あたり 20 ユーロを超えてはならない。

管理者は、職務の執行につき報酬を受け取っていない場合を除いて、この金額を区分所有者に請求することができない。

III. 区分管理組合は、国、その公施設法人、当該地方公共団体、その集合体、またはその公施設法人の補助金を、管理簿に登録されている条件でしか、およびその事実が更新されていなければ受給することができない。

法第 711-7 条（区分所有管理組合登録：デクレへの委任）
本章の適用条件は、国務院の議を経るデクレによって明確に定められる。

第 2 巻：買主への情報（法第 721-1 条〜法第 721-3 条）

第 1 章：区分所有規則の下にある不動産の売買に関する固有の規定（法第 721-1 条〜法第 721-3 条）

法第 721-1 条（売却広告の明示義務）
区分所有規則の下にある区画または区画の一部の売却に関する広告には、次のことを記載する。

1° 財産が区分所有規則の下にあるという事実

2° 区画の数

3° 建物の区分所有の規則を定める 1965 年 7 月 10 日の法律第 65-557 号第 14-1 条に定める通常の費用に相応する概算予算のうち、売主が負担する分担分の平均年額

広告は、区分所有管理組合が、前記 1965 年 7 月 10 日の法律第 65-557 号第 29-1A 条および第 29-1 条ならびに本法典法第 615-6 条に基づいて行われる手続きの対象となっているか否かについても明確に記す。

法第 721-2 条（売却予約：適用、必要的交付文書、売却予約不存在）
I. 本条の規定は、全部または一部を住居の用に供し、区分所有規則の下にある建物の、区画もしくは区画の一部の売却または区画もしくは区画の一部に関する不動産物権の譲渡に適用される。

II. 売却予約（promesse de vente）にあたり、次に掲げる文書および情報は、遅くとも予約に署名をする日までに、買主へ手渡される。

1°　不動産の構成に関する次の文書

a）建物の区分所有の規則を定める 1965 年 7 月 10 日の法律第 65-557 号第 8-2 条に定める区分所有建物総合帳簿（fiche synthétique de la copropriété）

b）区分所有規則および区分所有明細一覧書ならびにそれらを修正する証書が公表されている場合は証書

c）過去 3 年間の区分所有者の集会の議事録。ただし、売主の区分所有者が管理者からこの文書を入手できない場合を除く。

2°　次の財務情報

a）売却前の 2 会計年度で売主の区分所有者が支払った、概算予算の通常の管理費と概算予算外の管理費の金額

b）買主が区分所有管理組合に対して負うべき金額

c）管理組合内の管理費の未納および納入業者への債務の全体

d）区分所有管理組合が工事基金を有している場合、売却される主たる区画に帰する工事基金の部分の金額および売却区分所有者が自身の区画の分として基金に払い込んだ直近の分担金の金額

本 2° a）、c）および d）に記す情報は、売買予約の署名に先立つ決算を承認する区分所有者の年次集会に提出された情報の時点のものとする。

本 2°に定める財務情報の内容は、住宅担当大臣（ministre chargé du logement）のアレテ（arrêté）によって明確に定める。

例外として、区分所有管理組合が前記 1965 年 7 月 10 日の法律第 65-557 号第 14-3 条第 2 項に服している場合、本 2° b）および c）に記す情報は求められない。

3°　不動産管理簿（carnet d'entretien de l'immeuble）

4°　区分所有者の権利および義務ならびに区分所有管理組合の機関（instances）の機能に関する情報通知。住宅担当大臣のアレテによって、この通知の内容を決定する。

5°　法第 731-1 条最終項に記す総合技術診断（diagnostic technique global）の結論がある場合は、その結論

例外として、買主がすでに同一区分所有内の少なくとも 1 区画の所有者である場合は、1°、3°、4°および 5°に記す文書は求められない。

付属区画（lot annexe）または付属区画の一部に関する不動産物権の売却または譲渡の場合は、1° c）、3°、4°および 5°に記す文書は求められない。

本条で言う付属区画ととりわけみなされるのは、駐車場所（emplacement de

stationnement）、または地下貯蔵庫（cave）、屋根裏部屋（grenier）、納戸（débarras）、押入れ（placard）、車置場（remise）、車庫（garage）もしくは貯蔵室（cellier）のような区画である。

文書の引渡しは、買主による明示受領（acceptation expresse）でない限り、電磁的手法（procédé dématérialisé）を含む、あらゆる媒体およびあらゆる手段によって実行し得る。買主は、公署証書の場合は署名のみの売買予約書を含む証書においてか、証書が私署（sous seing privé）として作成された場合は本人が署名および手書きで日付を入れる文書において、この引渡しを証明する。

III.　売買公署証書に先立つ売買予約書がない場合は、II 1°、2° c)、および3°から5°に記す文書および情報は、法第271-1条第5項の規定に従って、買主に通知または引き渡される売買公署証書案に添えられる。IIの最後の4つの項の規定は、本IIIにも適用される。

IV. 公売（vente publique）の場合は、II 1°から5°に記す文書および情報は、仕様書（cahier des charges）に添付される。II 第18項および第19項の規定は、本IVに適用される。

法第721-3条（売却予約：必要的交付文書の不交付）

法第721-2条に定める規定を適用することで必要となる、同条II 1°および2°に記す文書および情報が、遅くとも売買予約署名の日に買主に引き渡されない場合、法第271-1条に定める遡及期間（délai de rétractation）は、これらの文書および情報が買主に到達した日の翌日からしか計算されない。

法第721-2条II 1°および2° c)に記す文書および情報が、法第721-2条IIIの規定に従って公署証書案に添付されていない場合、法第271-1条に記す熟慮期間（délai de réflexion）はこれらの文書および情報が買主に到達した日の翌日からしか計算されない。

第1項および第2項に記す到達は、法第271-1条で定める売買予約または売買公署証書の通知もしくは引渡し様式によって実行される。

第3巻：区分所有規則に従う不動産の維持、保存および改良（法第731-1条～法第731-5条）

第1章：区分所有規則に従う不動産の総合技術診断（法第731-1条～法第731-5条）

法第731-1条（総合技術診断：目的、内容）

不動産の全般的な状況について区分所有者への情報の確保のため、および工事複数年計画（plan pluriannuel de travaux）を立案する場合であればその目的のために、区分所有者の集会は、一部あるいは全部が住居の用に供され、区分所有規則に従う不動産の総合技術診断を、デクレにより明確に定める能力を有する第三者によって実施することを決定する。

この診断の実施の決定および実施様式は、建物の区分所有の規則を定める1965年7月10日の法律第65-557号第24条の多数決要件で承認される。

総合技術診断は次のものを含む

1°　不動産の共用部分および共用施設の外観現状分析

2°　建設・住居に係る法律上および規則上の義務に照らした区分所有管理組合の現状

3°　不動産の技術面および建築面の管理で可能な改善の分析

4°　本法典法第126-28条または法第126-31条に定める不動産のエネルギー消費性能診断（diagnostic de performance énergétique）。同法第126-31条に定めるエネルギー調査（audit énergétique）は、この義務を満たす。

この診断によって明らかにするのは、費用の概略計算および不動産の保存に必要な工事の一覧であり、とりわけ今後10年間で実施すべきものを明確に述べる。

法第731-2条（総合技術診断：取扱い）

I.　総合技術診断の内容は、診断の実施または改訂の後の最初の区分所有者の集会に提示される。管理者は、工事複数年計画の策定の件およびそれを実行する際の全般的様式を、当該区分所有者の集会の議題に載せる。

II.　前記の区分所有者の集会の際に区分所有者が決定した方向に照らして、管理者は、工事複数年計画の策定か、採択された工事複数年計画の実施に関する決定かを区分所有者の集会ごとに議題に載せる。

法第 731-3 条（総合技術診断：必要的工事）

法第 731-2 条 I に記す区分所有者の集会の議決により、とりわけ総合技術診断、補完調査がある場合には補完された診断に従い、実施が必要と見られる工事は、前記 1965 年 7 月 10 日の法律第 65-557 号第 18 条で定める管理簿に、デクレで明確に定める様式に従って記載される。

法第 731-4 条（総合技術診断：実施義務）

築後 10 年を超える不動産を区分所有とするにあたり、すべて法第 731-1 条で定める総合技術診断を先に行う。

法第 731-5 条（総合技術診断：提示義務）

I. 本法典第 5 部第 1 巻第 1 章に定める手続きの中で、権限ある行政当局は、区分所有規則に従い、住居を主たる用途とする集合不動産で混乱が生じ得る様相を呈しているものについて、共用部分の良好な利用および安全の状態を検証するために、法第 731-1 条に定める診断を提示するよう管理者に求めることがいつでもできる。

II. 要求の通知から 1 ヵ月経過の後にこの診断が提出されない場合、本条 I に記す権限ある行政当局は、法第 731-1 条に定める診断を、職権により区分所有管理組合に代わって区分所有管理組合の費用で実施させることができる。

第 4 巻：破綻区分所有の荒廃の処理（法第 741-1 条～法第 741-2 条）

第 1 章：破綻区分所有再生事業（Opérations de requalification des copropriétés dégradées）（法第 741-1 条～法第 741-2 条）

法第 741-1 条（破綻区分所有再生事業：目的、対象、内容、占有者）

破綻区分所有再生事業は、国、地方公共団体あるいはその連合体により、区分所有不動産の不適切さおよび破綻への対策のために実施されることができる。

この事業は、国、地方公共団体あるいはその連合体によって定められた区域内で、当該地域の市街地および福祉プロジェクト（projet urbain et social）あるいは市町村住居政策の枠内で、施行される。

各事業は、公法人間の契約の対象であり、実施に責任をもつ事業者がいる場合はその者が署名人となり、契約は、次の施策の全部または一部を定める。

1° 区分所有区画の取得、工事および所有権伝達施策を含む、不動産および土地

への介入措置

2°　占有者の転居および社会的支援プラン

3°　不適切住宅対策の強制力のある措置の発動

4°　法第 303-1 条に定める施策の実施

5°　場合によっては、本法典法第 615-1 条に定める保護プランおよび建物の区分所有の規則を定める 1965 年 7 月 10 日の法律第 65-557 号第 29-11 条に定める強化仮管理者手続きの実施

6°　本事業の目的を組み込む、都市計画法典法第 300-1 条の意味での整備の施策あるいは事業の実施

破綻区分所有再生事業は、前記法典法第 211-4 条に定める強化市街地先買権の設定の理由となり得る。この権限は本事業の実施に責任をもつ事業者に委任されることができる。強化市街地先買権の設定には、前記法典法第 213-2 条に定める様式により、権限ある当局が作成し通知される、財産の非衛生および安全に関する報告書を添付する義務を加えることができる。この報告書を作成せしめるために、売却者は、行政との関係における市民の権利に関する 2000 年 4 月 12 日の法律第 2000-321 号（loi n° 2000-321 du 12 avril 2000 relative aux droits des citoyens dans leurs relations avec les administrations）第 25-1 A 条の規定を用いることができる。

本条第 1 項に記す事業の区域内に位置する区分所有内の住宅の占有者の転居を、仮にせよ、恒久的にせよ、保障するために、本条第 3 項で定める協定の署名人である、当該市町村長および当該市町村間協力公施設法人の理事長は、本法典法第 521-3-3 条第 3 項および最終項の前の項から得る権限（prérogatives）を行使することができる。

法第 741-2 条（破綻区分所有再生事業：実施）

国が、破綻区分所有再生事業につき、国務院の議を経るデクレによってその区域を定め、都市計画法典法第 102-12 条の意味での全国利益（intérêt national）を宣言することができるのは、次の場合である。再生事業が、劣化住居に関する重大な課題、固有の取扱いの複雑さを提示し、巨額の投資を必要とする場合、本法典法第 741-1 条の最終項の前の項に記す義務を付け加えられた強化市街地先買権が設定され、当該市町村が全国利益のある事業の実施に責任をもつ事業者へその権限を委任することを公式に約束した場合である。地域圏（région）における国務代理官

の意見ならびに関係市町村および住居に権限を有する市町村間協力公施設法人がある場合はその公施設法人との協議の後、国務院の議を経るデクレが発せられる。

事業の指揮に責任をもつ事業者の提案に基づいて、本条第1項に記す全国利益のある事業の区域内に位置する区分所有内の住宅の占有者の転居を、仮にせよ、恒久的にせよ、保障するために、県における国の代理人は、法第441-2-3条により有している権限を行使することができ、同様に法第741-1条で定める協定の署名人である、当該市町村長および当該市町村間協力公施設法人の理事長は、法第521-3-3条第3項および第4項により有している権限を行使することができる。

法第741-1条3°に定める不適切住居対策の強制力のある措置の実施を助けるために、本条第1項に記す事業の指揮に責任をもつ土地公施設公人（établissement public foncier）、あるいは場合によっては、国が任命し先買権を委任されることのできる他の事業者が、法第741-1条1°により託された取得施策の枠内で特別な警察権限を有する公法人に対して、事業区域内に位置する不動産あるいは住宅に関する通知を行う場合、報告書を作成するための担当官の現地調査は、通知から1ヵ月以内に実行しなければならない。

本条第1項に記す事業の指揮は、都市計画法典法第321-1-1条1°および2°で定める。

都市計画法典
(Code de l'Urbanisme)

新潟大学人文社会科学系（工学部・経済科学部）准教授

寺尾　仁　（翻訳）

法律編

第 3 部　土地整備（Aménagement foncier）（法第 300-1 条〜法第 350-7 条）

第 1 巻　整備事業（Opérations d'aménagement）（法第 311-1 条〜法第 318-9 条）

第 3 章　保護・活用プラン（Plan de sauvegarde et de mise en valeur :PSMV）および不動産修復（Restauration immobilière）（法第 313-4 条〜法第 313-4-4 条）

第 2 節　不動産修復（法第 313-4 条〜法第 313-4-4 条）

法第 313-4 条（不動産修復事業：定義）

不動産修復事業（Opérations de restauration immobilière：ORI）は、原状回復工事、火災の危険から見た救助活動のアクセスもしくは人々の避難のための取壊しもあり得る工事を含んだ住居の改良工事、近代化工事または取壊し工事であり、1 の不動産または 1 の建築不動産群の居住性条件の改善を目的または効果としてもつものである。本事業は、公共団体、または土地改良組合（association syndicale）に組織されている、いないとしても 1 人もしくは複数の所有者の発意によって開始され、本章第 3 節に定める条件にしたがって遂行される。

本事業が、承認された保護・活用プランに定められていない場合は、本事業は公益（utilité publique）宣言によって認められなければならない。

法第 313-4-1 条（不動産修復事業：公益宣言）
本事業が公益宣言を必要とする場合は、不動産修復事業を実行する権限を有する市町村もしくは市町村間協力公施設法人、または市町村都市計画プランの権限を有する市町村もしくは市町村間協力公施設法人の同意を得た国の発意により、公用収用法典（Code de l'expropriation pour cause d'utilité publique）が定める条件の中で公益宣言が行われる。

法第 313-4-2 条（不動産修復事業：施行）
公益宣言が申し渡された後、発意した官署は、修復すべき建物ごとに、当該官署が定めた期間内に実行すべき工事のプログラムを決定する。

本決定は、各所有者に通知される。工事プログラムが、建築不動産の区分所有の規則を定める法律 1965 年 7 月 10 日の法律第 65-557 号に服する建物に関わる場合は、本命令は、各区分所有者および管理者を通じて管理組合に通知される。

土地収用調査（enquête parcellaire）の際に、当該官署は各所有者または各区分所有者に課せられる工事プログラムを通知する。本工事プログラムが、建築不動産の区分所有の規則を定める法律 1965 年 7 月 10 日の法律第 65-557 号に服する建物に関わる場合は、共用部分にかかるプログラムは、管理者を通じて管理組合へも通知される。所有者または区分所有者が、詳細を情報として通知された工事を実行する意思、または修復に責任をもつ機関にその実行を委ねる意思を知らせた場合は、その建物は収用許容決定（arrêté de céssibilité）に含まれない。

法第 313-4-3 条（不動産修復事業：市町村の権限委任）
市町村が、資格を有する市町村間協力公施設法人の一員である場合は、当該公施設法人との合意に基づいて、本節で市町村に託されている権限を当該公施設法人へ委任することができる。

法第 313-4-4 条（不動産修復事業：国務院の議を経るデクレ）
国務院の議を経るデクレにより、必要がある限りで、本節の適用条件および適用態様、ならびにとりわけ法第 313-4-1 条に定める契約成立条件が詳しく定められる。

第 2 巻　実施機関（Organismes d'exécution）（法第 321-1 条〜法第 32-10-1 条）

第 1 章　国土地・整備公施設法人（Etablissements publics fonciers et d'aménagement de l'Etat）（法第 321-1 条〜法第 321-41 条）

第 1 節　国土地公施設法人（Etablissements publics fonciers de l'Etat）（法第 321-1 条〜法第 321-13 条）

（前略）

法第 321-1-1 条（破綻区分所有再生事業の指揮）
法第 321-1 条にも拘わらず、国は、全国利益を有する破綻区分所有再生事業の指揮を、1 つの土地整備公施設法人に対して、その公施設法人の理事会の意見を得た後で、建設・住居法典法第 741-2 条を適用して、国務院の議を経るデクレにより、委譲することができる。理事会に意見を求めてから 3 ヵ月経っても意見が出ない場合は、理事会の意見は肯定と見做す。
本条第 1 項に記す事業の指揮には、次のものを含む。
1°建設・住居法典法第 741-1 条に記す契約に署名した公法人の施策の調整および同契約の準備
2°同法第 741-1 条 1°、4°、5°および 6°に記す施策の全部または一部の施行
全国利益を有する破綻区分所有再生事業を指揮するために、国土地公施設法人は、グラン・パリ整備公施設法人（Grand Paris Aménagement）および本法典第 3 部第 2 巻第 1 章第 2 節および第 4 節に定める公施設法人の協力を、関係公施設法人間の契約に定める様式に従って享受することができる。

注記
1. 都市計画法典の訳文作成にあたっては、稲本洋之助訳『フランスの都市計画法典　CODE L'URBANISME』土地総合研究所（1997）を参考にした。
2. 両法典各条文の見出しは寺尾が付したものである。

第Ⅲ章　イギリス法

明治学院大学法学部教授

大野　武（翻訳）

2002 年共同保有権・不動産賃借権改革法（Commonhold and Leasehold Reform Act 2002）

　制定　2002 年 5 月 1 日

　改正　2003 年 9 月 29 日、2004 年 9 月 27 日、2005 年 5 月 12 日、2008 年
　　　　9 月 22 日

第 1 部　共同保有権

共同保有権の性質

（共同保有権不動産）

第 1 条 (1) 不動産は、次に掲げる (a) から (c) の場合、共同保有権不動産（commonhold land）となる。

　(a) 不動産上の自由土地不動産権（freehold estate）が、共同保有権不動産上の自由土地不動産権と登記されるとき。

　(b) 当該不動産が、共同保有権組合（commonhold association）の定款（articles of association）において、当該組合が権限を行使すべき不動産として特定されるとき。

　(c) 共同保有権共同体宣言書（commonhold community statement）が、共同保有権組合と各区分所有者（unit-holders）の権利及び義務を規定するとき（ただし、当該宣言書が効力を生じているか否かは問わない）。

(2) 本法第 1 部において、共同保有権とは、共同保有権組合が権限を行使する不動産に対するものである。

(3) 本法第 1 部において、「共同保有権組合」は、第 34 条によって付与された意味を有し、「共同保有権共同体」は、第 31 条によって付与された意味を有し、「共同保有権区分（commonhold unit）」は、第 11 条によって付与された意味を有

し、「共用部分（common parts）」は、第25条によって付与された意味を有し、並びに「区分所有者（unit-holder）」は、第12条及び第13条によって付与された意味を有する。

(4) 第7条及び第9条は、共同保有権組合に共同保有権の共用部分の現有単純不動産権（fee simple in possession）が帰属することを規定する。

登記

（申請）

第2条 (1) 登記官（Registrar）は、次に掲げる (a) 及び (b) の場合、不動産上の自由土地不動産権を共同保有権不動産上の自由土地不動産権と登記するものとする。

    (a) 不動産について登記された自由土地保有権者が本条に基づく申請をするとき。

    (b) 不動産のどの部分も未だ共同保有権不動産でないとき。

(2) 本条に基づく申請は、付則1に掲げられた文書が添付されなければならない。

(3) 次に掲げる (a) 又は (b) の場合、本法第1部の目的である不動産について登記された自由土地保有者となる。

    (a) その者が絶対的権限を有する不動産上の自由土地不動産権者（proprietor of a freehold estate）として登記されるとき。

    (b) (a) に従って登記された者が申請をし、登記官がその権限を有する者と承認したとき。

（同意）

第3条 (1) 第2条に基づく申請は、次に掲げる (a) から (d) のいずれかの者の同意がなければ、不動産上の自由土地不動産権に関して行うことができない。

    (a) 不動産の全部又は一部における登記された自由土地不動産権者

    (b) 不動産の全部又は一部における21年以上の期間を譲与された登記された不動産賃借権者（proprietor of a leasehold estate）

    (c) 不動産の全部又は一部の上の登記された担保権者（proprietor of a charge）

    (d) その他法令により定められた者

(2) 行政規則（regulations）は、本条の目的のため、同意についての規定を定め

るものとする。特に、行政規則は次に掲げる規定を定めることができる。

(a) 同意の方式を定める規定

(b) 同意の効果と期間についての規定（承継人を拘束する同意についての規定を含む。）

(c) 同意の撤回についての規定（特定の状況において撤回を制限する規定を含む。）

(d) 前条に基づく申請の目的のために付与された同意が別の申請の目的に対しても効力を有するとする規定

(e) 同意が特定の状況において付与されたものと推定されるとする規定

(f) 裁判所が特定の状況において同意に必要な要件を不要とすることができるとする規定

(3) 同意に必要な要件を不要とする前項（f）に基づく命令は、次に掲げる（a）及び（b）のとおりとする。

(a) 絶対的又は条件付きの規定とすることができる。

(b) 裁判所が適切と判断するその他の規定を定めることができる。

（共同保有権の対象とならない不動産）

第4条　付則2（第2条に基づく申請は一定の種類の不動産の全部又は一部には適用しないとする規定）は、その効力を有するものとする。

（登記された細則）

第5条　(1) 登記官は、共同保有権不動産に関し、次に掲げる事項が登記簿に保管され、記録されることを保証するものとする。

(a) 共同保有権組合について定められた細則

(b) 各共同保有権区分の登記された自由土地保有者について定められた細則

(c) 共同保有権共同体宣言書の写し

(d) 共同保有権組合の定款の写し

(2) 登記官は、次に掲げる（a）及び（b）の場合、共同保有権不動産に関する文書又は情報が登記簿に保管され、記録されるように調製することができる。

(a) 当該文書又は情報が前項に掲げられていないとき。

(b) 当該文書又は情報が本法第1部によって定められた規定、又は本法第1部のために定められた規定に従って、登記官に提出されているとき。

(3) 第1項 (b) は、第8条の意味において、移行期間中には適用しないものとする。

(過誤登記)

第6条 (1) 本条は、不動産上の自由土地不動産権が共同保有権不動産上の自由土地不動産権として登記される場合において、次に掲げる (a) から (c) のいずれかの場合に適用する。

(a) 登記申請が第2条に従って行われなかったとき。

(b) 付則1パラグラフ7に基づく証明書が不正確であったとき。

(c) 登記が本法第1部によって定められた規定、又は本法第1部のために設けられた規定と矛盾したとき。

(2) 登記簿は、2002年不動産登記法（Land Registration Act 2002）（第9号）付則4（登記簿の変更）に基づき、登記官によって変更されてはならない。

(3) 裁判所は、自由土地不動産権は共同保有権不動産上の自由土地不動産権として登記されるべきではないとの判決をすることができる。

(4) 前項に基づく判決は、登記によって不利な影響を受けたと主張する者の申請に基づいてのみすることができる。

(5) 第3項に基づく判決をするに際し、裁判所は適切と判断される命令をすることができる。

(6) 前項に基づく命令は、特に次に掲げる事項を定めることができる。

(a) 登記がすべての目的に対する有効要件となるとする規定

(b) 登記簿の変更の規定

(c) 不動産が共同保有権不動産であることを停止する規定

(d) 共同保有権組合の理事（director）その他の特定の役員が文書の変更又は修正の手続きを行うための要件

(e) 共同保有権組合の理事その他の特定の役員が特定の手続きを行うための要件

(f) 特定の者により他の者に支払われる補償金の裁定（ただし、特定の事実の発生又は不発生を条件とするか否かは問わない。）

(g) 2002年不動産登記法（第9号）の付則8の規定（損失補償）の適用、不適用又は修正

登記の効果

（区分所有者がいない場合の登記）

第7条（1）本条は、次に掲げる（a）及び（b）の場合に適用する。

(a) 不動産上の自由土地不動産権が、第2条に基づく申請に従って共同保有権不動産上の自由土地不動産権として登記されるとき。

(b) 当該申請に第9条第1項（b）に基づく宣言書が添付されていないとき。

（2）登記に際しては、次に掲げる（a）及び（b）のとおりとする。

(a) 申請人は、共同保有権不動産の自由土地不動産権者として引き続き登記されるものとする。

(b) 共同保有権共同体宣言書によって与えられた権利及び同宣言書によって課された義務は、(第8条第2項（b）を条件に）その効力を生じないものとする。

（3）登記後、申請人以外の者が1つ以上（ただし、すべての場合は除く。）の共同保有権区分の自由土地不動産権者として登記できる権限を有することになった場合、次に掲げる（a）から（d）のとおりとする。

(a) 共同保有権組合は、共用部分の自由土地不動産権者として登記できる権限を有するものとする。

(b) 登記官は、(申請がなされることなく）（a）に従って共同保有権組合を登記するものとする。

(c) 共同保有権共同体宣言書によって与えられた権利及び同宣言書によって課された義務は、その効力を生ずるものとする。

(d) 共同保有権不動産の全部又は一部の不動産賃借権（lease）は、本条により消滅するものとする。

（4）前項（d）の目的にとって、「不動産賃借権」は、次に掲げる（a）及び（b）の不動産賃借権をいう。

(a) 定期で譲与される不動産賃借権

(b) 共同保有権組合が共用部分の自由土地不動産権者として登記できる権限を有することになる前に譲与される不動産賃借権

（移行期間）

第8条（1）本法第1部における「移行期間（transitional period)」とは、不動産上の自由土地不動産権を共同保有権不動産上の自由土地不動産権とする登記と前

条第3項に規定する事由との間の期間をいう。

(2) 行政規則は、移行期間中においては、関連規定（relevant provision）につい
て次に掲げる（a）又は（b）のとおりに定めることができる。

（a）関連規定は効力を生じないものとする。

（b）関連規定は一定の修正のある場合に効力を生ずるものとする。

(3) 前項における「関連規定」とは、次に掲げる（a）から（c）のいずれかの規
定をいう。

（a）本法第1部によって定められた規定又は本法第1部のために定められた規
定

（b）共同保有権共同体宣言書によって定められた規定

（c）共同保有権組合の定款によって定められた規定

(4) 登記官は、登記された自由土地不動産権者が移行期間中に本項に基づいて登
記官に申請をする場合、不動産上の自由土地不動産権が共同保有権不動産上の自
由土地不動産権として登記されることを停止する手続きを行うものとする。

(5) 第2条、第3条及び付則1によって又は当該各条項に基づいて定められた同
意についての規定は、第2条に基づく申請に関して適用したのと同様に、前項
に基づく申請に関しても適用するものとする。

(6) 本法第1部における共同保有権不動産に関して権限を行使する共同保有権組
合は、当該時期が移行期間中であるという事実がなければ、共同保有権組合が共
同保有権不動産に関して権限を行使する場合をも含む。

（区分所有者がいる場合の登記）

第9条（1）本条は、次に掲げる（a）及び（b）の場合、共同保有権不動産上の自
由土地不動産権に関して適用する。

（a）第2条に基づく申請に従って共同保有権不動産上の自由土地不動産権とし
て登記されるとき。

（b）当該申請に、本条を適用すべきことを要求する申請人によって宣言書が添
付されているとき。

(2) 前項（b）に基づく宣言書は、予定された最初の区分所有者又は共同区分所有
者（joint unit-holders）についての指定の細目をそれぞれ明記する共同保有権
区分の一覧を含んでいなければならない。

(3) 登記に際しては、次に掲げる（a）から（f）のとおりとする。

(a) 共同保有権組合は、共用部分の自由土地不動産権者として登記できる権限を有するものとする。

(b) 前項により共同保有権区分の最初の区分所有者として特定された者は、当該区分の自由土地不動産権者として登記できる権限を有するものとする。

(c) 前項により共同保有権区分の最初の共同区分所有者として特定された者は、当該区分の自由土地不動産権者の1人として登記できる権限を有するものとする。

(d) 登記官は、(a) から (c) を反映させるために (申請がなされることなしに) 登記を行うものとする。

(e) 共同保有権共同体宣言書によって与えられた権利及び同宣言書によって課された義務は、その効力を生ずるものとする。

(f) 共同保有権不動産の全部又は一部の不動産賃借権は、本条により消滅するものとする。

(4) 前項 (f) の目的のための「不動産賃借権」は次に掲げる (a) 及び (b) の不動産賃借権をいう。

(a) 定期で譲与される不動産賃借権

(b) 共同保有権組合が共用部分の自由土地不動産権者として登記できる権限を有することになる前に譲与される不動産賃借権

(消滅した不動産賃借権に関する責任)

第10条 (1) 本条は、次に掲げる (a) 及び (b) の場合に適用する。

(a) 不動産賃借権が第7条第3項 (d) 又は前条第3項 (f) により消滅させられるとき。

(b) 不動産が共同保有権不動産となる第2条に基づく申請に関して、当該不動産賃借権の保有者の同意が第3条によって要求される同意の範囲外であったとき。

(2) 消滅した不動産賃借権より上位の不動産賃借権の保有者が第3条に基づく同意をした場合、その者は消滅した不動産賃借権の保有者が被った損失に対して責任を負うものとする。

(3) 複数の不動産賃借権が存在する場合の保有者が前項に基づく責任を負う場合、責任は消滅した不動産賃借権の直接の上位の不動産賃借権の保有者に対してのみ帰属するものとする。

(4) 第2項に基づく責任を負う者がいない場合、消滅した不動産賃借権が譲与された自由土地不動産権の保有者として第3条に基づく同意をした者が消滅した不動産賃借権の保有者が被った損失に対して責任を負うものとする。

共同保有権区分

（定義）

第11条（1）本法第1部において「共同保有権区分」とは、本条に従って共同保有権共同体宣言書で特定された共同保有権区分をいう。

(2) 共同保有権共同体宣言書は、次に掲げる（a）及び（b）を定めなければならない。

　(a) 少なくとも2区画の不動産を共同保有権区分として特定すること

　(b) 各共同保有権区分の範囲を明示すること

(3) 共同保有権区分の範囲を明示するに際し、共同保有権共同体宣言書は、次に掲げる（a）から（d）を定める。

　(a) 宣言書に含まれ、かつ、指定の要件に従った図面（plan）を提示しなければならないこと

　(b) 当該区域内から特定の建築物、建具類、附属物又は従物の除外を条件とする区域を提示すること

　(c) 提示された区域を記述する建築物を除外すること

　(d) 2つ以上の区域を提示すること（当該区域が隣接しているか否かは問わない。）

　(4) 共同保有権区分は、建物の全部又は一部を含む必要はない。

（区分所有者）

第12条　共同保有権区分の自由土地不動産権者として登記できる権限を有する者がいる場合、その者が共同保有権の区分所有者である（その者が登記されているか否かは問わない）。

（共同区分所有者）

第13条（1）共同保有権区分の自由土地不動産権者として登記できる権限を有する者が2人以上いる場合、それらの者が共同保有権区分の共同区分所有者である（それらの者が登記されているか否かは問わない）。

(2) 共同区分所有者の存在する区分に対して次に掲げる（a）から（i）の規定を適

用するに際しては、区分所有者は共同区分所有者をも含む。

(a) 削除

(b) 第 15 条第 1 項

(c) 削除

(d) 第 20 条第 1 項

(e) 第 23 条第 1 項

(f) 第 35 条第 1 項（b）

(g) 削除

(h) 削除

(i) 第 47 条第 2 項

(3) 共同区分所有者の存在する区分に対して次に掲げる（a）から（h）の規定を
適用するに際しては、区分所有者は各共同区分所有者（each joint unit-holder）
と共同区分所有者（joint unit-holders）をも含む。

(a) 第 1 条第 1 項（c）

(aa) 第 14 条第 3 項

(ab) 第 15 条 3 項

(b) 第 16 条

(ba) 第 19 条第 2 項及び第 3 項

(c) 第 31 条第 1 項（b）、第 3 項（b）、第 5 項（j）及び第 7 項

(d) 第 32 条 4 項（a）及び（c）

(e) 第 35 条第 1 項（a）、第 2 項及び第 3 項

(f) 第 37 条第 2 項

(fa) 第 38 条第 1 項

(fb) 第 39 条第 2 項

(g) 第 40 条第 1 項

(h) 第 58 条第 3 項（a）

(4) 区分所有者に関連する本法第 1 部に基づく行政規則は、共同区分所有者の場
合に関連する解釈について規定をするものとする。

(5) 行政規則は、第 2 項及び第 3 項を修正することができる。

(6) 行政規則は、次に掲げる（a）から（d）のいずれかの文書において、区分所
有者に関連のある共同区分所有者の場合の解釈について規定をすることができ
る。

（a）法令
（b）共同保有権共同体宣言書
（c）共同保有権組合の定款
（d）その他の文書

（使用及び維持）

第14条（1）共同保有権共同体宣言書は、共同保有権区分の使用を制限する規定を定めなければならない。

（2）共同保有権共同体宣言書は、各共同保有権区分の保険、修繕及び維持に関して義務を課す規定を定めなければならない。

（3）前項に基づく義務は、共同保有権組合又は区分所有者に課すことができる。

（譲渡）

第15条（1）本法第1部において、共同保有権の譲渡とは、次に掲げる（a）から（c）の有無にかかわらず、区分所有者の区分の自由土地不動産権の他人への譲渡をいう。

（a）約因（consideration）
（b）所有権留保（reservation）その他の内容
（c）法の適用

（2）共同保有権共同体宣言書は、共同保有権区分の譲渡を禁止又は制限することができない。

（3）共同保有権区分の譲渡に際し、新たな区分所有者は、共同保有権組合にその譲渡について通知するものとする。

（4）行政規則は、次に掲げる規定を定めることができる。

（a）前項に基づく通知の様式や方法
（b）通知がなされなければならない期間
（c）通知がなされない場合の効果についての規定（金銭の支払いを要求する規定を含む。）

（譲渡の効果）

第16条（1）次に掲げる（a）によって、若しくは（b）に従って与えられた権利又は課された義務は、従前の区分所有者に効力が及んでいたのと同様に新たな区分

所有者にも効力が及ぶものとする。

  (a) 共同保有権共同体宣言書

  (b) 第 20 条

(2) 従前の区分所有者は、次に掲げる (a) に基づき又は (a) によって、若しくは (b) によって責任を負わず、権利を取得しないものとする。

  (a) 共同保有権共同体宣言書

  (b) 第 20 条に従ってなされた事項

(3) 前項は、次に掲げる (a) 及び (b) のとおりとする。

  (a) 合意によって消滅させられたり、変更されたりすることはできないものとする。

  (b) 譲渡の効力が生ずる前に課された責任や取得した権利について不利益は生じない。

(4) 本法第 1 部において、「従前の区分所有者」とは、共同保有権区分を譲渡した者を意味し（その者が登記された不動産権者でなくなっているか否かは問わない）、「新たな区分所有者」とは、共同保有権区分を譲渡される者を意味する（その者が登記された不動産権者となっているか否かは問わない）。

(不動産賃貸借：居住用)

第 17 条 (1) 一定の条件が満たされない限り、居住用の共同保有権区分に絶対的定期不動産賃借権 (term of years absolute) は設定できないものとする。

(2) 当該条件は、次に掲げる事由に関係する。

  (a) 存続期間

  (b) 定期不動産賃借権が譲与される諸般の事情

  (c) その他の事由

(3) 第 1 項に違反して定期不動産賃借権を設定したものとされる場合、第 4 項を条件に、法律的文書 (instrument) 又は合意 (agreement) は効力を生じないものとする。

(4) 法律的文書又は合意が第 1 項に違反して定期不動産賃借権を設定したものとされる場合、当該法律的文書又は合意の利害関係人は、次に掲げる命令を求めて裁判所に訴えを提起することができる。

  (a) 当該法律的文書又は合意が特定の種類の定期不動産賃借権を設定することを規定するものとして効力を有すると認める命令

(b) 金銭の返還又は支払いを認める命令

(c) 裁判所が適切と判断するその他の規定を定める命令

(5) 第14条第1項によって共同保有権共同体宣言書において定められた規定が次に掲げる（a）又は（b）の目的にのみ利用されることを要求している場合、共同保有権区分は居住用である。

(a) 居住用目的

(b) 居住用及びその他の付随的な目的

(不動産賃貸借：非居住用)

第18条 （前条の意味における）居住用ではない共同保有権区分に絶対的定期不動産賃借権を設定する法律的文書又は合意は、共同保有権共同体宣言書の規定を条件に、その効力を有するものとする。

(不動産賃貸借：補遺)

第19条（1）行政規則は、次に掲げる事項を定めることができる。

(a) 共同保有権区分の賃借人に義務を課すこと

(b) 共同保有権共同体宣言書が共同保有権区分の賃借人に義務を課すことを可能とすること

(2) 前項に基づく行政規則は、特に、次に掲げる（a）又は（b）の支払金の履行において、共同保有権区分の賃借人が共同保有権組合又は区分所有者に支払いをするように要求することができる。

(a) 共同保有権共同体宣言書に従って区分所有者が履行しなければならない支払金

(b) 共同保有権共同体宣言書に従って当該区分の他の賃借人が履行しなければならない支払金

(3) 第1項に基づく行政規則は、特に、次に掲げる支払金額を定めることができる。

(a) 賃借人に支払義務のある金額を控除された前項に基づく支払金額（当該賃借人が支払義務のある者であるか、その他の者であるかは問わない。）

(b) 区分所有者又は当該区分の他の賃借人から償還される前項に基づく支払金額

(4) 行政規則は、共同保有権区分における定期不動産賃借権への法準則の適用に際し、定期不動産権（leasehold estates）の法準則を修正することができる（当

該法準則がコモンローから導かれるものであるか、制定法から導かれるものであるかは問わない)。

(5) 本条に基づく行政規則は、次に掲げる (a) 及び (b) の規定を定めることができる。

　(a) 全般的又は特定の事情に関する規定

　(b) 異なる種類の共同保有権不動産又は共同保有権区分ごとの規定

(その他の取引)

第20条 (1) 共同保有権共同体宣言書は、区分所有者による次に掲げる (a) 又は (b) の権利の設定 (creation)、譲与 (grant) 又は譲渡 (transfer) の禁止又は制限をすることはできない。

　(a) 自己の区分の全部又は一部における権利

　(b) 自己の区分に対する担保権

(2) 前項は、(不動産賃借権について制限を課す) 第17条から第19条を条件とする。

(3) 共同保有権区分に特定の種類の権利を設定することは、次に掲げる (a) 又は (b) の場合を除き、できないものとする。

　(a) 共同保有権組合が当該権利の設定の当事者であるとき。

　(b) 共同保有権組合が当該権利の設定に書面で同意するとき。

(4) 共同保有権組合は、次に掲げる (a) 及び (b) の場合にのみ、前項 (a) 又は (b) で定められた行為をすることができる。

　(a) 当該組合が当該行為を行う決議を可決するとき。

　(b) 議決権のある者の少なくとも75%が賛成をするとき。

(5) 第3項に違反して権利を設定したものとされる場合、法律的文書又は合意は、その効力を生じないものとする。

(6) 本条における「権利」は、次に掲げる (a) 又は (b) の権利を含まない。

　(a) 担保権

　(b) 担保権によって生じる権利

(一部区分：権利)

第21条 (1) 共同保有権区分の一部のみに権利を設定することはできないものとする。

(2) ただし、前項は、次に掲げる（a）から（c）の事項を禁じないものとする。

   （a）一定の条件が満たされる場合における居住用共同保有権区分の一部への絶対的定期不動産賃借権の設定

   （b）非居住用共同保有権区分の一部への絶対的定期不動産賃借権の設定

   （c）共同保有権組合が書面で譲渡を同意した場合における共同保有権区分の一部の自由土地不動産権の譲渡

(3) 第1項に違反して権利を設定したものとされる場合、法律的文書又は合意は、その効力を生じないものとする。

(4) 第5項は、次に掲げる（a）及び（b）の場合に適用する。

   （a）不動産が共同保有権不動産となるとき、又は共同保有権区分に追加されるとき。

   （b）当該事由の直前に、第1項の理由により当該事由の後に設定できない不動産上の権利が存在するとき。

(5) 当該権利は、第1項の理由により設定できない場合には、本条により消滅するものとする。

(6) 第17条第2項及び第4項は、本条第2項（a）及び（b）に関して（必要な修正をもって）適用するものとする。

(7) 区分の一部のみが不動産賃借権に基づいて保有されている場合、行政規則は、次に掲げる（a）及び（b）の規定の適用を修正することができる。

   （a）本法第1部により又は本法第1部のために定められた規定

   （b）区分所有者又は賃借人若しくは双方のために適用する規定

(8) 第20条第4項は、本条第2項（c）に関して適用するものとする。

(9) 共同保有権区分の一部の自由土地保有権の権利が譲渡される場合、譲渡された部分は、次に掲げる（a）又は（b）の効力を生ずる。

   （a）本項により新たな共同保有権区分になる。

   （b）第2項（c）に基づく同意のための要求事項に本パラグラフが適用されるべきことを定めている場合、当該要求事項において指定され共同保有権区分の一部となる。

(10) 行政規則は、次に掲げる内容の規定を定めることができ、又は共同保有権共同体宣言書に当該規定を定めることを求めることができる。

   （a）前項により設定される複数の区分の登記

   （b）複数の区分が前項により設定又は変更される場合、本法第1部により又は

本法第 1 部のために、若しくは共同保有権共同体宣言書により又は同宣言書のために定められた規定の適用

（一部区分：担保権設定）

第 22 条（1）共同保有権区分上の権利の一部に担保権を設定することはできないものとする。

（2）前項に違反して担保権を設定するものとされる場合、法律的文書又は合意は、その効力を生じないものとする。

（3）第 4 項は、次に掲げる（a）及び（b）の場合に適用する。

（a）不動産が共同保有権不動産となるとき、又は共同保有権区分に追加されるとき。

（b）当該事由の直前に、第 1 項の理由により当該事由の後には設定できない不動産上の担保権が存在するとき。

（4）当該担保権は、第 1 項の理由により設定できない場合には、本条により消滅するものとする。

（規模の変更）

第 23 条（1）共同保有権区分の範囲を再定義する共同保有権共同体宣言書の修正（amendment）は、次に掲げる（a）及び（b）の場合を除き、行うことができない。

（a）区分所有者が書面で同意するとき。

（b）区分所有者が修正前に同意するとき。

（2）ただし、行政規則は、一定の状況において、共同保有権組合の申請に基づき裁判所が同意の要件を不要とすることができる。

（規模の変更：担保権の設定された区分）

第 24 条（1）本条は、登記された担保権の存在する共同保有権区分の範囲を再定義する共同保有権共同体宣言書の修正に適用する。

（2）当該修正は、次に掲げる（a）及び（b）の場合を除き、行うことができない。

（a）登記された担保権者が書面で同意するとき。

（b）登記された担保権者が修正前に同意するとき。

（3）ただし、行政規則は、一定の状況において、共同保有権組合の申請に基づき裁判所が同意の要件を不要とすることができる。

(4) 当該修正により不動産が共同保有権区分から除外される場合、担保権は、本項により除外される不動産の範囲において消滅するものとする。

(5) 当該修正により不動産が共同保有権区分に追加される場合、担保権は、本項により追加される不動産に及ぶものとする。

(6) 行政規則は、次に掲げる規定を定めることができる。

 (a) 本条が適用される状況において登記官に通知が送付されることを必要とする規定

 (b) 第4項又は前項の適用を反映させるために登記官が登記簿を変更することを必要とする規定

共用部分

(定義)

第25条 (1) 本法第1部において、共同保有権に関する「共用部分」とは、共同保有権共同体宣言書に従って、共同保有権区分ではない共同保有権のすべての部分をいう。

(2) 共同保有権共同体宣言書は、共用部分の特定部分(「制限使用区域 (limited use area)」)に関して、次に掲げる事項を制限する規定を定めることができる。

 (a) 当該部分を使用できる者の類型

 (b) 当該部分を使用できる用途の種類

(3) 共同保有権共同体宣言書は、次に掲げる (a) 及び (b) の規定を定めることができる。

 (a) 制限使用区域に関してのみ効力を有する規定

 (b) 異なる制限使用区域ごとの規定

(使用及び維持)

第26条　共同保有権共同体宣言書は、次に掲げる規定を定めなければならない。

 (a) 共用部分の使用を制限する規定

 (b) 共同保有権組合が共用部分に保険をかけることを必要とする規定

 (c) 共同保有権組合が共用部分を修繕及び維持することを必要とする規定

(取引)

第27条 (1) 共同保有権共同体宣言書は、次に掲げる (a) 又は (b) の事項を禁

止又は制限してはならないものとする。

　（a）共同保有権組合による共用部分の一部の自由土地不動産権の譲渡

　（b）共同保有権組合による共用部分の一部の権利の設定

（2）本条における「権利」は、次に掲げる（a）又は（b）の権利を含まない。

　（a）担保権

　（b）担保権により生ずる権利

（担保権設定：全面的禁止）

第 28 条（1）共用部分に対して担保権を設定することはできないものとする。

(2) 共用部分に対して担保権を設定するものとされる場合、法律的文書又は合意は、その効力を生じないものとする。

(3) 第 7 条又は第 9 条により、共同保有権組合が共用部分の不動産権者として登記される場合、共用部分の全部又は一部に関する担保権は、本項により共用部分に関する範囲において消滅するものとする。

(4) 第 30 条により、共用部分に不動産を追加する効力を有する共同保有権共同体宣言書の修正によって、不動産が共同保有権組合に帰属する場合、追加された不動産の全部又は一部に関する担保権は、本項により当該不動産に関する範囲において消滅するものとする。

(5) 本条は、（一定の譲渡抵当権を許容する）第 29 条を条件とする。

（新たなコモンロー上の譲渡抵当権）

第 29 条（1）譲渡抵当権（mortgage）の設定が共同保有権組合の決議により承認される場合、前条はコモンロー上の譲渡抵当権（legal mortgage）に関し適用しないものとする。

(2) 前項の目的のための決議は、次に掲げる（a）及び（b）の条件で可決されなければならない。

　（a）譲渡抵当権が設定される前に可決されること

　（b）全員一致で可決されること

(3) 本項における「コモンロー上の譲渡抵当権」は、1925 年財産権法（Law of Property Act 1925）（第 20 号）第 205 条第 1 項（xvi）（解釈）によって付与された意味を有する。

（共用部分への追加）

第30条（1）本条は、共同保有権共同体宣言書の修正が次に掲げる（a）及び（b）の事項を定める場合に適用する。

　　（a）共同保有権区分の一部を形成する不動産を特定するとき。

　　（b）共用部分に追加される不動産（「追加不動産」）を定めるとき。

（2）当該修正は、次に掲げる（a）及び（b）の場合を除き、行うことができない。

　　（a）追加不動産に対する登記された担保権者が書面で同意するとき。

　　（b）追加不動産に対する登記された担保権者が修正前に同意するとき。

（3）ただし、行政規則は、一定の状況において、共同保有権組合の申請に基づき裁判所が同意の要件を不要とすることができる。

（4）修正された宣言書の登記に際し、第33条に基づき、次に掲げる（a）及び（b）のとおりとする。

　　（a）共同保有権組合は、付加不動産に自由土地不動産権者として登記できる権限を有するものとする。

　　（b）登記官は、（a）に従って（申請がなされることなしに）共同保有権組合を登記するものとする。

共同保有権共同体宣言書

（要式と内容：総則）

第31条（1）共同保有権共同体宣言書は、次に掲げる（a）及び（b）について特定の不動産に関する規定を定める文書である。

　　（a）共同保有権組合の権利及び義務

　　（b）区分所有者の権利及び義務

（2）共同保有権共同体宣言書は、指定の様式に従っていなければならない。

（3）共同保有権共同体宣言書は、次に掲げる事項を定めることができる。

　　（a）共同保有権組合に義務を課すこと

　　（b）区分所有者に義務を課すこと

　　（c）共同保有権の管理その他の関連事項に関する決定を行うことについて規定を定めること

（4）前項は、次に掲げる（a）及び（b）の規定を条件とする。

　　（a）本法第1部により又は本法第1部のために定められる規定

　　（b）共同保有権組合の定款の規定

(5) 第3項（a）及び（b）における「義務」は、特に、次に掲げる義務を含む。

  （a）金銭を支払う義務

  （b）労務を引き受ける義務

  （c）通行権を付与する義務

  （d）通知を与える義務

  （e）共同保有権区分に関し特定の種類の取引の締結を行わない義務

  （f）特定の目的のため又は特定の目的以外の事項のため共同保有権区分の全部又は一部の使用を行わない義務

  （g）特定の種類の労務（変更を含む）を引き受けない義務

  （h）生活妨害（nuisance）又は迷惑行為（annoyance）を惹起しない義務

  （i）特定の行為を行わない義務

  （j）制定法上の要件違反から生ずる費用に関し共同保有権組合又は区分所有者に賠償する義務

(6)（前条（a）若しくは本法第1部により又は本法第1部のために定められたその他の規定のいずれかに従って）金銭を支払う義務を課している共同保有権共同体宣言書の規定は、履行遅滞の場合における利息の支払いについての規定を含めることができる。

(7) 共同保有権共同体宣言書によって共同保有権組合又は区分所有者に課された義務は、その他の形式的手続きを要しないものとする。

(8) 共同保有権共同体宣言書は、特定の事由の発生又は不発生を条件に不動産上の権利の譲渡又は喪失を規定することができない。

(9) 共同保有権共同体宣言書によって定められた規定は、次に掲げる（a）から（d）のいずれかの場合においては、その効力を生じないものとする。

  （a）第32条により禁止されているとき。

  （b）本法第1部により又は本法第1部のために定められた規定と矛盾するとき。

  （c）第32条により宣言書に含められるものとして取り扱われる事項と矛盾するとき。

  （d）共同保有権組合の定款と矛盾するとき。

（行政規則）

第32条（1）行政規則は、共同保有権共同体宣言書の内容について定めるものとする。

(2) 行政規則は、次に掲げる（a）又は（b）の規定を宣言書に含めることを許容し、要求し、又は禁止することができる。

(a) 特定の規定

(b) 特定の種類の規定、特定の目的のための規定又は特定の事項についての規定

(3) 行政規則は、次に掲げる事項を定めることができる。

(a) 宣言書は、行政規則によって指定され又は行政規則に従って決定された規定を含むものとして取り扱われるべきことを規定すること

(b) 宣言書は、行政規則によって指定され又は行政規則に従って決定された規定がなくても、（a）により含まれるものとして取り扱われるとする規定に代わる規定を定めることを許容すること

(4) 行政規則は、次に掲げる規定を定めることができる。

(a) 様々な種類の共同保有権組合又は区分所有者ごとに異なる規定

(b) 様々な事情ごとに異なる規定

(c) 共同保有権共同体宣言書が様々な種類の区分所有者又は共用部分ごとに異なる規定を定めることができる範囲についての規定

(5) 本条に基づく行政規則が関連する事項は、次に掲げる（a）及び（b）の事項を含む。ただし、当該事項は、次に掲げる（a）及び（b）の事項に限られない。

(a) 第11条、第14条、第15条、第20条、第21条、第25条、第26条、第27条、第38条、第39条及び第58条において定められた事項

(b) 第37条に基づく行政規則が定めることができる事項

（修正）

第33条 (1) 前条に基づく行政規則は、共同保有権共同体宣言書において、同宣言書の修正手続きに関する規定を定めることを要求するものとする。

(2) 行政規則は、特に、（前条第3項（b）に基づく規定を条件とするか否かにかかわらず）前条第3項（a）に基づく規定を定めるものとする。

(3) 共同保有権共同体宣言書の修正は、修正された宣言書が本条に従って登記されない限りその効力を生じないし、また登記されるまでその効力を生じないものとする。

(4) 共同保有権組合が本項に基づいて登記申請を行う場合、登記官は、修正された共同保有権共同体宣言書が、修正されなかった宣言書に代わって、登記官のも

とで保管され、登記簿に記録されるように調製するものとする。

(5) 前項に基づく登記申請には、修正された共同保有権共同体宣言書が本法第1部の要件を満たす旨の共同保有権組合の理事によって付与された証明書が添付されなければならない。

(6) 共同保有権共同体宣言書の修正が共同保有権区分の範囲を再定義する場合、第4項に基づく登記申請には、第23条第1項又は第24条第2項によって要求される同意（又は同意を不要とする裁判所の命令）が添付されなければならない。

(7) 共同保有権共同体宣言書の修正が共用部分の範囲を変更する効果を有する場合、第4項に基づく登記申請には、第30条第2項によって要求される同意（又は同意を不要とする裁判所の命令）が添付されなければならない。

(8) 登記官が第4項に基づく登記申請に基づいて登記簿を修正した場合、登記官は登記簿に自らが適当と判断する補足的修正をするものとする。

共同保有権組合

（規約）

第34条 (1) 共同保有権組合は、次に掲げる (a) 及び (b) を有する非公開保証有限会社 (private company limited by guarantee) である。

(a) 会社の目的が特定の共同保有権不動産に関する共同保有権組合の権限を行使することであることを記載する定款

(b) 会社の清算時に各構成員から要求される分担金の額として1ポンドを指定する保証書

(2)（共同保有権組合の規約 (constitution) について規定を定める）付則3は、その効力を有するものとする。

（管理義務）

第35条 (1) 共同保有権組合の理事は、次に掲げる (a) 及び (b) をできる限り許容し又は促進するように、自己の権限を行使するものとする。

(a) 各区分所有者による自己の権利の行使

(b) 各区分所有者による自己の区分における自由土地不動産権の享有

(2) 共同保有権組合の理事は、特に、共同保有権共同体宣言書又は本法第1部の規定によって区分所有者に課された要件又は義務に区分所有者の側が従わないことを予防し、是正し又は減少させるために、第37条によって与えられ又は設定

された権利、権限又は手続きを用いるものとする。

(3) ただし、区分所有者（「債務不履行者（defaulter)」）の側の特定の不履行に関しては、共同保有権組合の理事は、次に掲げる（a）及び（b）のとおりとする。

　(a) 訴訟を提起しないことがすべての区分所有者間において調和ある関係を確立し又は維持する上で最善の利益となり、かつ、そのことが（債務不履行者以外の）区分所有者に重大な損失又は重大な不利益をもたらさないと合理的に判断する場合には、訴訟を提起することを要しない。

　(b) 可能な場合は、法的手続きの代わりに、仲裁（arbitration）、介入（mediation）又は調停（conciliation）の手続き（第42条に基づいて承認された制度に基づく紹介（referral）を含む）を用いることが望ましいかを考慮するものとする。

(4) 本法第1部における区分所有者は、区分の賃借人を含む。

(投票)

第36条 (1) 本条は、共同保有権組合による決議の可決に関連する本法第1部の規定（「投票規定（voting provision)」）に関して適用する。

(2) 投票規定は、すべての構成員が定款又は共同保有権共同体宣言書の関連規定に従って投票する機会が付与されている場合にのみ条件が満たされる。

(3) 票は、本人により投ぜられる場合であれ、次に掲げる（a）及び（b）の規定に従って投ぜられる場合であれ、投票規定の目的のために投ぜられる。

　(a) 郵送、代理人その他の方法による投票を定める規定

　(b) 定款又は共同保有権共同体宣言書に含まれる規定

(4) 決議は、投票をするすべての構成員が賛成の投票をする場合、全員一致で可決される。

共同保有権の運営

(強制及び補償)

第37条 (1) 行政規則は、次に掲げるものにより又はそれらのために与えられた権利の行使又は課された義務の強制について、規定（裁判所に管轄権を与える規定を含む）を定めることができる

　(a) 共同保有権共同体宣言書

　(b) 共同保有権組合の定款

　(c) 本法第1部により又は本法第1部のために定められた規定

(2) 行政規則は、特に、次に掲げる規定を定めることができる。

  (a) 特定の場合又は事情において権利が行使される場合に補償金が支払われることを要求する規定

  (b) 義務が履行されない場合に補償金が支払われることを要求する規定

  (c) 権利又は義務を強制する目的のために行為が実行される場合に費用の回復を可能とする規定

  (d) 義務を履行しないことの結果として行為が実行される場合に費用の回復を可能とする規定

  (e) 区分所有者が、他の区分所有者、共同保有権組合又は賃借人に課された義務を強制することを許容する規定

  (f) 共同保有権組合が、区分所有者又は賃借人に課された義務を強制することを許容する規定

  (g) 賃借人が、他の賃借人、区分所有者又は共同保有権組合に課された義務を強制することを許容する規定

  (h) 権利に付随する内容又は条件の強制を許容する規定

  (i) 法的手続きが提起される前に、仲裁、介入又は調停の手続きという特定の方式の利用を要求する規定

(3) 本条により定められた補償についての規定は、次に掲げる規定を含むものとする。

  (a) 補償の額を決定するための規定（当該規定は裁判所に管轄権を与える規定を含めることができる。）

  (b) 履行遅滞の場合における損害金の支払いのための規定

(4) 本条に基づく行政規則は、第32条第5項（b）により定められた行政規則に従って、共同保有権共同体宣言書に含まれた規定に従うものとする。

（共同保有権割当金）

第38条（1）共同保有権共同体宣言書は、次に掲げる（a）から（e）の規定を定めなければならない。

  (a) 共同保有権組合の理事に、組合の支出に充てるため区分所有者から徴収されることが要求される収入の年間の見積書を作成することを要求する規定

  (b) 共同保有権組合の理事が、年間の見積書に加え、区分所有者から徴収されることが要求される臨時の収入の見積書を作成することを可能にする規定

(c) 各区分に配分される（a）又は（b）に基づいて作成される見積額の割合を指定する規定

(d) 各区分所有者に、自己の区分に配分される見積額の割合に関して支払いをすることを要求する規定

(e) 共同保有権組合の理事に、区分所有者によって支払われることが要求される金額及び各支払いがなされるべき期日を特定する通知を区分所有者に送付することを要求する規定

(2) 前項（c）の目的のため、次に掲げるとおりとする。

(a) 共同保有権共同体宣言書によって各共同保有権区分に配分される割合は、合計で 100 に達しなければならない。

(b) 共同保有権共同体宣言書は、特定の区分に関し 0 パーセントと指定することができる。

（積立金）

第 39 条 (1) 第 32 条に基づく行政規則は、特に、共同保有権共同体宣言書が次に掲げる規定を定めることを要求することができる。

(a) 共同保有権組合の理事に、共用部分の修繕及び維持の資金を調達するために 1 つ以上の基金を設立し維持することを要求する規定

(b) 共同保有権組合の理事に、共同保有権区分の修繕及び維持の資金を調達するために 1 つ以上の基金を設立し維持することを要求する規定

(2) 共同保有権共同体宣言書が前項に従って基金の設立及び維持について定める場合、共同保有権共同体宣言書は、次に掲げる（a）から（d）の規定も定めなければならない。

(a) 共同保有権組合の理事が、臨時に資金を徴収することを要求又は可能にする規定

(b) 各区分に配分される（a）に基づいて徴収される資金の割合を指定する規定

(c) 各区分所有者に、自己の区分に配分される（a）に基づいて徴収される資金の割合に関し支払いをすることを要求する規定

(d) 共同保有権組合の理事に、区分所有者によって支払われることが要求される金額及び各支払いがなされるべき期日を特定する通知を区分所有者に送付することを要求する規定

(3) 前項（b）の目的のため、次に掲げるとおりとする。

（a）共同保有権共同体宣言書によって各共同保有権区分に配分される割合は、合計で 100 に達しなければならない。

（b）共同保有権共同体宣言書は、特定の区分に関し 0 パーセントと指定することができる。

（4）本条により設立され維持された基金の資産は、積立金の活動に属する判決債務（judgment debt）を除き、債務の強制の目的のために用いてはならないものとする。

（5）前項の目的のため、次に掲げる（a）から（c）のとおりとする。

（a）「積立金の活動」とは、共同保有権共同体宣言書に従って、本条により設立され維持された基金から資金を調達することができる活動をいう。

（b）特に、資産が 1979 年負担賦課命令法（Charging Orders Act 1979）（第 53 号）第 1 条に基づいて強制執行される場合、又は負担賦課命令（charging order）の対象とされる場合、資産は債務の強制の目的のために用いられる。

（c）判決債務は、判決債務に基づいて支払われる利息をも含む。

（文書の補正命令）

第 40 条（1）区分所有者は、次に掲げる確認判決（declaration）を求めて裁判所に訴えを提起することができる。

（a）当該共同保有権組合の定款が付則 3 のパラグラフ 2（1）に基づく行政規則に従っていないことの確認判決

（b）当該共同保有権共同体宣言書が本法第 1 部により又は本法第 1 部のために課された要件に従っていないことの確認判決

（2）本条に基づく確認判決を付与するに際し、裁判所は適切と判断される命令をなすことができる。

（3）前項に基づく命令は、特に、次に掲げるとおりである。

（a）共同保有権組合の理事その他の特定の役員に文書の変更又は修正の手続きをとるように要求することができる。

（b）共同保有権組合の理事その他の特定の役員に特定の手続きをとるように要求することができる。

（c）共同保有権組合により特定の者に支払われる補償金について（それが特定の事由の発生又は不発生を条件としているか否かを問わず）その裁定をすることができる。

(d) 不動産が共同保有権不動産であることを停止する規定を定めることができ
る。

(4) 第1項に基づく訴えの提起は、次に掲げる（a）から（c）のいずれかの条件
でなされなければならない。

(a) 申立人が区分所有者になった日から起算して3月以内であること

(b) 主張された不履行の生じた日から3月以内であること

(c) 裁判所の許可のあること

（拡張）

第41条（1）共同保有権組合が登記申請の目的で共同保有権不動産に関する権限
をすでに行使している場合、本条は第2条に基づく登記申請を適用する。

(2) 本条においては、次に掲げるとおりとする。

(a) 登記申請は、「追加された不動産に対する登記申請」として適用される。

(b) 登記申請が関係する不動産は、「追加された不動産」として適用される。

(3) 追加された不動産に対する登記申請は、共同保有権組合の決議によって承認
されない限り行うことができない。

(4) 前項の目的のための決議は、次に掲げる（a）及び（b）の条件で可決されな
ければならない。

(a) 追加された不動産に対する登記申請が行われる前であること

(b) 全員一致であること

(5) 第2条第2項は、追加された不動産に対する登記申請には適用しないものと
する。ただし、当該登記申請は、次に掲げる（a）から（c）の文書を添付しな
ければならない。

(a) 付則1パラグラフ6で指定された文書

(b) 既存の共同保有権と追加された不動産に対する規定を定める修正された共
同保有権共同体宣言書の登記申請のための第33条に基づく申請書

(c) 追加された不動産に対する登記申請が付則2及び第3項を充足することに
ついて共同保有権組合の理事によって付与された証明書

(6) 付加された不動産に対する登記申請の後に第7条及び第9条が効力を有する
場合、次に掲げる（a）及び（b）のとおりとする。

(a) 第7条第2項（a）、第3項（d）及び第9条第3項（f）における「共同保
有権不動産」とは、追加された不動産をいうものと扱われるものとする。

(b) 第7条第2項（b）、第3項（c）及び第9条第3項（e）における共同保有権共同体宣言書によって与えられた権利及び同宣言書によって課された義務は、追加された不動産に影響する限りにおける権利及び義務をいうものと扱われるものとする。

(7) 追加された不動産の全部が共同保有権の共用部分の一部を形成する場合における追加された不動産に対する登記申請の場合、次に掲げる（a）から（d）のとおりとする。

(a) 第7条は適用されないものとする。

(b) 登記に際して、共同保有権組合は、追加された不動産における自由土地不動産権者として（仮に未だ登記されていない場合には）登記できる権限を有するものとする。

(c) 登記官は、（登記申請がなされることなしに）（b）によって要求された登記をするものとする。

(d) 共同保有権共同体宣言書によって与えられた権利及び同宣言書によって課された義務は、追加された不動産に影響する限りにおいて、登記に基づいてその効力を生ずるものとする。

（オンブズマン）

第42条（1）行政規則は、共同保有権組合が認定オンブズマン計画（approved ombudsman scheme）の構成員であるものとすると定めることができる。

(2)「認定オンブズマン計画」は、国務大臣（Secretary of State）によって認定される計画であり、次に掲げる（a）から（g）のとおりである。

(a) 1人以上の者をオンブズマンとして任命することを定める。

(b) 国務大臣が事前に任命を認定する場合にのみ、一定の者がオンブズマンとして任命されることを定める。

(c) 区分所有者が、区分所有者と計画の構成員である共同保有権組合との間の紛争をオンブズマンに委ねることを可能とする。

(d) 計画の構成員である共同保有権組合が、組合と区分所有者との間の紛争をオンブズマンに委ねることを可能とする。

(e) オンブズマンに、委ねられた紛争を調査及び解決することを要求する。

(f) 計画の構成員である共同保有権組合に、紛争を調査又は解決する際にオンブズマンと協力することを要求する。

（g）計画の構成員である共同保有権組合に、オンブズマンの決定（金銭の支払いを要求する決定を含む）に従うことを要求する。

（3）前項で指定された事項に加え、認定オンブズマン計画は、次に掲げる（a）及び（b）のとおりである。

　（a）その他の規定を含むことができる。

　（b）所定の規定又は所定の種類の規定を含むものとする。

（4）共同保有権組合が第1項に基づく行政規則に従わない場合、区分所有者は、共同保有権組合の理事に、組合が行政規則に従うことを保証するように要求する命令を求めて、高等法院（High Court）に訴えを提起することができる。

（5）本条において区分所有者は、区分の賃借人を含む。

解散：任意清算

（清算決議）

第43条（1）共同保有権組合に関する清算決議（winding-up resolution）は、次に掲げる（a）から（c）の事情が存しない限り、その効力を生じない。

　（a）決議が支払可能宣言（declaration of solvency）の前に行われること

　（b）共同保有権組合が清算決議を可決する前に解散宣言書決議（termination-statement resolution）を可決すること

　（c）各決議が組合員の少なくとも80％の賛成票をもって可決されること

（2）本法第1部において、「支払可能宣言」とは、1986年支払不能者法（Insolvency Act 1986）（第45号）第89条に従って定められた理事の制定法上の宣言のことをいい、「解散宣言書決議」とは、（第47条の意味における）解散宣言書の内容を承認する決議のことをいい、並びに「清算決議」とは、1986年支払不能者法第84条の意味における任意清算（voluntary winding-up）のための決議のことをいう。

（100％の合意）

第44条（1）本条は、共同保有権組合が次に掲げる（a）及び（b）の行為を行った場合に適用する。

　（a）清算決議と解散宣言書決議を組合員の100％の賛成票をもって可決すること

　（b）1986年支払不能者法（第45号）第91条に基づいて清算人（liquidator）

を任命すること

(2) 清算人は、清算決議が可決された日から起算して 6 月以内に解散申請（termi-nation application）を行うものとする。

(3) 清算人が前項の期間内に解散申請を行わなかった場合、次に掲げる（a）又は（b）の者により解散申請を行うことができる。

(a) 区分所有者

(b) 本項の目的のために指定された類型に属する者

（80％の合意）

第 45 条（1）本条は、共同保有権組合が次に掲げる（a）及び（b）の行為を行った場合に適用する。

(a) 清算決議と解散宣言書決議を組合員の 80％の賛成票をもって可決すること

(b) 1986 年支払不能者法第 91 条に基づいて清算人を任命すること

(2) 清算人は、規定された期間内に、裁判所に次に掲げる（a）及び（b）の事項を決定する命令を求めて申請するものとする。

(a) 解散申請を行うことができる内容及び条件

(b) 解散申請に添付する解散宣言書の内容

(3) 清算人は、前項に基づく命令がなされた日から起算して 3 月以内に解散申請を行うものとする。

(4) 清算人が、本項において指定された期間内に、前 2 項に基づく申請を行わなかった場合、次に掲げる（a）又は（b）の者により同様の申請を行うことができる。

(a) 区分所有者

(b) 本項の目的のために指定された類型に属する者

（解散申請）

第 46 条（1）「解散申請」は、特定の共同保有権組合が権限を行使する関係にあるすべての不動産が共同保有権不動産であることを停止すべきとする登記官への申請である。

(2) 解散申請は、解散宣言書が添付されなければならない。

(3) 解散申請を受領した際、登記官は、登記簿にその旨を記録するものとする。

（解散宣言書）

第 47 条（1）解散宣言書は、次に掲げる（a）及び（b）の事項を記載しなければならない。

　（a）第 49 条第 3 項に従って自由土地不動産権を取得した後における共同保有権不動産の譲渡のための共同保有権組合の提案

　（b）共同保有権組合の資産の分配方法

（2）共同保有権共同体宣言書は、解散宣言書に次に掲げる（a）又は（b）の和議（arrangements）を結ぶように要求する規定を定めることができる。

　（a）特定の種類の和議

　（b）特定の方法で決定された和議

（3）解散宣言書は、前項に基づいて共同保有権共同体宣言書によって定められた規定に従わなければならない。

（4）前項は、次に掲げる（a）から（c）のいずれかの裁判所の命令によって適用しないとすることができる。

　（a）全体的な命令

　（b）特定の事項に関する命令

　（c）特定の目的のための命令

（5）前項に基づく命令の申立ては、共同保有権組合の組合員が行うことができる。

（清算人）

第 48 条（1）本条は、解散申請が特定の共同保有権不動産に関して行われた場合に適用する。

（2）清算人は、登記官に任命の通知をするものとする。

（3）第 44 条に基づいてなされた解散申請の場合、清算人は、次に掲げる（a）又は（b）の行為を行うものとする。

　（a）清算人が解散申請に伴って提出された解散宣言書を承認していることを登記官に通知すること

　（b）解散宣言書の内容を決定することを 1986 年支払不能者法（第 45 号）第 112 条に基づいて裁判所に申し立てること

（4）清算人は、前項（b）によってなされた決定の複写を登記官に提出するものとする。

（5）前項は、1986 年支払不能者法第 112 条第 3 項に基づく要件に追加される。

(6) 本条により清算人に課せられた義務は、遅滞なく履行されなければならない。

(7) 本条において、清算人とは、次に掲げる（a）又は（b）の者をいう。

  (a) 1986 年支払不能者法第 91 条に基づいて清算人として任命される者

  (b) 同法第 95 条及び第 96 条に基づく債権者の任意清算に相当する組合員の任意清算の場合に、同法第 100 条に従って清算人として行動する者

（解散）

第 49 条（1）本条は、解散申請が第 44 条に基づいて行われた場合において、次に掲げる（a）又は（b）の場合に適用する。

  (a) 清算人が解散宣言書を承認していることを前条第 3 項（a）に基づいて登記官に通知する場合

  (b) 前条第 3 項（b）により 1986 年支払不能者法（第 45 号）第 112 条に基づく決定が行われる場合

(2) 本条は、解散申請が第 45 条に基づいて行われる場合にも適用する。

(3) 共同保有権組合は、本項により各共同保有権区分の自由土地不動産権者として登記される権限を有するものとする。

(4) 登記官は、解散宣言書に効力を付与する目的のため適切と判断される行動をとるものとする。

解散：裁判所による清算

（前文）

第 50 条（1）第 51 条は、共同保有権組合の裁判所による清算のための申立てが 1986 年支払不能者法第 124 条に基づいてなされた場合に適用する。

(2) 本法第 1 部の目的のため、次に掲げる（a）から（c）のとおりとする。

  (a)「支払不能共同保有権組合（insolvent commonhold association）」は、清算の申立てが 1986 年支払不能者法第 124 条に基づいてなされた場合の組合である。

  (b) 共同保有権組合は、支払不能共同保有権組合の「承継共同保有権組合（successor commonhold association）」である。ただし、第 34 条第 1 項（a）の目的のために特定された不動産が両組合と同一であるときに限る。

  (c)「清算命令（winding-up order）」は、共同保有権組合の清算のための 1986 年支払不能者法第 125 条に基づく命令である。

（承継命令）

第51条 (1) 清算申立ての審理において、支払不能共同保有権組合に関する本条に基づく命令（「承継命令（succession order)」）を求めて裁判所に申請を行うことができる。

(2) 前条に基づく申請は、次に掲げる (a) から (c) のいずれかの者のみが行うことができる。

　(a) 支払不能共同保有権組合

　(b) 1人以上の支払不能共同保有権組合の組合員

　(c) 1986年支払不能者法第135条に基づいて任命された支払不能共同保有権組合の臨時清算人（provisional liquidator)

(3) 第1項に基づく申請は、次に掲げる (a) 及び (b) の文書を添付しなければならない。

　(a) 承継共同保有権組合の設立についての所定の証拠資料

　(b) 承継共同保有権組合の定款が付則3パラグラフ2(1)に基づく行政規則に従っている旨の同組合の理事によって作成された証明書

(4) 裁判所は、支払不能共同保有権組合の状況により承継命令を行うのが不適切であると判断しない限り、第1項に基づく申請を認めるものとする。

（資産と責任）

第52条 (1) 承継命令が支払不能共同保有権組合に関して発出される場合、本条は、当該組合に関する清算命令の発出に適用する。

(2) 承継共同保有権組合は、共用部分の自由土地不動産権者として登記される権限を有するものとする。

(3) 支払不能共同保有権組合は、すべての目的のため、共用部分の自由土地不動産権者として扱われることを停止するものとする。

(4) 承継命令は、次に掲げるとおりとする。

　(a) 共用部分の全部又は一部における担保権の処理に関して規定を定めるものとする。

　(b) 特定の種類の行為をすることを登記官に要求することができる。

　(c) 清算人が特定の種類の行為をすることを登記官に要求できるようにすることができる。

　(d) 補足的又は付随的規定を定めることができる。

(責任の移転)

第53条 (1) 承継命令が支払不能共同保有権組合に関して発出される場合、本条は、当該組合に関する清算命令の発出に適用する。

(2) 承継共同保有権組合は、清算命令の発出後、一定期間、関連する事項に関し、共同保有権のための共同保有権組合として扱われるものとする。

(3) 承継命令の発出に際して、裁判所は、承継共同保有権組合が次に掲げる特定の事項を入手できるようにすることを清算人に要求する命令を発出することができる。

(a) 記録

(b) 記録の写し

(c) 情報

(4) 前項に基づく命令は、次に掲げる内容を含むことができる。

(a) 時期

(b) 支払い

(共同保有権の終了)

第54条 (1) 本条は、次に掲げる (a) 及び (b) の場合に適用する。

(a) 裁判所が共同保有権組合に関して清算命令を発出するとき。

(b) 裁判所が共同保有権組合に関して承継命令を発出しないとき。

(2) 共同保有権組合の清算人は、遅滞なく次に掲げる (a) から (g) の事項について登記官に通知するものとする。

(a) 本条の適用がある旨の事実

(b) 1986年支払不能者法 (第45号) 第168条 (清算人の補足的権限) に基づいて与えられた指示 (directions)

(c) 同法第172条第8項 (最終の総会後の清算人の退任) に従って裁判所及び会社登記官に送付された通知

(d) 同法第174条第3項 (清算の結了) に基づいて国務大臣に送付された通知

(e) 同法第202条第2項 (資産の不足:早期解散) に基づいて会社登記官に行われた申請

(f) 同法第205条第1項 (b) (清算の結了) に基づいて会社登記官に送付された通知

(g) 清算人の意見において登記官に関連するその他の事項

(3) 前項（b）から（f）に基づく通知は、関連する指示、通知又は申請の写しを添付しなければならない。

(4) 登記官は、次に掲げる（a）及び（b）のとおりとする。

(a) 共同保有権組合が権限を行使する不動産上の自由土地不動産権が共同保有権不動産上の自由土地不動産権として登記されなくなることを確実にするために、登記官が第2項（c）から（f）に基づく通知を受理した後に合理的に実行可能な限り速やかに、登記官が適切であると判断する手続きを行うものとする。

(b) 清算人が自己の権限の行使においてなされた決定に効力を与える目的のため、登記官が適切であると判断する措置をとるものとする。

解散：その他

（裁判所による解散）

第55条　(1) 本条は、共同保有権組合が権限を行使するすべての不動産が共同保有権不動産であることを停止するための第6条第6項（c）又は第40条第3項（d）による命令を裁判所が発出する場合に適用する。

(2) 裁判所は、共同保有権組合に関する清算命令が作成された場合に有することになる権限を有するものとする。

(3) 前項により清算人として任命された者は、共同保有権組合に関する清算命令が裁判所により発出された後も清算人としての権限を有し、義務を負うものとする。

(4) ただし、第6条第6項（c）又は第40条第3項（d）による裁判所の命令は、次に掲げるとおりとすることができる。

(a) 清算人に特定の方法で権限を行使することを要求することができる。

(b) 清算人に追加的な権利又は義務を賦課することができる。

(c) 清算人の権利又は義務を修正又は除外することができる。

（積立金の解除）

第56条　第39条第4項は、次に掲げる（a）から（c）のいずれかの場合、（いつでも生ずる債務及び責任に関し）共同保有権組合に関する効果を停止するものとする。

(a) 裁判所が当該組合に関する清算命令を発出するとき。

  (b) 当該組合が任意清算決議を可決するとき。

  (c) 当該組合が権限を行使するすべての不動産が共同保有権不動産であることを停止するための第 6 条第 6 項 (c) 又は第 40 条第 3 項 (d) による命令を裁判所が発出するとき。

その他

(複数の敷地の共同保有権)

第 57 条 (1) 共同保有権は、2 区画以上の不動産をそれらが隣接しているか否かを問わず含むことができる。

(2) ただし、本法第 1 条第 1 項は、単独の共同保有権共同体宣言書がすべての不動産のための規定を定めない限り、共同保有権組合の定款で指定された不動産に関して適用されない。

(3) 行政規則は、申請に係る不動産の一部についてそれぞれ登記された自由土地保有権者である 2 人以上の者によって共同でなされた第 2 条に基づく申請について規定を定めることができる。

(4) 行政規則は、特に、次に掲げるとおりとすることができる。

  (a) 本法第 1 部によって又は本法第 1 部のために定められた規定の申請を修正することができる。

  (b) 行政規則は、本法第 1 部によって又は本法第 1 部のために定められた規定の申請を無効にすることができる。

  (c) 追加の要件を賦課することができる。

(開発権)

第 58 条 (1) 本法第 1 部において、「開発業者」とは、第 2 条に基づいて申請を行う者をいい、「開発事業」は、付則 4 によって付与された意味を有する。

(2) 共同保有権共同体宣言書は、予定される開発業者に対し、次に掲げる (a) 又は (b) に関する権利を与えることができる。

  (a) 開発業者が開発事業を請け負うことを許可する権利

  (b) 開発業者が開発事業を請け負うことを推進する権利

(3) 前項により共同保有権共同体宣言書によって定められた規定は、次に掲げる規定を含むことができる。

  (a) 開発事業と関連した特定の目的のため、開発業者と協力することを共同保

　　有権組合又は区分所有者に要求する規定

　(b) 共同保有権共同体宣言書で指定された内容及び条件、又は同宣言書に従って決定されるべき内容及び条件に従って、前項により与えられた権利を行使する規定

　(c) (a) による要件又は (b) により課せられた内容及び条件の違反の効果について規定を定める規定

　(d) 第41条第2項及び第3項を無効にする規定

(4) 第2項は、次に掲げる (a) 及び (b) に従う。

　(a) 第32条に基づく行政規則

　(b) 付則4パラグラフ7に掲げられた種類の開発事業の場合、共同保有権組合の定款

(5) 行政規則は、第2項により与えられた権利の行使を規制又は制限する規定を定めることができる。

(6) 第2項により開発業者に権利が与えられた場合において、開発業者が当該権利を放棄する旨の通知を登記官に送付する場合、次に掲げる (a) から (c) のとおりとする。

　(a) 登記官は、当該通知が登記簿に保管され、記録されるように調製するものとする。

　(b) 当該通知が (a) に基づいて登記される時から当該権利は行使できなくなるものとする。

　(c) 登記官は、合理的に実行可能な限り速やかに、共同保有権組合に伝達するものとする。

(開発権：承継)

第59条 (1) 移行期間中に開発業者が共同保有権の全部の自由土地不動産権を他人に譲渡する場合、権原の承継人は、譲渡後に生じるあらゆる事項に関して開発業者として扱われるものとする。

(2) 移行期間中に開発業者が共同保有権の一部の自由土地不動産権を他人に譲渡する場合、権原の承継人は、次に掲げる (a) 及び (b) の事項の目的のため開発業者として扱われるものとする。

　(a) 譲渡後に生じる事項

　(b) 譲渡された不動産に影響を与える事項

(3) 移行期間後又は移行期間が存在しない場合において、次に掲げる (a) 及び (b) の場合、権原の承継人は、譲渡後に生じる事項及び譲渡された不動産に影響を与える事項のため開発業者として扱われる。

  (a) 開発業者が共同保有権の全部又は一部における自由土地不動産権を他人に譲渡するとき（ただし、単独の共同保有権区分の自由土地不動産権の譲渡によるときを除く）。

  (b) 譲渡に開発権が含まれることが明示されているとき。

(4) 移行期間中以外においては、何人もあらゆる目的のため共同保有権不動産に関して開発業者として扱われないものとする。ただし、次に掲げる (a) 及び (b) に該当する者はこの限りでない。

  (a) 1 つ以上の共同保有権区分の登記された自由土地保有権者である者又は特定の時期にその者であった者

  (b) 共同保有権区分の少なくとも 1 つの登記された自由土地保有権者である者

（強制収用）

第 60 条（1）共同保有権不動産の自由土地不動産権が収用権者に譲渡される場合、当該不動産は、共同保有権不動産であることを停止するものとする。

(2) ただし、前項は、譲渡された不動産が引き続き共同保有権不動産であることを欲する意思を収用権者が表示したということを登記官が認めた場合の譲渡には適用しない。

(3) 第 21 条第 2 項（c）に基づく合意の要件は、収用権者に対する譲渡には適用しないものとする。

(4) 行政規則は、共同保有権不動産の自由土地不動産権の収用権者への譲渡について規定を定めることができる。

(5) 行政規則は、特に、次に掲げるとおりとする。

  (a) 第 1 項及び第 2 項の効果についての規定（譲渡されない共同保有権の部分についての規定を含む）を定めることができる。

  (b) 通知の送付を要求することができる。

  (c) 裁判所に権限を与えることができる。

  (d) 補償について規定を定めることができる。

  (e) 共同保有権組合が収用権者に共同保有権の全部又は特定の部分の自由土地不動産権を取得することを要求できるようにする規定を定めることができる。

　(f)　強制収用に関する制定法が適用されないこと又は修正されて適用されること
　　　を規定することができる。
(6)　譲渡されない不動産に関する前項（a）によって定められた規定は、次に掲げ
　　る規定を含むことができる。
　(a)　不動産の一部又は全部が共同保有権不動産であることを停止する規定
　(b)　本法第 1 部の規定が一定の修正をもって適用されるとする規定
(7)　本条において、「収用権者」とは、次に掲げる（a）及び（b）の者をいう。
　(a)　制定法により強制収用の権限を行使することが認定されて不動産を取得す
　　　る者
　(b)　所定の制定法により又は所定の状況において取得することが義務づけられ
　　　て不動産を取得する者

（住宅権）
第 61 条（1）本法第 1 部の次に掲げる（a）から（c）の規定において、賃借人は、
共同保有権区分に関して、1996 年家族法（Family Law Act 1996）（第 27 号）
第 30 条第 2 項（婚姻住宅又は民事パートナーシップ住宅に関する権利）の意味に
おける住宅権（home rights）を有する者を含む。
　(a)　第 19 条
　(b)　第 35 条
　(c)　第 37 条

（助言等）
第 62 条（1）国務大臣は、次に掲げる（a）又は（b）について情報、訓練又は全
般的な助言を提供した者に対して、並びに次に掲げる（a）又は（b）に関連する
紛争解決サービスに対して、財政的援助を与えることができる。
　(a)　居住問題に関する共同保有権不動産の法律の解釈
　(b)　共同保有権不動産及び居住問題に関するその他の事項
(2)　本条に基づく財政的援助は、国務大臣が適切であると判断する形式及び内容
　　において与えることができる。
(3)　当該内容は、特に、特定の状況における返還を要求することができる。

(国王)

第63条　本法第1部は、国王を拘束する。

総則

(命令及び行政規則)

第64条（1）本法第1部において「所定の（prescribed）」とは、行政規則による所定をいう。

（2）本法第1部に基づく行政規則は、国務大臣によって定められるものとする。

（3）本法第1部に基づく行政規則は、次に掲げる（a）から（e）のとおりとする。

　（a）命令（statutory instrument）により定められる。

　（b）付随的、補足的、間接的、過渡的な規定を含むことができる。

　（c）一般的な規定又は特定の事項にのみ関する規定を定めることができる。

　（d）異なる目的のための個別の規定を定めることができる。

　（e）両院の決議に従って無効とされるものとする。

(登記手続)

第65条（1）国務大臣は、次に掲げる（a）及び（b）の事項について準則（rules）を定めることができる。

　（a）共同保有権登記文書（commonhold registration documents）に伴う手続き又は同文書に関する手続き

　（b）共同保有権不動産上の自由土地不動産権の登記

（2）本条に基づく準則は、次に掲げる（a）から（c）のとおりとする。

　（a）2002年不動産登記法（第9号）の意味における不動産登記準則（land registration rules）と同じ方法で、命令により定められるものとする。

　（b）不動産登記準則に定められる事項又は同準則により定めることができる事項について、規定を定めることができる。

　（c）不動産登記準則が不動産登記法により又は同法のためになされた事項に関して効力を有するのと同じように、不動産登記準則が本法第1部により又は本法第1部のためになされた事項に関してもその効力を有すると定めることができる。

（3）本条に基づく準則は、特に、次に掲げる規定を定めることができる。

　（a）共同保有権登記文書の書式及び内容についての規定

(b) 特定の状況において、登記官が本法第1部による登記申請を却下すること を可能とする規定

(c) 登記申請に伴って提出される図面（plans）が（共同保有権共同体宣言書の 一部として提出されているか、その他の一部として提出されているかにかかわ らず）十分な明確性又は正確性を欠くと登記官が判断する場合は特に、登記官 は、本法第1部により登記申請を却下することを可能とする規定

(d) 共同保有権登記文書及び一般登記文書は、登記官によって取り扱われるべ きであるとする命令についての規定

(e) 準則に従って決定された期日又は日時以後に登記の効力が（遡って生ずる か否かにかかわらず）生ずるとする規定

(4) 準則は、文書が添付される本法第1部による登記申請のための要件の充足に ついての規定をも定めることができる。特に、準則は、次に掲げるとおりとする。

(a) 原本に代えて又は原本に追加して、文書の写しが提出されることを許可又 は要求することができる。

(b) 写しが特定の方法で証明されるものであることを要求することができる。

(c) 電磁的方法による文書の提出を許可又は要求することができる。

(5) 共同保有権登記文書は、2002年不動産登記法（第9号）第102条（手数料 命令）に基づく命令によって、その目的のために指定される手数料（必要な場合） を添えて提出されなければならない。

(6) 本条において、「共同保有権登記文書」とは、本法第1部により登記官に提出 された登記申請その他の文書をいい、「一般登記文書」とは、2002年不動産登 記法の規定に基づいて登記官に提出された文書をいう。

（裁判権）

第66条 (1) 本法第1部において、「裁判所」とは、高等法院（High Court）又 は県裁判所（county court）をいう。

(2) 裁判所に裁判権を付与する本法第1部により定められた規定又は本法第1部 に基づいて定められた規定は、1990年裁判所及び法律扶助法（Courts and Le- gal Services Act 1990）（第41号）第1条（高等法院と県裁判所の業務配分） に基づく規定に従うものとする。

(3) 裁判所に裁判権を付与する本法第1部に基づく権限は、制定法に基づいて設 立された審判所（tribunal）に裁判権を付与する権限を含む。

(4) 裁判所の準則又は審判所のための手続きの準則は、次に掲げる（a）又は（b）による法的手続きのための規定を定めることができる。

　(a) 本法第1部の規定に基づく法的手続き又は本法第1部の規定による法的手続き

　(b) 共同保有権不動産に関する法的手続き

（登記簿）

第67条（1）本法第1部において、「登記簿」とは、2002年不動産登記法第1条に基づいて管理される自由土地保有権不動産及び不動産賃借権不動産に対する権原の登記簿をいい、「登記された」とは、登記簿に登記されることをいい、並びに「登記官」とは、主席不動産登記官（Chief Land Registrar）をいう。

(2) 本法第1部の規定に基づく規則は、登記官に（裁量的な職務権限を含め）職務権限を付与することができる。

(3) 登記官は、本法第1部に基づき又は本法第1部により、登記官に与えられた又は登記官に課せられた指示又は要求に従うものとする。

(4) 本法第1部に関連してなされた又はなされるものとされていた事項の結果として、又は当該事項の目的のために、登記官が適切であると判断した場合、登記官は、次に掲げるとおりとする。

　(a) 登記簿に記録すること又は記録を抹消することができる。

　(b) その他の措置を講ずることができる。

(5) 前項は、第6条第2項に従う。

（修正）

第68条（1）付則5（結果的修正）は、その効力を有するものとする。

（解釈）

第69条（1）本法第1部において、「法律的文書」とは、あらゆる文書を含み、並びに「目的」とは、共同保有権組合に関しては、当該組合の定款に記載された目的（2006年会社法（Companies Act 2006）第31条参照）をいう。

(2) 本法第1部において、次に掲げる（a）及び（b）のとおりとする。

　(a) 保険契約義務（duty to insure）とは、建替え（rebuilding）又は復旧（re-instating）の目的のために保険受取金（proceeds of insurance）を利用する

義務を含む。

(b) 財産の維持とは、財産を装飾すること及び財産を良好な状態に保つことを含む。

(3) 用語を定義する 1925 年財産権法（Law of Property Act 1925）（第 20 号）、2006 年会社法（第 6 号）又は 2002 年不動産登記法（第 9 号）の規定は、反対の意思が表示されない限り、本法第 1 部における用語の使用に適用するものとする。

（定義された用語の索引）

第 70 条　本法第 1 部において、次に列挙された用語は、特定の条文によって定義される。

用語	解釈条文
共用部分（Common part）	第 25 条
共同保有権（A commonhold）	第 1 条
共同保有権組合（Commonhold association）	第 34 条
共同保有権共同体宣言書（Commonhold community statement）	第 31 条
共同保有権不動産（Commonhold land）	第 1 条
共同保有権区分（Commonhold unit）	第 11 条
裁判所（Court）	第 66 条
支払可能宣言（Declaration of solvency）	第 43 条
開発業者（Developer）	第 58 条
開発事業（Development business）	第 58 条
権限行使（Exercising functions）	第 8 条
支払不能共同保有権組合（Insolvent commonhold association）	第 50 条
法律的文書（instrument）	第 69 条
保険（Insure）	第 69 条
共同区分所有者（joint unit-holder）	第 13 条
清算人（Liquidator）（第 44 条～第 49 条）	第 44 条
維持（Maintenance）	第 69 条
目的（Object）	第 69 条
所定の（Prescribed）	第 64 条

第Ⅳ章　アメリカ法

創価大学法科大学院教授

花房　博文（翻訳・解説）

1. Uniform Common Interest Ownership Act 2014 final 修正版（主要規定抜粋）

翻訳が難解な用語について

① 区分所有法が1棟の建物単位の団体管理を想定しているのに対し、コンドミニアムは敷地共有関係を前提とした所有者の共同管理を想定している点から、コンドミニアムを区分所有建物やマンションという用語に置き換えることはしない。

　共同財産所有法（UCIOA）では、コンドミニアム（condominium community）と、共同出資者によるコオポラティブ（cooperative community）と、計画的な土地一体開発による共同財産（plat and plan community）とを統合整理した法典構成である点との決定的な相違から、これらの形態は、原語のままを用いてその旨を解説したい。特に、これらの語に"community"や"project"を添えて表現されている場合には、定義規定によれば、団体組織や企画を指すのではなく、当該不動産財産（有体物としての不動産のみならず不動産に付随する財産価値それ自体も含まれる。）を意味する。

② 我が国では、区分所有法3条の団体を、法人格の有無によって管理組合法人または（法人格のない）管理組合と称するが、アメリカ法では、管理主体は所有者を構成員とする団体である点は異ならないが、組合（partnership）法の要件を具備しないと組合と称せず、また、所有者団体であるが、団体管理を内容とするため、"association"を管理組合とはせずに「管理団体」と訳する。また、"unit owners association"は「専有部分所有者団体」であるが、管理主体としての所有者団体を指しているので、これも「管理団体」と置き換えている。

③ UCIOAでは、"unit"は「処分単位」と想定されるが、定義規定によれば、区分所有建物の専有部分に該当する部分であるため、「共用部分」との区別から「専有部分」と訳する。

④　"interest"も「利益」のみを指すのではなく、利害関係に基づいて割り当てられた権益、権利、義務、負担等も含んだ「持分権」としての不動産権の内容として使われているので、そのように訳す。

⑤　"assets（or assessment）"も、直訳は「資産の評価・査定」ではあるが、専有部分所有者が、管理団体に対して、共用部分の維持管理として出資、徴収される諸費用の金銭及び修繕積立金が含まれ、また、管理費等の徴収されるべき負担も含められることから適宜に訳を変更する。

⑥　その他、モデル法や州法典の体系構成レベルが、我が国の実体法の構成レベルよりも階層が多いので、翻訳の対象となる規定レベルを「条」に、次の下位項目を「項」と表記し、それに伴って文中に参照される規定の訳語を補足する。

⑦　モデル法内での挿入指示［ ］は〔 〕、強調" "は「 」、原語表記は（ ）によって示す。

統一共同財産所有権法 2008 最終
UNIFORM COMMON INTEREST OWNERSHIP ACT 2008 FINAL

1-103 条　定義（DEFINITIONS.）

本〔法〕において

(1)「宣言者による連携組織（Affiliate of a declarant）」とは、管理する者、管理される者、あるいは宣言者と共に共同管理のもとにある者を意味する。

　　この定義の目的のために

　(A) 人の場合であれば、宣言者を管理する者は、

　　(i) 一般の構成員、役員、理事、または宣言者の雇用人であり、

　　(ii) 直接的、間接的に、1 人または複数の他の者と共同して、1 つまたは複数の従属機関を通じて行動し、所有し、管理し、議決権を有し、代表権を有し、宣言者の議決権の 20% 以上を有する。

　　(iii) 宣言者の理事の過半数の選挙による方法によって管理する。または

　　(iv) 宣言者の資本の 20% 以上を出資している者によって管理する。

　(B) 宣言者の場合には、宣言者によって管理される者は、

　　(i) 一般の構成員、役員、理事、それらの者の雇用人であり、

　　(ii) 直接的、間接的に、1 人または複数の他の者と共同して、1 つまたは複数の従属機関を通じて行動し、所有し、管理し、議決権を有し、代表権を有し、

構成員の議決権の 20% 以上を有する。

(iii) 宣言者である理事等の過半数による選考方法で管理する。または

(iv) 宣言者の資本の 20% 以上を出資している者によって管理する。

(C) 本段に記載された権限が、義務の保証として個別的なものであれば、管理は存在せず、実行されない。

(2)「持分権 (allocated interest)」とは、以下に示す各専有部分に割り当てられた権利を意味する。

(A) コンドミニアム (condominium) の場合は、共用部分 (common elements) の分割できない権利 (the undivided interest)、共用費の負担 (common expense liability)、及び管理団体の議決権 (votes in the association)。

(B) コオポラティブ (cooperative) の場合は、共用費の負担、所有権の持分 (the ownership interest)、及び管理団体の議決権。そして

(C) 計画的共同財産 (planned community) の場合は、共用費の負担、管理団体の議決権。

(3)「評価額 (assessment)」とは、3-115 条に基づいて管理団体に対して各専有部分に帰属する金銭をいう。

(4)「管理団体 (association)」または「専有部分所有者団体 (unit owners association)」とは、3-101 条に基づいて組織された専有部分所有者等の管理団体を意味する。

(5)「規約 (bylaws)」とは、名称に関係なく、管理団体が組織された形態にかかわらず、管理団体に関する運営 (conduct) のための手続を含んだ法文書 (instruments) を意味し、その法文書のあらゆる修正も含む。

(6)「共用部分 (common elements)」とは、次を意味する。

(A) 以下の場合には、

(i) コンドミニアムまたはコオポラティブでは、専有部分以外の共同財産のすべての部分。

(ii) 計画的共同財産 (planned community) では、団体によって所有または賃貸借されている、計画的共同財産内の専有部分以外のあらゆる不動産。そして

(B) すべての共同財産 (common interest communities) において、宣言文書の対象となる専有部分所有者の利益のための不動産に対する他の財産権。

(7)「共用費の負担（common expense liability）」とは、2-107 条に従って各専有部分に割り当てられる共用費に対する負担責任を意味する。

(8)「共用費（common expenses）」とは、あらゆる留保すべき割当（allocation to reserves）を含む、管理団体の支出または経済的負担（financial liabilities）を意味する。

(9)「共同財産（common interest community）」とは、人が専有部分の所有権を有することにより、その者が、不動産税（real estate tax）、保険料（insurance premiums）、維持（maintenance）、改良（improvement）、サービス（services）、または、その他、共用部分、他の専有部分、またはその他の不動産に関する宣言文書に記載された不動産に関連する他の費用の、その持分について支払う義務を負う旨が宣言文書に記載された、不動産を意味する。

　「共同財産」の用語には、1-209 条また 1-210 条に記載されている取り決め（arrangement）は含まれていない。

　本項の目的として、専有部分の所有権には、専有部分の［20］年以下の賃借権の保有は、更新特約がなされている場合も含めて、含まれない。

(10)「コンドミニアム（condominium）」とは、不動産の一部が別々の所有権のために指定され（designated）、不動産の残余部分（remainder）が、それらの部分の所有者による共同所有権だけである、と指定される共同財産を意味する。共用部分について分割されない権限が専有部分の所有者に既得していない限り、当該共同財産は、コンドミニアムではない。

(11)「再生建物（conversion building）」とは、購入者や購入者の同意を得た占有者以外の者によって、全部または一部が占有された共同財産が創設（create）される以前の建物を意味する。

(12)「コオポラティブ（cooperative）」とは、管理団体によって所有される共同不動産（権）を意味する。その構成員には、各構成員の管理団体における所有権によって、専有部分の独占的占有が認められる。

(13)「分譲業者（dealer）」とは、その者のために、専有部分の販売業を行う者をいう。

(14)「宣言者（declarant）」とは、以下に関連する行為を行う者、あるいはその者の集団を意味する。

　(A) 共同の販売促進計画の一環として、以前に譲渡されていなかった専有部分の権利を、人または人の集団に譲渡する申込の募集（offers）［または］

(B) 特別の宣言者の権利の留保（reserves）または承継（succeeds）〔または〕

(C)〔本法 5 編〕に基づく共同財産の登録の申請

(15)「宣言文書（declaration）」とは、その名称に関係なく、当該法文書の修正を含む共同財産を創設、その修正する法文書を意味する。

(16)「開発権（development rights）」とは、以下のように、宣言文書の中に、宣言者によって留保された権利または権利の組み合わせ（combination）を意味する。

(A) 共同財産に不動産を追加する。

(B) 共同財産のなかで、専有部分、共用部分、専用使用部分（limited common elements）を創設する。

(C) 専有部分を分割するか、専有部分を共用部分に転換する。

(D) 共同財産から不動産を撤回すること。

(17)「処分（dispose or disposition）」とは、購入者に対する、あらゆる法的あるいは衡平法上の専有部分の財産権を任意に譲渡することを意味するが、この用語には約定担保権の譲渡や放棄は含まれない。

(18)「理事会（執行委員会（executive board））」とは、名称の如何にかかわらず、宣言文書または規約において指名された管理団体のために行動する主体を意味する。

(19)「識別番号（identifying number）」とは、共同財産内の 1 つの専有部分のみを識別する記号または所在場所を意味する。

(20)「共同財産の賃貸借（leasehold common interest community）」とは、不動産の全部または一部が賃貸借の対象となる共同財産を意味し、その期間満了（expiration）または終了（termination）は、共同財産を終了するか、その規模を縮小（reduce）する。

(21)「専用使用部分（limited common element）」とは、宣言文書または、2-102 条（2）項、同条（4）項の適用によって、1 つの専有部分のために、あるいは、専有部分全部よりも少ない数の複数の専有部分の排他的使用のために、割り当てられる共用部分の一部を意味する。

(22)「マスター管理団体（master association）」とは、3-101 条に記載されている管理団体に該当するか否かにかかわらず、2-120 条に記載された組織を意味する。

(23)「募集（offering）」とは、あらゆる人に、専有部分の権利を、債務の保証と

してではなく、獲得したいと思わせる、あらゆる広告（advertisement）、誘因
（inducement）、懇願（solicitation）を意味する。

　この州に所在しない共同財産の、新聞、一般的に流布されている定期刊行物、
一般公開されている放送媒体への広告については、もし、共同財産が所在する管
轄の法に従って、その広告が記述されていない場合には、募集ではない。

(24)「人（person）」とは、個人（individual）、法人（corporation）、事業信託
（business trust）、財産（estate）、信託（trust）、組合（partnership）、有限責
任会社（limited liability company）、協会（association）、合弁事業体（joint
venture）、公法人（public corporation）、行政府（government）、行政組織の
部局（governmental subdivision）、代理人（agency）、あるいは、仲介業者
（instrumentality）、その他の法的（legal）、商業的（commercial）実在（entity）
を意味する。

　〔土地信託（land trust）の場合であれば、この用語は、信託や受託者（trustee）
という意味よりは、むしろ、信託受益者（beneficiary of the trust）を意味する。〕

(25)「計画的共同財産（planned community）」とは、コンドミニアムやコオポ
ラティブではない形式の共同財産を意味する。コンドミニアムまたはコオポラ
ティブは、計画的共同財産の一部を構成する。

(26)「所有権的賃借権（proprietary lease）」とは、コオポラティブにおいて、構
成員に専有部分の排他的占有権限を付与する団体合意を意味する。

(27)「購入者（purchaser）」とは、宣言者、または販売業者以外の者で、自発的
な譲渡により当該専有部分について法的または衡平法上の権利を取得した者を意
味する。ただし、次の取得原因は除く。

　(A)（更新特約がある場合も含む）20年以下の賃借権、または

　(B) 債務の担保（security）として。

(28)「不動産（real estate）」とは、土地内、地上、地下に対する借地権（leasehold）
またはその他の不動産（estate）または不動産上の権益（interest）を意味し、
販売契約または譲渡手段に記載されていなくても、土地の譲渡（conveyance）
に関する慣習、一般的取扱（usage）、または法律によって、建造物（structures）、
設備（fixtures）、その他の改良（improvements）及び利益を含む。この用語に
は、上下の境界（boundaries）なしに、空気や水で満たされる可能性のあるスペー
スも含まれる。

(29)「登録（record）」とは、名詞として使用する場合、有形媒体に刻まれた情報、

あるいは、電子的または他の媒体によって蓄えられた情報で、知覚できる形式に回復できるものを意味する。

(30)「居住目的（residential purposes）」とは、住居（dwelling）、娯楽（recreational）目的、またはその両方に使用することをいう。

(31)「規則（rule）」とは、宣言文書または規約に記載されていない事項に関して、人の行為または財産の使用または外観を規定する、管理団体の方針、ガイドライン、規制、手続、規程をいう。

(32)「約定担保権（security interest）」とは、契約または譲渡によって設定された不動産または個人財産に対する不動産権を意味し、債務の弁済や履行を確保するものである。この用語には、不動産担保権（mortgage）、信託証書（deed of trust）、担保信託証書（trust deed）、担保証書（security deed）、譲渡契約（contract for deed）、不動産売買契約（sales contract）、担保設定を目的とした賃貸借（lease intended as security）、担保目的の賃貸借または賃料譲渡証書（assignment of lease or rents intended as security）、管理団体の所有権の質入れ（pledge of an ownership interest in an association）、及び債務の担保として意図された、その他の約定先取特権（consensual lien）、または権原保有契約（title retention contract）によって作成された先取特権が含まれる。

(33)「特別な宣言者権（special declarant rights）」とは、以下のような、宣言者の利益のために留保された権利を意味する。

(A) 宣言文書にファイルされた計画図版に示された改良、または、コオポラティブの場合には、本法4-103条（a）項（2）に基づく公募文書に記載されている改良を完了すること。

(B) 開発権を行使すること。

(C) 販売事務所、管理事務所、共同財産を宣伝する看板、及びモデル財産を維持すること。

(D) 共同財産内または共同財産に追加される可能性のある不動産内で改良する目的で、共用部分を通じて地役利用すること。

(E) 共同財産をマスター管理団体の対象にすること。

(F) 同じ形態の所有権を持つ別の共同財産と当該共同財産を混同（merge）または統合（consolidate）すること。

(G) 管理団体またはマスター管理団体の役員、あるいは宣言者が管理する期間の理事を、任命（appoint）または解任（remove）すること。

(H) あらゆる建築、設計審査（design view）、または美観基準（aesthetic standards）の委員会活動や手続を行うこと。

(I) 役員会や理事会を除いた、専有部分所有者の集会に出席すること。

(J) 専有部分所有者と同じ範囲で管理団体の登録にアクセスすること。

(34)「タイムシェア（time share）」とは、不動産または共同財産またはそれらの特定な部分と相俟っているか否かにかかわらず、1または数個の専有部分を、少なくとも［5］年以上の期間にまたがり、［5回］以上、更新特約も含めて、占有する権利を意味する。

(35)「専有部分（unit)」とは、区分された所有権または占有のために指定された共同財産の物理的な部分を意味し、その境界は、2-105条（a）項（5）に従って記述される。

　コオポラティブの専有部分が、専有部分所有者によって所有されているか、または、専有部分所有者の意思に基づいて売却、譲渡されるか、意思に関係なく担保設定されるか、または他の方法による移転がなされた場合、当該専有部分の所有、売却、譲渡、担保設定、またはその他の方法で移転された専有部分についての権利は、その専有部分の割り当てられた権利と相俟った所有権的賃貸借として専有部分を占有する権利であり、当該専有部分に対する管理団体の権利は影響を受けない。

(36)「専有部分所有者（unit owner）」とは、専有部分を所有する宣言者または他の者、または共同財産の賃貸借に基づく専有部分の賃借人で、その賃貸借が、専有部分の期限や終了が当該共同財産から専有部分を解除する期限と同時である専有部分の賃借人を意味するが、単に債務の保証としてのみ、当該専有部分に不動産権を持つ者は含まれない。

　コンドミニアムまたは計画的共同財産では、宣言文書によって創設された専有部分の所有者は宣言者である。

　コオポラティブでは、宣言者は、その専有部分が他の者に譲渡されるまで、当該専有部分に割り当てられた不動産権について、どの専有部分についても、当該専有部分所有者として扱われる。

1-104条　合意による変更の禁止（NO VARIATION BY AGREEMENT.)

　本［法］で明示的に規定されている場合を除き、規定の効力は合意によっても変更されず、その権利は放棄されない。1-207条に別途に規定されている場合を除き、

本法または宣言文書の制限または禁止を回避するために、宣言者は委任状のもとで行動したり、他の手段を使用したりすることはできない。

1-107条　公用収用（EMINENT DOMAIN.）

(a) 専有部分が収用権によって取得された場合、あるいは専有部分の一部が、宣言文書によって許可されたあらゆる目的で、実質的または合法的に使用されない可能性のある残部を専有部分所有者に残して公用収用されたときは、この裁定額には、共用部分が取得されるかどうかにかかわらず、その専有部分とその割り当てられた権利に対する専有部分所有者への補償を含める必要がある。

　取得時に、判決（decree）に別途規定されていない限り、それらの専有部分に割り当てられた権利は、取得前にそれらの専有部分のそれぞれに割り当てられていた権利に比例して、残された専有部分に自動的に再配分され、管理団体は速やかに再割当を反映した宣言文書の修正を準備、実行、及び記録する必要がある。専有部分の一部が本条のもとで取得された後に、残っている専有部分の残余部は、その後は共用部分である。

(b) 本条（a）項に規定されている場合を除き、専有部分の一部が収用権によって取得された場合、その裁定額は、共用部分が取得されるかどうかにかかわらず、専有部分とその共用部分の持分権の価値の減少に対して専有部分所有者に補償する必要がある。判決で別途に規定されていない限り、(i) その専有部分に割り当てられた権利は、専有部分の大きさの減少に比例して、または宣言文書で指定されたその他の基準に基づいて減少する。そして、(ii) 部分的に取得した専有部分から剥奪された割り当てられた権利の部分は、取得前にそれらの専有部分のそれぞれに割り当てられた権利に比例して、その専有部分と残りの専有部分に自動的に再割当され、部分的に取得された専有部分は、その割り当てられた権利の減少に基づいて再割当に参加する。

(c) 共用部分の一部が収用権によって取得された場合、取得された共用部分に帰する（attributable）と考えられる裁定額部分については、管理団体に対価が支払われなければならない。宣言文書に別途規定していない限り、専用使用部分の獲得に帰する裁定額も、取得時にその専用使用部分が割り当てられた専有部分の所有者の間で均等に分割されなければならない。

(d) 裁判所の判決は、共同財産の一部が所在するすべての〔郡（county）〕に記録されなければならない。

1-108条　適用される法律の補足的な一般原則（SUPPLEMENTAL GENERAL PRINCIPLES OF LAW APPLICABLE.)

　団体法を含む成文法及び衡平法の原則［、］［及び］、この州の法律によって承認されたその他の組織形態［、及び非法人団体］、不動産法、契約する能力に関する法、本人と代理人、土地収用（eminent domain）、禁反言（estoppel）、詐欺（fraud）、虚偽表示（misrepresentation）、強迫（duress）、強制（correction）、錯誤（mistake）、倒産管理（receivership）、実質的履行（substantial performance）、またはその他の有効性（validating）または無効性を含む法と衡平性の原則は、本［法］に矛盾する（inconsistent）範囲を除いては、本［法］の規定を補完する。

1-113条　誠実義務（OBLIGATION OF GOOD FAITH.)

　本［法］に基づいて規律されるすべての契約または責任は、その履行または執行において誠実な義務（obligation of good faith）を課する。

1-114条　惜しみなく執行される救済（REMEDIES TO BE LIBERALLY ADMINISTRATED.)

　本［法］に規定される救済は、不当に侵害を受けた当事者（the aggrieved party）が、相手が完全に履行した（fully performed）かのように良好な立場に置かれるまで惜しみなく執行されなければならない。ただし、本［法］または他の法規に特別に規定されている場合を除き、重大、特別、または懲罰的な損害賠償は与えられない。

第2編　共同財産の創設、譲渡、終了（ARTICLE 2 CREATION, ALTERATION, AND TERMINATION OF COMMON INTEREST COMMUNITIES)

2-101条　共同財産の創設（CREATION OF COMMON INTEREST COMMUNITIES.)

(a) 共同財産は、本［法］に従って、捺印証書と同じ方法で実行された宣言文書を登録して創設することができる。コオポラティブの場合には、管理団体に対する宣言文書に従って不動産を譲渡することによって創設することができる。

　共同財産のどの部分でも、その部分が所在する全ての［郡］に宣言文書と図版

を登録する必要がある。そして、共同財産の名称と管理団体の名称を〔譲受人の索引（grantee's index）に〕索引を付け、宣言文書を執行する各人の名前を〔譲渡人の索引（grantor's index）に〕索引を付けなければならない。

(b) コンドミニアムの場合には、宣言文書、宣言文書の修正、専有部分の追加は、(i) 専有部分を含み、専有部分を構成しているすべての建物のすべての構造的な構成要素や技術的システムが、その計画通りに、実質的かつ完全に造られていると、独立に〔登録された（registered）〕設計士、測量士、建築者によって完成に至った旨を、登録された証明書によって証明されない限り〔、または (ii) 代理人が宣言文書や 5-103 条 (b) 項に規定される方法での修正を承認しない限り〕登録できない。

2-102 条　専有部分の境界（UNIT BOUNDARIES.）

宣言文書によって規定される場合を除き、

(1) 壁、床、または天井が、専有部分の境界として指定されている場合、すべての木舞（lath）、下地材料（furring）、壁板、石膏ボード（plasterboard）、石膏、羽目板（paneling）、タイル、壁紙、塗料、完成した床（finished flooring）、及びその他の建築材（materials）が専有部分の一部であり、壁、床、または天井の他のすべての部分は、共用部分の一部である。

(2) 傾斜板（chute）、煙管（flue）、ダクト、ワイヤ、導管（conduit）、ベアリング壁、ベアリングカラム（bearing column）、またはその他の設備（fixture）が専有部分の指定された境界内及び部分的に外側にある場合、その専有部分にのみ使用する部分は、その専有部分にのみ割り当てられた専用使用部分であり、その部分は共用部分の一部である。

(3) 本条 (2) 項に基づき、すべての空間、内部区画、及び専有部分の境界内のその他の備品及び改良部分（improvements）は専有部分の一部である。

(4) シャッター、日除け（awnings）、窓箱、玄関、玄関前階段、ストープ（stoops）、ポーチ（porches）、バルコニー（balconies）、中庭（patios）、及び単一の専有部分に供するように設計されたすべての外部扉及び窓、またはその他の設備は、専有部分の境界外に位置し、その専有部分に独占的に割り当てられた専用使用部分（limited common elements）である。

2-103条　宣言文書と規約の解釈と有効性（CONSTRUCTION AND VALIDITY OF DECLARATION AND BYLAWS.）

(a) 宣言文書や規約のすべての規定は分離可能である。

(b) 規則は、宣言文書や規約の規定を破るための適用は永久にされない。

(c) 宣言文書と規約との間に矛盾がある場合は、宣言文書が本［法］と抵触する場合を除いて、宣言文書が優先される。

(d) 専有部分と共用部分を区別しない権原や、その他、本［法］に従った宣言文書を実質的に損なわせる理由によっては影響を受けない。市場価値を実質的に害するか否かの判断は、本［法］によっては影響を受けない。

2-104条　専有部分の記述（DESCRIPTION OF UNITS.）

　共同財産の名前、宣言文書の［登録データ］、共同財産の所在する［郡］、及び専有部分の識別番号を定めた専有部分の記述は、専有部分とその専有部分に対するすべての権利、義務、及び従たる権利に関して、宣言や規約によって創設された専有部分について法的に十分な説明である。

2-105条　宣言文書の内容（CONTENTS OF DECLARATION.）

(a) 宣言文書には以下が含まれている必要がある。

　（1）共同財産とその管理団体の名前と、共同財産が、コンドミニアム、コオポラティブ、計画的共同財産のいずれであるかという記述。

　（2）共同財産のあらゆる部分が所在するすべての［郡］の名前。

　（3）共同財産に含まれる不動産の法的記述。

　（4）宣言者が追加創設する権利を留保している専有部分の最大数の記述。

　（5）コンドミニアム、計画的共同財産の場合は、宣言文書により創設された各専有部分の境界の記述、専有部分の識別番号を含み、また、コオポラティブの場合は、宣言文書によって創設された各専有部分の、図面や計画による説明文書、もし、複数の専有部分を含む建物であるときは、専有部分の識別番号、その大きさ、部屋数、建物内での場所を含む。

　（6）2-102条（2）項、同条（4）項に特定されたもの以外のいかなる専用使用部分も、2-109条（b）項（10）に規定されたものとして、計画的共同財産にあっては、共用部分または共用部分になるべき旨の記述。

　（7）開発権が留保された不動産を除くどの不動産も専用使用部分として付随的に

割り当てられる旨の説明、専用使用部分として割り当てられる旨の記述とともに 2-102 条（2）項及び同条（4）項で指定された別の専用使用部分の説明。

(8) 宣言文書によって留保された開発権、その他の特別の宣言者の権利についての説明、当該不動産にそれらの権利が適用され、それらの権利が実行されなければならない時間的制限についての法的に十分な説明とともに。

(9) 異なる時期に不動産の異なる区画に関して開発権が行使される可能性がある場合は、その旨を次のとおりに記述する。

　　(A) これらの部分の境界を確定し、それらの部分が各開発権の行使に従う順序を規制する説明、または、それらの点に関して確実ではない旨の説明のいずれか。そして

　　(B) その開発権の対象となる不動産のいずれかの部分に対して開発権が行使された場合、その開発権は、当該不動産の残余部分の全部または他の部分で行使されなければならないか否かに関する説明。

(10) (8) 項に記載されている権利が行使されたり失効されたりする他の条件または制限。

(11) 2-107 条に記載されている方法で割り当てられた各専有部分の割当。

(12) 専有部分の譲渡（alienation）についてのあらゆる制限、3-120 条（d）項に従って理事会が課す賃貸専有部分の制限を超える賃貸借の制限を含む、及び専有部分を販売できる金額、または、専有部分の販売、収用宣告（condemnation）、自然災害（casualty loss）または共同財産の解消によって、専有部分所有者が、当該専有部分または共同財産について受け取る金額に対する制限。

(13) 共同財産あるいは共同財産の一部に付随する、あるいは宣言文書に留保された理由によって従属することになる、登録された用益権及びライセンスについての〔登録データ〕。

(14) 3-106 条、3-120 条に規定されている、管理団体が建設基準及び設計基準及び審美基準を確立、実施する場合のあらゆる公認事項。

(15) 2-106 条、2-107 条、2-108 条、2-109 条、2-115 条、2-116 条、及び 3-103 条のもとで必要なすべての事項。

(b) 宣言文書には、専有部分の使用制限、専有部分を占有する可能性のある者の数またはその他の資格を含む、宣言者が適切と考えるその他の事項を含めることができる。

2-108 条　専用使用部分（制限的共用部分（LIMITED COMMON ELEMENTS））

(a) 2-102 条（2）項及び同条（4）項に記述される専用使用部分を除き、宣言文書は、各専用使用部分が割り当てられる専有部分を特定する必要がある。

　　専用使用部分の割当は、影響を受ける専有部分の所有者の同意なしに変更することはできない。

(b) 宣言文書として別途規定される場合を除き、専用使用部分は、再割当が行われる専有部分の所有者間またはその中で実行された宣言文書の修正によって再割当することができる。

　　修正を行う者は管理団体にその複写を提供し、それを登録しなければならない。修正は、当事者と共同財産の名前で登録されなければならない。

(c) 以前には専用使用部分として割り当てられていなかった共用部分は、2-105 条（a）項（7）に従って作られた宣言文書の規定に基づいてのみ割り当てることができる。割当は、宣言文書の修正によって行わなければならない。

2-110 条　開発権の行使（EXERCISE OF DEVELOPMENT RIGHTS.）

(a) 2-105 条（a）項（8）のもとで留保されている開発権を行使するには、コンドミニアムまたは計画的共同財産の場合は、宣言者は、2-109 条に従って、宣言文書及び図版の修正を準備し、実行し、登録する必要がある。宣言者は、創設された専有部分の所有者である。宣言文書の修正では、創設された新しい専有部分ごとに識別番号を割り当て、本条（b）項に記述されている専有部分の分割、組み合わせ、または変換の場合を除き、割り当てられた利害関係をすべての専有部分に再割当する必要がある。

　　修正には、創設された共用部分と専用使用部分を記述し、専用使用部分の場合は、それぞれが 2-108 条（専用使用部分）のもとで必要な範囲に割り当てられる専有部分を指定する必要がある。

(b) 不動産に 2-105 条または 2-106 条のもとで必要なすべての事項が含まれ、図版の修正には 2-109 条に必要なすべての事項が含まれると付け加えた場合、開発権は共同財産に追加された不動産内で留保することができる。

　　本規定は、2-105 条（a）項（8）に基づく宣言文書によって課せられる開発権の行使に対する制限時間を延長しない。

(c) 宣言者が開発権を行使した場合、以前に作成した専有部分を追加の専有部分ま

たは共用部分、またはその両方に細分化、結合、または変換する権利。

(1) 宣言者が専有部分を完全に共用部分に変換する場合、宣言文書の修正は、その専有部分が（1-107 条）の収用権によって取得されたかのように、その専有部分のすべての割り当てられた権利を他の専有部分の間で再割当する必要がある。または

(2) 宣言者が専有部分の一部を共用部分に変換するか否かにかかわらず、専有部分を 2 つ以上の専有部分に細分化する場合、宣言文書の修正は、その専有部分の割り当て済み利益をすべて、その宣言文書によって規定された妥当な方法で、その区画によって作成された専有部分の中に再割当する必要がある。

(d) 2-105 条（a）項（8）に従い、宣言文書が、当該不動産の全部または一部が、本法の適用を撤回する権利を受けることを規定する場合。

(1) すべての不動産が撤回の対象の場合、宣言文書が、その権利の対象となる不動産を区別した部分を記述していないときは、専有部分が購入者に譲渡された後は、当該不動産はいずれも撤回できない。

そして

(2) 不動産の一部が撤回の対象となる場合、その部分の専有部分が購入者に譲渡された後は、撤回はできない。

2-117 条　宣言文書の修正（AMENDMENT OF DECLARATION.）

(a) 2-109 条（f）項、または 2-110 条に基づく宣言者、1-107 条、2-106 条（d）項、2-108 条（c）項、2-112 条（a）項、2-113 条に基づく管理団体、2-108 条（b）項、2-112 条（a）項、2-113 条（b）項、2-118 条（b）項に基づく一定の専有部分所有者、及び（d）項、（f）項、（g）項、及び（h）項による制限を除いて、本項の宣言文書は、すべてまたは一部の事項に対する修正が、他の割合が指定されていない限り、管理団体の議決権の少なくとも［67］％が割り当てられる専有部分の所有者の決議または同意によってのみ修正することができる。宣言文書にその有効性の条件として、別の者の承認が必要とされる場合には、その承認なしに修正は有効とはならない。

(b) 本項に従って管理団体が採択した改正の有効性については、その修正が登録されてから 1 年以上を経ると、その有効性を争う訴訟はできない。

(c) 宣言文書の修正は、共同財産の一部が所在し、登録時にのみ有効であるすべての［郡］で登録されなければならない。

　2-112 条（a）項に従った修正を除き、かかる修正は、共同財産と管理団体の名称で［譲受人の索引中に］、修正を実行する当事者の名前で［譲渡人の索引中に］索引を設ける必要がある。

(d) 本［法］の他の規定によって明示的に許可または要求される範囲を除き、修正は、特別の宣言者を創設または追加したり、専有部分数を増やしたり、専有部分の境界を変更したり、専有部分所有者の全員の同意なしに専有部分の割り当てられた権限を変更することはできない。

(e) 本［法］に従い管理団体によって登録することが求められた宣言文書の修正は、その目的のために選任された管理団体の役員によって、また、選任を欠く場合には、管理団体の理事長によって、管理団体の代表として、準備、実行、登録、証明されなければならない。

(f) 宣言文書の修正は、専有部分で認められていた使用や行動を禁止したり、実質的に制限したり、または、専有部分を占有する者の数や資格を定めたりすることにつき、管理団体の構成員に割り当てられた議決権の少なくとも 80% 以上、宣言文書に、それより大きな割合の合意が必要である旨や、かかる修正によって影響を受ける特定の専有部分のグループの専有部分所有者の議決権の少なくとも 80% 以上の決議または同意が必要である旨が規定されていない限り、決議または同意のみで修正できる。

　本条に基づく修正は、修正が採用されたときに認められていた使用や占有に対して合理的な保護を規定しなければならない。

(g) 管理団体の議決権の少なくとも 80% を有する者が、宣言者が所有していない専有部分に割り当てられた議決権の 80% も含んで、合意すれば、2-105 条（a）項（8）に基づく宣言文書で指定された留保された開発権を行使しなければならない期限を延長することができ、また、追加の開発権を創設することができる。

　この修正合意は、修正によって影響を受ける特別な宣言者権を有するすべての者、その権利に約定担保権上の利益を有するすべての者が、30 日以内に書面によって異議を登録しない限り、合意内容を反映した宣言文書の修正が登録されてから 30 日後に発効する。ただし、彼らが異議を登録した場合には、その修正は無効となる。

　また、修正が登録された時点において彼らが書面で同意した場合には、修正は登録時に有効となる。

(h) 期限のない特別な宣言者権を創設している宣言文書の規定は、その宣言者の同

意なしに修正することはできない。

(i) 本〔法〕または宣言文書の規定が、宣言文書の修正の有効性の条件として専有部分の約定担保権者の同意を必要とする場合、管理団体が所有者または郵便物が規定する通知の住所で修正案の通知を提出してから、または、その住所で、認定郵便、返送領収書、その住所によって所有者への通知をしてから60日以内に管理団体が登録に同意することを拒否した場合、同意が認められたとみなされる。

所有者が管理団体に通知するための住所を規定していない場合、管理団体は、登録に記載されている約定担保権者の住所に通知する必要がある。

(j) もし、宣言文書に、その修正は、管理団体の80%以上の専有部分所有者の決議または合意のみによって採択できる旨が規定されている場合には、その修正は認められる。

(1)

(A) 管理団体の議決権の少なくとも80%の専有部分所有者が修正案に決議または同意する場合。

(B) 修正案に反対票を投じる専有部分所有者が一人もいない場合。そして

(C) 専有部分所有者が異議を申し立てなかったことが修正案の採択につながる可能性があるという通知を含む修正案の通知は、修正案に決議または同意していない管理団体の議決権を有する専有部分所有者に送達され、管理団体が通知を提出してから60日以内に管理団体が修正案に対する書面による異議を受け取らない場合。または

(2) 管理団体の議決権の少なくとも80%を有する専有部分所有者が修正案に決議または同意し、修正案に対して専有部分所有者の誰も反対していない、そして管理団体によって異議を主張するすべての専有部分所有者に対する〔適切な裁判所を挿入〕への提訴に従って、裁判所が、異議を主張する専有部分所有者にはそのような権利がない、他の専有部分所有者の権利とは異なるものであるとして、宣言文書の修正を求める決議が妥当であるとする場合。

2-118条　共同財産団体の解消（TERMINATION OF COMMON INTEREST COMMUNITY）

(a) 公用収用によるすべての専有部分の収用、宣言文書に優先する担保権を有するコオポラティブ全体に対する受戻権喪失手続（foreclosure）、2-124条に規定される場合を除き、共同財産は、その管理団体の議決権の少なくとも80%または

　宣言文書が定める 80% よりも大きな割合が割り当てられている専有部分所有者
の合意と宣言文書によって要求されるその他の承認がある場合にのみ解消するこ
とができる。

　　その宣言文書は、すべての専有部分が専ら非居住用の用途に制限されている場
合にのみ、80% よりも少ない割合を定めることができる。

(b) 解消合意は、必要な数の専有部分所有者による解消合意の作成、または捺印証
書と同様の方法による合意についての追認によって証明されなければならない。
解消合意は、一定の期日までに登録されなければその合意が無効となる期日を定
めなければならない。

　　解消合意、及びそれについてのすべての追認は、各共同財産団体が所在するす
べての〔郡〕で登録されなければならず、登録された場合にのみ有効である。

(c) 宣言文書で規定された水平境界を有する専有部分のみからなるコンドミニアム
または計画的共同財産の場合には、解消合意には、共同財産の、すべての共用部
分及び専有部分が、解消後に売却されなければならないことを定めなければなら
ない。

　　その合意に従って、共同財産の不動産が解消後に売却される場合には、解消合
意には売却するための最低条件を提示しなければならない。

(d) 宣言文書で規定された水平境界を有しない専有部分を含むコンドミニアムまた
は計画的共同財産の場合には、解消合意に共用部分の売却を定めることができる
が、専有部分については解消後売却されることを要求することができない。ただ
し、最初に登録された宣言文書に別段の定めがされている場合、またはすべての
専有部分所有者が売却に同意した場合にはこの限りではない。

(e) 管理団体は、専有部分所有者のため、共同財産団体の不動産の売買契約をする
ことができる。ただし、その契約は、本条（a）項及び本条（b）項に従って承
認されるまで専有部分所有者を拘束しない。

　　不動産が解消後に売却される場合、解消時の不動産上の権原は、全専有部分権
利保有者のために、受託者としての管理団体に帰属する。

　　その後は、管理団体は、売却を有効にするのに必要かつ適切なあらゆる権限を
取得する。

　　売却が実施され、その収益が分配されるまでは、管理団体は解消前に有してい
たあらゆる権限を保持・存続する。

　　売却の収益は、専有部分所有者や先取特権者等の権利の実行として、本条（h）

項、本条（i）項及び本条（j）項に従って、彼らに分配されなければならない。

　管理団体が不動産の権原を保有している限り、解消合意に別段の定めがなければ、各専有部分所有者及びその権利の承継人は、従前の各専有部分を構成していた不動産部分の排他的占有権を有する。

　また、その占有期間中、各専有部分所有者及びその権利の承継人は、本〔法〕または宣言文書によって専有部分所有者に割り当てられたあらゆる管理費（assessments）及びその他の義務を依然として負担する。

(f) コンドミニアムまたは計画的共同財産において、共同財産団体を構成する不動産が解消後売却されない場合は、共用部分の権原及び（宣言文書で規定された水平境界を有する専有部分のみからなる共同財産を含む）共同財産団体上のすべての不動産の権原は、本条（j）項に規定されるように、各権利に比例して不動産共有者（tenants in common）として、解消時の専有部分所有者に帰属し、専有部分上の先取特権はそれに応じて移転する。

　不動産共有者が存在する場合、各専有部分所有者及びその権利の承継人は、従前の各専有部分を構成していた不動産部分の排他的占有権を有する。

(g) 共同財産団体の解消後の不動産の売却益は、管理団体の資産と共に、専有部分所有者と先取特権者の権利が実現するように、彼らの受託者として管理団体が保有する。

(h) コンドミニアムまたは計画的共同財産の解消後、解消前に存在した〔登録された〕〔事件記録された〕〔判決の結果として不動産上の先取特権の対抗手続を完了するため州法に基づいて要求されるその他の手続を挿入〕によって専有部分上の先取特権を有する管理団体の債権者は、通常の先取特権者と同様の方法で当該先取特権を実行することができる。

　また、管理団体に対するすべての他の債権者は、解消直前に専有部分上の先取特権の対抗手続を完了したものとみなされる。

(i) コオパラティブの場合、宣言文書は、管理団体のすべての債権者が専有部分所有者及び専有部分所有者の債権者の権利に優先することを規定することができる。

　その場合において、解消後、解消前に存在した〔登録された〕〔事件記録された〕〔判決の結果として不動産上の先取特権の対抗手続を完了するため州法に基づいて要求されるその他の手続を挿入〕によってコオパラティブ上の先取特権を保有する管理団体の債権者は、通常の先取特権者と同様の方法で自己の先取特権を行

使することができる。

　そして、管理団体の他のすべての先取特権者は、解消直前にコオポラティブに対する先取特権の対抗手続を完了したものとみなされる。ただし、宣言文書がすべての債権者はそのような優先権を有すると定めていない場合には、以下の規定による。

（1）解消前に管理団体に対して対抗手続を完了した管理団体の各債権者の先取特権は、解消時において、先取特権の手続が完了した期日現在で専有部分上の各専有部分所有者の権利に対する先取特権になる。

（2）管理団体のその他の債権者は、解消時において、解消直前に各専有部分所有者の権利に対する先取特権の手続を完了したものとみなされる。

（3）各専有部分所有者の権利に対する本条（i）項（1）及び本条（i）項（2）に規定された管理団体の債権者の先取特権の額は、各専有部分の共用費の負担責任がすべての専有部分の共同費用の負担を負う比率に比例していなければならない。

（4）解消前に完了された各専有部分所有者の各債権者の先取特権は、先取特権の手続が完了された期日現在で当該専有部分所有者の専有部分に対する先取特権として存続する。

（5）管理団体の資産は、以上に規定された順序ですべての専有部分所有者及び先取特権者の権利が実現されるように、彼らに配当されなければならない。

（6）管理団体の債権者は、当該専有部分所有者の権利に対する債権者の先取特権の額を超えて専有部分所有者から支払を受ける権限を有しない。

（j）本条（e）項、本条（f）項、本条（g）項、本条（h）項及び本条（i）項で参照された専有部分所有者のそれぞれの権利は、以下のとおりである。

（1）本項（2）で規定される場合を除き、専有部分所有者のそれぞれの権利は、管理団体によって選任される1人以上の独立した鑑定人（appraisers）によって決定されるように、解消直前における各自の専有部分、割り当てられた権利、及び専用使用部分等の公正な市場価値（the fair market values）である。

　独立した鑑定人の決定は、専有部分所有者に分配されなければならず、分配後30日以内に、管理団体の議決権の25%が割り当てられている専有部分所有者により不承認とされない限り、その決定が最終のものとなる。

　すべての専有部分所有者の権利に対する各専有部分所有者の権利の割合は、当該専有部分所有者の専有部分とその割り当てられた権利の公正な市場価値

を、すべての専有部分とそれらの割り当てられた権利の全体の公正な市場価値
で割ることによって決定される。

(2) 一定の専有部分または専用使用部分が、公正な市場価値の鑑定を行うことが
できない程度まで損傷している場合には、すべての専有部分所有者の権利は次
のとおりである。

(A) コンドミニアムにおける解消直前のそれぞれの共用部分の権利。

(B) コオポラティブにおける解消直前のそれぞれの所有権。

(C) 計画的共同財産における解消直前のそれぞれの共同費用負担。

(k) コンドミニアムまたは計画的共同財産においては、本条 (l) 項に規定される
場合を除き、共同財産団体全体に対する先取特権または土地に対する用益権
(encumbrance) の受戻権喪失手続または実現は、それ自体では、共同財産団
体を解消させるものではない。そして、共同財産の一部に対する先取特権または
土地に対する負担の受戻権喪失手続または実現は、払戻し可能な不動産である場
合を除き、共同財産団体から当該一部の払戻しを受けるものではない。

払戻し可能な不動産または 3-112 条に基づき管理団体により担保権の設定さ
れた共用部分に対する先取特権または土地に対する負担の受戻権喪失手続または
実現は、それ自体では、共同財産団体から当該不動産の払戻しを受けるものでは
ない。ただし、それによって権原を取得する者は、要求に基づき、共同財産団体
からその不動産を除外する修正を管理団体に求めることができる。

(l) コンドミニアムまたは計画的共同財産においては、共同財産団体を構成する不
動産の一部に対する先取特権または土地に対する負担が宣言文書に優先し、その
先取特権または土地に対する負担が部分的に除外されなかった場合には、先取特
権または土地に対する負担への受戻権喪失手続を行う当事者は、受戻権喪失手続
に基づき、共同財産団体から当該先取特権または土地に対する負担の設定されて
いる不動産を除外する法文書（instrument）を登録することができる。

2-119条　担保付融資者の権利（RIGHTS OF SECURED LENDERS.)

(a) 宣言文書は、すべての、または特定の数または割合の、専有部分に担保権を設
定した貸主、または、専有部分所有者や管理団体の特定の行為について、それら
の行為の有効性を条件として管理団体に信用を拡張した旨を承認することを要求
する場合があるが、次の管理行為には承認の必要がない。(i) 専有部分所有者ま
たは理事会による管理団体のすべての管理事務を拒否または委任する場合。また

は、(ii) 管理団体または理事会が訴訟を起こし、訴訟参加したり、訴訟や法的手続を禁止したりする場合。または (iii) 3-113条に基づく場合を除き、保険受託者や管理団体が保険収益を受け取り、分配することを禁止する場合。

(b) 共用部分の所得または債務の割当によって確保された管理団体に信用を拡張した貸主は、管理団体が管理団体の収益（3-102条 (a) 項 (14)）や共用部分に設定された約定担保権（3-112条）の配当によって保証された管理団体に対する信用を拡張した貸主は、本〔法〕及びその他の法律の要件に従って、その担保契約を実行することができる。

　管理団体が貸主に対して、貸主が不履行になる前に定期的な共用費の負担金を入金しなければならないか、または条件に従って担保目的物の価値の減価償却に合理的に必要な金額によって貸主の指示で共用費の負担金を増額させる必要があるかという要件は、本条 (a) 項に含まれる貸主の承認の禁止に違反しない。

第3編　共同財産の管理（MANAGEMENT OF THE COMMON INTEREST COMMUNITY）

★ 3-101条　専有部分所有者の管理団体の組織（ORGANIZATION OF UNIT OWNERS ASSOCIATION.）

　専有部分所有者の管理団体は、共同財産の最初の専有部分が購入者に譲渡される日までに組織されなければならない。

　管理団体の構成員は、常に、すべての専有部分所有者、または 2-118条の規定のもとで、その後の共同財産の終了によって、すべての元専有部分所有者から収益の分配を受ける権利を得た者、または、その相続人、承継人、譲受人等で排他的に構成される。

　管理団体は、理事会を有しなければならない。

　管理団体は、営利または非営利法人、信託財団、有限責任会社、組合、〔法人格のない組合（unincorporated association)〕、または、その他の本州法によって権威づけられた組織形態で組織されなければならない。

3-102条　専有部分所有者団体の権限と義務（POWERS AND DUTIES OF UNIT OWNERS ASSOCIATION.）

(a) 本条 (b) 項に別途規定される場合と本〔法〕の他の規定を除いて、管理団体は、
　(1) 規約を採用し、修正し、規則を採用し、修正できる。

(2) 3-123条に規定されている予算を採択（adopt）し、修正でき、専有部分所有者から共用費を徴収し、管理団体の資金に充てることができる。

(3) 管理代理人、その他の従業員、代理人、及び独立した請負業者を雇い、解雇できる。

(4) 3-124条に従って、共同財産に影響を及ぼす事項に関して、自身または2人以上の専有部分所有者に代わって、自己の名で、訴訟（litigation）、仲裁（arbitration）、調停（mediation）、行政手続（administrative proceedings）またはその他の法的手続を起こし、受け、あるいは関与することができる。

(5) 契約を締結し、責任を負うことができる。

(6) 共用部分の使用、保守、修理、交換、及び変更を規律する（regulate）ことができる。

(7) 追加の改良となる共用部分の一部をつくることができる。

(8) 自己の名で、不動産や動産に対する権利、権原、または利害する権利を、取得、保持、担保権設定、譲渡することができる。しかし、

　　(A) コンドミニアムまたは計画的共同財産の共用部分は、3-112条のみに従って、譲渡または約定担保権を設定できる。そして、

　　(B) コオポラティブの一部が譲渡されるか、あるいはコオポラティブの全部または一部が3-112条のみに従って、約定担保権の設定を受ける。

(9) 共用部分の間を通じて、または全体にわたって、用益負担、賃貸借、ライセンス（licenses）、及び公的利用許可（concession）を認めることができる。

(10) 以下に対する、支払、手数料、費用負担を課し、受領する。

　　(A) 2-102条（2）項及び（4）項に規定されている専用使用部分を除き、共用部分の使用、賃貸（rental）、または運用（operation）、そして、

　　(B) 専有部分所有者に提供されるサービス

(11) 管理費等負担金の遅延に対する負担を課する。そして、通知し、事情を聞く機会を設けた後、管理団体の宣言文書、規約、規則違反に対する合理的な罰金を課する。

(12) 宣言文書の修正の準備と登録、4-109条のもとで必要な再販証明書、または、滞納負担金の明細書に対して、合理的な負担を課する。

(13) 役員及び役員への補償や、理事及び役員の賠償責任保険（directors and officers liability insurance）の維持費を提供する。

(14) 宣言文書によって制限されている範囲を除き、共用費等の負担金（assessments）を受領する権利も含めて、将来の収益を譲渡することができる。

(15) 宣言文書または規約によって与えられる他の権限を行使する。

(16) 管理団体と同種の組織によって、本州法で行使できる他のすべての権限を行使する。

(17) 管理団体の管理（governance）と運営に必要かつ適切なその他の権限を行使する。

(18) 管理団体と専有部分の所有者間、または共同財産に関する2つ以上の専有部分所有者間の紛争を、司法手続の開始の前提条件として拘束力のない代替紛争解決に提出することを要求する。そして

(19) 共用費負担金等の支払を行わない専有部分所有者の権利または特権を停止するが、以下の場合には行わない。

　(A) 専有部分所有者またはその他の居住者の所有者の専有部分へのアクセスの拒否。

　(B) 専有部分所有者の決議権の停止。

　(C) 専有部分所有者を管理団体の理事や役員に選任することの禁止。

　(D) サービスの留保の効果が、人の健康、安全、または財産を危険にさらす場合、管理団体が専有部分または専有部分所有者に提供するサービスを差し控える。

(b) この宣言文書は、本条（a）項（18）で許可されている制限を超えて、管理団体の権限を以下に制限することはできない。

(1) 他者を取り扱う場合の管理団体に課せられた制限よりも、宣言者を取り扱う場合の制限が厳しい場合、または

(2) 以下の対象となる、任意の者に対する訴訟または仲裁、調停、または行政訴訟。

　(A) 管理団体は、建設上の瑕疵（construction defect）に関連して3-124条（a）項に規定される手続を開始する前に、それに該当する場合には、3-124条に従わなければならない。そして

　(B) 理事会は、管理団体が規則の執行に関わる手続以外の当事者である法的手続の専有部分所有者に速やかに通知を行うか、管理団体に支払うべき未払の管理費等負担金またはその他の金銭を回収しなければならない。

(c) 専有部分所有者の賃借人が、管理団体の宣言文書、規約、または規則に違反し

た場合、専有部分所有者に対して権限を行使することに加えて、管理団体は次の処理を行うことができる。

(1) 賃借人に対して直接、本条（a）項（11）に記載されている権限を行使する。

(2) 賃借人と専有部分所有者に通知を行い、審理の機会を与えた後、当該違反に対して賃借人と専有部分所有者に対して合理的な罰金を課す。そして

(3) 住戸の貸主としての専有部分所有者が賃貸借契約のもとで合法的に行使した場合、または、管理団体が専有部分所有者に対して合法的に直接行使した場合、あるいは、その双方の場合は、当該違反に対して賃借人に他の権利を行使できる。

(d) 本条（c）項（3）に言及されている権利は、管理団体が、その違反を賃借人と専有部分の所有者に通知してから 10 日以内に、賃借人または専有部分の所有者が、違反状態を回復しなかった場合にのみ行使することができる。

(e) 賃貸借が別途規定されない限り、本条は以下を行使できない。

(1) 専有部分所有者が賃貸借を強制する権利、または管理団体が他の法律に基づく権利に影響を与えること。または

(2) 宣言文書、規約、規則の違反がない場合、当事者ではない管理団体に賃貸借の強制を許可すること。

(f) 理事会は、（和解するか、他の請求によるかどうかも含めて）制裁を課すことができる管理団体の権限を行使するか、未払いの管理費等負担金の請求またはその他の請求を侵害するか否かなど、宣言文書、規約、規則違反に対する訴訟を開始することによって執行措置を執るかどうかを決定することができる。

　理事会は、提示された事実及び状況のもとで、（次のような場合には）執行措置を執る義務を負わない。

(1) 管理団体の法的立場が、どのような執行措置を執ることも正当化しない場合。

(2) 執行される契約、制限、または規則は、法律と矛盾していると解釈され、または解釈される可能性がある場合。

(3) 違反が存在する、あるいは発生した可能性があるものの、分別ある人が異議するほどは重要でない場合か、管理団体の財源を使用するのを正当化できるほど重要ではない場合。または

(4) 執行措置を求めることが管理団体の最善の利益ではない場合。

(g) 本条（f）項のもとでの理事会の決定は、一定の状況下で執行を追求しないこ

とは、理事会が別の状況下で執行措置を執ることを妨げるものではないが、理事会は執行措置を執る上で恣意的または気まぐれ的であってはならない。

(h) 理事会は、管理団体に関する事項について、専有部分所有者らのために、専有部分所有者の間及び理事会との間での交流を図る合理的な方法を確立しなければならない。

3-103条　理事会構成員と役員（EXECUTIVE BOARD MEMBERS AND OFFI-CER.）

(a) 宣言文書、規約、本条（b）項、または本〔法〕その他の規定に別途規定されている場合を除き、理事会は管理団体の代理として行動することができる。

　　宣言文書によって指名された役員や理事会の構成員は、その職務の遂行において、団体組織の役員または理事に求められる管理団体に対する受託者に求められる程度の注意義務と誠実義務を行わなければならない。

　　宣言文書によって指名されていない役員や理事会の構成員は、その職務の遂行において、法人組織の役員または理事長に求められる管理団体に対する注意義務と誠実義務の程度を行使しなければならない。理事長と役員を統治する利益相反規則の対象となり、〔州の非営利法人法に関するものを挿入〕のもとで役員及び理事長が利用できる責任から免除を受ける権利を有する。本条に記載されている注意義務や誠実義務の基準は、管理団体が組織されている形態に関係なく適用される。

(b) 理事会は、以下の項目を行うことはできない。

(1) 2-117条（2）項に規定されている場合を除く宣言文書を修正すること。

(2) 規約を修正すること。

(3) 共同財産を終了すること。

(4) 理事会の構成員を選挙して、定期的に予定された理事の選挙までの間、前倒しで、期間満了の欠員を埋めること。または

(5) 理事の資格、権限、職務、または職務条件を決定すること。

(c) 理事会は3-123条に規定された予算を採用しなければならない。

(d) 本条（e）項に従って、宣言文書に、管理団体が宣言者によって管理する期間を規定するものとする。その間、宣言者または宣言者によって任命された者が、役員や理事を選任及び解任できる。

　　宣言者は、その期間終了前に、役員や理事会の構成員を任命、解任できる権限

を任意に引き渡すことができる。この場合には、宣言者や宣言者に任命された者によって実行され登録された法文書への記載として、宣言者は、管理団体や理事会の特別の活動期間の残余期間内に求めることができる。

宣言文書に規定された期間にかかわらず、2-123 条（g）項に規定されている場合を除き、宣言者による管理の期間は、以下の期間以降は終了する。

(1) 宣言者以外の専有部分所有者に対して、専有部分の〔3/4〕が譲渡された後〔60〕日

(2) 通常の営業販売過程で、宣言者による売却申出が止んで 2 年

(3) 新規専有部分に追加された権利の最近の行使から 2 年

(4) 専有部分所有者に登録する旨の通知を与えた後、宣言者が管理団体の管理行為としてのすべての権限を任意に譲渡する旨の法文書を登録した日

(e) 専有部分の〔1/4〕が、宣言者以外の専有部分所有者に譲渡された後 60 日以内に、宣言者以外の専有部分所有者が、理事会の構成員として少なくとも 1 名、25% 以上が、宣言者以外の専有部分所有者によって選任されなければならない。

専有部分の〔1/2〕が、宣言者以外の専有部分所有者に譲渡された後 60 日以内に、理事会構成員の〔1/3〕以上が、宣言者以外の専有部分所有者によって選任されなければならない。

(f) 2-120 条に規定される例外を除き、宣言者の管理期間の終了までに、専有部分所有者は、少なくとも 3 名の執行理事を選任し、専有部分所有者が少なくとも多数派を占めなければならない。

宣言文書に、専有部分所有者による役員の選任について規定していなければ、理事会が役員を選任する。理事会の構成員や役員は選挙または指名によって就任する。

(g) 宣言文書には、宣言者が管理する期間内あるいはその後に、宣言者以外の者によって理事会の特別な地位に就く者の指名を規定することができる。

また、専有部分所有者による選挙以外の方法で、これらの地位の欠員を充足させる方法も規定することができる。

しかし、宣言者が管理する期間の後は、指名された構成員は、

(1) 理事会の〔1/3〕以上を構成しない。そして

(2) 他のいかなる理事会構成員よりも優越した権威をもたない。

3-106 条　規約（BYLAWS.）

(a) 宣言文書に記載されていない限り、管理団体の規約は以下の要件を満たす必要がある。

(1) 役員の人数及び管理団体役員の肩書きを規定する。

(2) 理事会による選挙を提供する、または宣言文書が必要な場合は、規約に指定される管理団体の会長、会計士、秘書、及び他の役員の専有部分所有者によって規定する。

(3) 理事及び役員の選出と解任の資格、権限及び職務、職務条件、選出及び解任の方法を指定する。

(4) 理事会または役員が他者または管理代理人に委任する権限を指定する。

(5) 管理団体に代わって宣言文書の作成準備、作成、確認、そして登録、修正を行う役員を指定する。

(6) 専有部分所有者のために、規約を修正する方法を指定する。

(7) 本〔法〕に求められる要件、または管理団体の集会、決議、定足数、その他、管理団体の活動に関する宣言文書を充足するのに必要な規定を含む。そして

(8) 本〔法〕以外のこの州の法律で必要とされる事項を、管理団体と同じ種類の組織の規約に記載する。

(b) 宣言文書及び本〔法〕に従い、規約は、その他必要または適切な事項を提供することができる。

3-111 条　不法行為及び契約上の責任、限定期間の使用料（TORT AND CONTRACT LIABILITY; TOLLING OF LIMITATION PERIOD.）

(a) 専有部分所有者は、専有部分所有者であるという理由だけでは、共用部分の状況や使用によって生じた傷害または損害に対して、個別の責任を負わない。

　　管理団体も、宣言者を除くどの専有部分所有者も、宣言者が維持管理しなければならない共同財産のどの部分に関連しても、宣言者の不法行為に対して責任を負わない。

(b) 共用部分の状況または使用から生じる訴訟を含め、管理団体による不法行為として主張された訴えは、専有部分所有者に対してではなく、管理団体に対して提訴することができる。

　　宣言者の管理の期間中に不法行為が発生して、管理団体が宣言者に対して訴訟に対する適切な通知と防御の機会を与えた場合には、管理団体を管理していた宣

言者は、管理団体またはその専有部分所有者が被った、保険の対象とならないすべての不法行為による損失、管理団体が受けた不法行為ではなく、契約違反、その他の不正な行為または不作為による責任一切を負うものとする。

　本条に基づく管理団体に対して宣言者が責任を負う場合、その請求者は、管理団体が被った合理的な弁護士報酬及び費用を含む訴訟一切の費用に対しても責任を負うものとする。

(c) 瑕疵担保責任の請求に関して 4-116 条（d）項に規定されている場合を除き、本〔法〕のもとで、宣言者に対する管理団体の訴権に影響を与える出訴期限は、宣言者による管理の期間が終了するまで停止する。

　専有部分所有者は、その者が専有部分所有者、管理団体の構成員、または役員であるため、本条のもとで認められる訴訟を提起することを妨げられていない。管理団体に対する判決に基づく先取特権は 3-117 条のもとに規定される。

3-112 条　共用部分の譲渡または担保・地役負担（CONVEYANCE OR EN-CUMBRANCE OF COMMON ELEMENT.）

(a) コンドミニアムや計画的共同財産では、宣言者によって所有されていない専有部分に割り当てられた議決権が〔80〕％ の場合も含んで、専有部分所有者が管理団体の議決権の少なくとも〔80〕％ 以上を有する場合や、または、宣言文書に、より大きな可決割合が特定されている場合には、その割合の者等が同意する場合には、管理団体によって共用部分の一部について譲渡または約定担保権の設定ができる。

　ただし、専用使用権が割り当てられている専有部分の譲渡または約定担保権の設定をする場合には、専用使用権が割り当てられている専有部分所有者全員の同意が必要である。

　また、すべての専有部分が非居住用の用途に独占的に制限されている場合にのみ、宣言文書で、より小さな可決割合を指定することができる。

　売却益は管理団体の資産であるが、専用使用部分の売却益は、専用使用権が割り当てられた専有部分所有者間で衡平に分配されなければならない。

(b) コオポラティブの場合は、管理団体の少なくとも〔80〕％ の議決権を有する者が賛成票を投じる場合、宣言者によって所有されて専有部分に割り当てられた〔80〕％ の議決権を有する者の場合も含む、または、宣言文書に、より大きな可決割合が特定されている場合には、その割合の者等が同意する場合には、管理団

体によってコオポラティブの一部の譲渡、または約定担保権の設定ができる。

　そして、すべての専有部分、またはすべての専用使用権が割り当てられている専有部分より少ない場合には、それらの専有部分の所有者、専用使用権が割り当てられている専有部分の所有者は、当該専有部分や当該専用使用部分の譲渡、約定担保権の設定を承諾しなければならない。

　すべての専有部分が非居住用の用途に独占的に制限されている場合にのみ、宣言文書で、より小さな可決割合を指定することができる。

　売却益は管理団体の資産である。コオポラティブ全体の譲渡契約、その他の任意移転は、2-118条に従わない限り、無効である。

(c) コンドミニアムまたは計画的共同財産の場合の共用部分の譲渡、約定担保権の設定、コオポラティブの場合のコオポラティブの一部の譲渡、約定担保権の設定は、合意の履行とそれらの承認によって、捺印証書と同様の方法で、必要不可欠な数の専有部分所有者によって、証明されなければならない。

　合意は、発効日を指定しなければならず、その指定日付より前に登録されていない限り、合意は無効となる。

　合意とその承認は、共同財産の一部が所在するすべての［郡］で登録されなければならず、登録によってのみ効力を有する。

(d) 管理団体は、専有部分所有者に代わって、本条（a）項に従って共同財産の権利を譲渡する契約は、本条（a）項、本条（b）項、本条（c）項に従って承認されるまでは、管理団体に対して執行できない。

　その後は、管理団体は、捺印証書やその他の法文書を作成する権限も含み、譲渡または担保権に影響を与える必要かつ適切なすべての権限を持つ。

(e) 本条に従わない限り、共用部分またはコオポラティブの他の部分の譲渡、担保権設定、司法売却（judicial sale）、任意の移転（voluntary transfer）も無効となる。

(f) 本条に従った、共用部分またはコオポラティブの譲渡または担保権の設定は、どの専有部分からも、そのアクセス及びサポートの権利を一切奪わない。

(g) 宣言文書が別段の定めを規定していない限り、本条（c）項に基づく専有部分所有者の合意が登録された日に、約定担保権が設定された専有部分の少なくとも80% に第一順位の約定担保権者が書面による承諾を登録している場合。

　(1) 本条に従った共用部分の譲渡は、専有部分に割り当てられた共用部分の分割されない不動産権と、専有部分の約定担保権上に権利を有する者が有する分割

されない権利との双方を終了させる。そして

(2) 本条に従う共用部分についての債務は、専有部分の約定担保権上に権利を有するすべての者が、共用部分に持つ分割されない権利に対する既存の債務すべてに優先される。

(h) 本条 (g) 項に規定された、専有部分について第一順位の約定担保権者の承諾書、または事務官 (secretary) の、管理団体が承諾を受領したことを認める証明書は、本条 (c) 項に基づく合意が無効となる日以前にいつでも登録することができる。

　このような承諾書または証明書は登録された日から有効であり、専有部分の後日の売却または約定担保権の設定に関係なく、第一順位の約定担保権者の割合を計算する目的で登録される。

　承諾した第一順位の約定担保権者らの割合が求められた場合には、共用部分の譲渡または約定担保権の設定は、宣言文書に優先される権利または宣言文書の登録以降に管理団体によって創設された利益に影響を与えない。

(i) コオポラティブの場合、管理団体は、本条の遵守なしに、管理団体が所有権的賃借権を取得、維持、担保・用益設定、譲渡することができる。

3-113 条　保険（INSURANCE.）

(a) 宣言者以外の者に対して、専有部分の最初の譲渡が始まる以前に、管理団体は、合理的に利用可能で、かつ合理的な控除 (reasonable deductibles) に従った範囲で維持管理する必要がある。

(1) 計画的共同財産の場合、共用部分及び将来に共用部分となる財産についての財産保険は、直接的な物理的損失の危険に対して共同に保険加入しなければならない、そしてその保険は、財産に関する控除の適用後、購入された時点及び更新日ごとに実際の時価の 80% 以上を保証するものでなければならない。ただし、土地、掘削 (excavations)、基礎 (foundations)、その他通常、財産保険証券から除外される他の項目を除く。

(2) 医療費保険を含む企業総合賠償責任保険 (commercial general liability insurance) は、理事会によって決定された金額で、宣言文書に指定された金額以上に、共用部分、コオポラティブの場合には専有部分すべてについても、その使用、所有、または保全に関連して生じる身体的傷害及び財産の損害に対するすべての事態をカバーする。

(3) 身元信用保険 (fidelity insurance)

(b) 宣言文書に記載されている水平境界で分割された専有部分、または専有部分間の共用壁を構成する垂直境界を含む建物の場合、本条 (a) 項 (1) のもとで維持される保険には、合理的に利用可能な範囲で、専有部分も含める必要があるが、専有部分所有者によって設置された改良や改善を含む必要はない。

(c) 本条 (a) 項及び本条 (b) 項に記載されている保険が合理的に利用できない場合、管理団体は速やかにその事実の通知をすべての専有部分所有者に与えなければならない。

　　宣言文書は、管理団体は他のいかなる保険も運用できることを求め、そして、管理団体は、管理団体または専有部分の所有者を保護するために適切であると考える場合には、他のいかなる保険も運用できる。

(d) 本条 (a) 項及び本条 (b) 項に基づいて実施される保険証券には、以下を規定しなければならない。

　(1) 各専有部分所有者は、管理団体の共用部分または構成員権に対する専有部分所有者の権利から生じる責任に関して、保険証券に基づく被保険者である。

　(2) 保険会社は、専有部分所有者または専有部分所有者の世帯の構成員に対する保険証券に基づく代位権（right to subrogation）を放棄する。

　(3) 専有部分所有者の不作為または不履行は、管理団体の代理としての専有部分所有者の権限の範囲内で行動しない限り、当該保険証券を無効とし、また保険証券のもとで回復できる条件でもない。そして

　(4) 保険証券に基づき、損害時点で、保険対象と同じ危険をカバーする専有部分所有者を名宛人とする他の保険がある場合、管理団体の保険証券が主たる保険を提供する。

(e) 本条 (a) 項 (1) 及び本条 (b) 項のもとで財産保険証券によって回復される損失は、管理団体に合わせて調整する必要があるが、その損失に対する保険収益は、その目的のために指定された保険管財人またはその他の方法で管理団体に支払われ、約定担保権者には支払われない。保険管財人または管理団体は、その利益が現れる可能性があるとして、管理団体、専有部分所有者、及び再加入者に対する保険収益を信託で保有する必要がある。本条 (h) 項に従って、収益は損害を受けた財産の修理または交換のために最初に支払われなければならず、管理団体、専有部分所有者、及び先取特権者は、財産が完全に修理または交換された後に収益の余剰がない限り、収益の一部の支払いを受ける権利はない。

(f) 管理団体に発行された保険証券は、専有部分所有者が専有部分所有者自身の保

険の給付金を取得することを妨げない。

(g) 本条に基づいて保険証券を発行した保険会社（insurer）は、管理団体に対して保険の証明書または覚書を発行し、登録に記載された要求に応じて、専有部分の所有者または約定担保権者に発行する必要がある。保険証券を発行する保険会社は、保険契約の取消または更新拒絶を求める通知が、保険契約証書や覚書に記載される各自の最新の住所宛に、管理団体、各専有部分所有者、各約定担保権者に郵送で送達された後〔30〕日以内は、保険の金額または適用範囲を変更したり、保険契約の更新を取り消したり拒否したりすることはできない。

(h) 本条で保険を必要とする損傷または破壊された共同財産の一部は、以下の場合を除き、管理団体によって直ちに修理または交換されなければならない。

(1) 2-118 条が適用されて共同財産が終了した場合。

(2) 修理または交換は違法である場合。または

(3) 専有部分、または専用使用権が割り当てられた専有使用部分を再築しないとするすべての専有部分所有者も含めて、専有部分所有者の〔80〕％ が再築しない旨を決議した場合。

(i) 保険、控除、修繕積立金を超える修理または交換の費用は共用費である。

共同財産全体の損傷または破壊された部分を修理または交換されない場合、

(1) 損害を受けた共用部分に起因する保険収益は、損害を受けた部分を共同財産の残りの部分と互換性のある状態に復元するために使用されなければならない。そして

(2) 他者が配当権者である範囲を除く場合、

(A) 修理または交換されない専有部分及び専用使用部分に属する保険収益は、当該専有部分の所有者及び当該専用使用部分が割り当てられた専有部分の所有者、または権利が生じている先取特権者に分配されなければならない。そして

(B) 残りの収益は、以下のように、すべての専有部分所有者または先取特権者に配当する必要がある。

(i) コンドミニアムの場合、すべての専有部分と、共用部分についての持分割合に比例する、そして

(ii) コオポラティブ、または計画的共同財産の場合、すべての専有部分の共用費等の負担割合に比例する。

(j) 専有部分所有者が専有部分の再築を行わないことを決議した場合、その専有部

分に割り当てられた利益は、1-107 条のもとで言い渡されたのと同様に決議時
に自動的に再割当され、管理団体は直ちに再割当を反映した宣言文書の修正を準
備、実行、登録する必要がある。

(k) 共同財産のすべての専有部分が非居住目的に制限されている場合、本項の規定
は、宣言文書に規定されているように変更または放棄することができる。

3-114 条　余剰資産（SURPLUS FUNDS）

　宣言文書に別段の規定がない限り、支払または共益費のための前払がなされた後
に管理団体に残った余剰資産は、専有部分所有者等に対する共有持分に応じて年次
に支払われなければならない留保された支払、あるいは将来の共用費を減じるため
に繰り入れられなければならない。

3-115 条　資産評価（ASSESSMENTS.）

(a) 管理者が共用費をつくるまで、宣言者がすべての共用費を支払わなければなら
ない。管理団体によって共用費がつくられた後は、管理団体が少なくとも毎年に
採択した予算に基づいて、年毎に資産をつくらなければならない。

(b) 本条（c）項、本条（d）項、本条（e）項、あるいは本［法］の別規定に記載
されている場合を除き、すべての共用費は、すべての専有部分に対して 2-107
条（a）項及び（b）項に従った割当と一致するように資産評価されなければな
らない。

　管理団体は、滞納された負担金、管理団体が定めた分担金に対して、年に［18］
％ を超えない違約利息を課することができる。

(c) 宣言文書に求められる範囲で、

(1) 専用使用部分の維持、修理、交換についての共用費は、専用使用権が割り当
てられている当該専有部分に対する共用部分の割当に等しいか、宣言文書に規
定された他の割合で評価されなければならない。

(2) 専有部分または専有部分所有者のすべての者が恩恵を受けられているわけで
はない共用費は、当該恩恵を受けている専有部分または専有部分所有者に対し
て独占的に資産評価されるものとする。

(3) 保険費用はその危険性に応じて、公共設備費はその利用頻度に応じて評価さ
れなければならない。

(d) 管理団体に対する判決にかかる訴訟費用は、当該判決が下された時点における

共同財産の専有部分に対してのみ、共用費の負担割合に応じて評価されるものとする。

(e) 専有部分または共同財産の他の部分に対して生じた損害、あるいは、その他の共用費の負担が、専有部分所有者またはその専有部分所有者の、来訪者（guest）、招待者（invitee）の意図的な違反行為や重大な過失によって引き起こされている限り、管理団体は、その損害または共用費に関して保険によって維持する場合でも、当該専有部分の所有者に追加的な費用徴収を査定する（assess）ことができる。

(f) 共用費の負担が再割当された場合、共用費の負担評価及び分割支払（instalment）で未履行の負担は、再割当された共用費の負担に従って再計算しなければならない。

3-116 条　各専有部分所有者に対する管理団体の先取特権、実行手続（LIEN FOR SUMS DUE ASSOCIATION; ENFORCEMENT.）

(a) 管理団体は、専有部分に帰属するあらゆる管理費等負担金や当該専有部分所有者に対する課金のために、各専有部分に州法上の先取特権を有する。本条の管理団体の先取特権の優先性は、競争関係にある先取特権者や担保権者による専有部分の売却益からの弁済に対する優先性だけではない。

宣言文書に別段の定めがない限り、合理的な範囲での弁護士報酬や弁護士費用、その他の報酬、負担、遅延金、課金、3-102 条（a）項（10）、（11）、（12）に基づく負担する利息、その他に宣言文書、本［法］、または管理行為の結果として、あるいは、仲裁、調停、判決が、本条のもとでの未払負担金に対するのと同一の方法で執行される。

もし負担金が割賦払で支払可能であれば、先取特権は、最初の分割払の時から、資産の総額に対して設定される。［本条の先取特権は、［(農場（homestead）、寡婦財産（dower）、鰥夫財産（curtesy）、その他の免除に関する適切な言及を挿入］に従わない。］

(b) 次に掲げる場合を除いて、本条の先取特権は、専有部分について他のすべての先取特権に優先する。

(1) 宣言文書の登録以前に登録された先取特権や約定担保権であって、コオポラティブの場合には、管理団体の先取特権または約定担保権として設定（creates）、擬制（assumes）、附従する（takes subject to）場合。

(2) 本条（c）項で別途規定されている場合を除き、専有部分の第一順位の約定担保権が、未払いの負担金が滞納される日以前に登録されたか、コオポラティブの場合には、僅か一人の専有部分所有者の権利について第一順位の約定担保権が設定されている場合でも、未払の負担金が滞納される日以前に対抗要件を備えている場合。

(3) 専有部分またはコオポラティブに対する不動産税、その他の州または地方自治体の資産評価に基づく徴収費の先取特権。

(4) 本［法］によって、建設請負人または材料提供者の先取特権に優先性を与えている場合以外で、本州法上認められる範囲での建築請負人または材料提供者の先取特権。

(c) 本条のもとでの先取特権は本条（b）項（2）に規定される約定担保権よりも優先される。ただし、以下の範囲に制限される。

(1) 共用費の負担金総額は、適用可能な年について 3-115 条（a）項のもとで採用された定期的な予算を基礎として、管理団体の各年間予算額の 6 ヶ月分を超えない範囲である。

(2) 管理団体の先取特権の実行に際しては、合理的な範囲での弁護士報酬と執行手続費用である

(d) 宣言文書に別段の規定がない限り、同一の財産に対して複数の管理団体に対する負担金が発生した場合には、どの時期であっても、これらの先取特権は同一の優先権を有する。

(e) 宣言の登録には、登録の通知と先取特権の対抗要件の具備が構成要素となる。本条に基づく管理団体に対する管理費等負担金回収のための先取特権には、それ以上登録は必要ではない。

(f) すべての資産評価が有効になってから［3］年の間に先取特権の実行手続がなされない限り、未払負担金に対する先取特権は消滅する。

(g) 本条は、管理団体による専有部分所有者に対する、本条（a）項によって生じる先取特権の滞納総額を回収するための訴訟を禁止するものではなく、また、管理団体に受戻権喪失手続の代わりに権原を取得することを禁じるものでもない。

(h) 本条に従って提起された、どのような訴えのコモンロー上の判決または衡平法上の判決は、勝訴当事者のために、合理的な範囲での、訴訟費用や弁護士報酬を含めなければならない。

(i) 登録に明記された請求について、管理団体は、専有部分所有者に対して、専有

部分に対する未払いの負担金の合計を説明する陳述書を提供しなければならない。専有部分所有者の財産権が不動産の場合には、同陳述書は登録できる形式でなければならない。供述書は、請求の受領後、〔10〕営業日以内に提供しなければならず、管理団体、理事会、各専有部分者を拘束する。

(j) 専有部分の負担金についての未払に関して、管理団体は、〔不動産占有回復略式訴訟（forcible entry and detainer）に関する州法を挿入〕のもとで、専有部分の占有権を取得する。

(k) 管理団体の先取特権は、本項と本条（p）項に規定された受戻権喪失手続を実行することができる。

(1) コンドミニアムと計画的共同財産の場合には、管理団体の先取特権は、不動産上の譲渡抵当権と類似した受戻権喪失手続の方法、〔または、〔適切な州法を挿入〕のもとでの任意売却手続〕で実行されなければならない。

(2) コオポラティブで、その専有部分の所有者の持分権が不動産の場合には、管理団体の先取特権は、不動産の譲渡抵当権と類似した受戻権喪失手続き、〔または、〔適切な州法を挿入〕のもとでの任意売却手続〔または、本条（k）項（1）のもとでの任意売却〕が実行されなければならない。〔そして〕

(3) コオポラティブで、その専有部分の所有者の持分権は動産の場合には、管理団体の先取特権は、〔統一商事法典第9編の関連規定を挿入〕のもとで、約定担保権と類似した受戻権喪失手続の方法で実行されなければならない。〔そして〕

〔(4)〔任意売却法の関連州法を挿入〕のもと、管理団体は、州法規定で要請されている通知を与えなければならない。もしそのような要請規定がない場合には、影響を受ける専有部分のすべての先取特権者に対して、訴訟手続上合理的な通知をしなければならない。〕

〔(l) コオポラティブで、その専有部分の所有者の持分権が不動産の場合には、以下の要件が求められる。

(1) 管理費等負担金の未払について、本条に従うと、管理団体は、いつでも、どこでも、当該専有部分を公的売却（a public sale）、または私的交渉（private negotiation）によって売却できる。

管理団体は、当該専有部分の所有者や、そのあらゆる賃借人に対して、公的売却の日時や場所が記録された合理的な通知を与えなければならない、また、任意売却（private sale）を意図するときは、売買契約を始める意思と、合意

後の私的処分（private disposition）の日時の通知を与えなければならない。

　同一の通知は、売却によって締め切られる（cut off）、専有部分に登録された権利を有する他のすべての者にもまた送付しなければならない。しかし、本条に求められる通知は、その状況下で合理性のあるどの住所にでも送達することができる。

　通知の送達後5週間まで売却手続は開催されない。

　管理団体は、どのような公的売却手続でも購入することができ、また、売却手続が、受託者か管理団体と無関係な他の者によって実行されている場合には、私的売却手続でも購入することができる。

(2) その他の合意がない限り、専有部分所有者は、司法競売手続での不足分についての責任を負う。

(3) 司法競売の換価金は、以下の順位で配当されなければならない。

　(A) 合理的な売却費用。

　(B) 売却前の保全的占有（securing possession）にかかる合理的な費用；売却のための、専有部分の保持、維持、準備にかかる費用、税金その他の管理負担、保険料の支払を含む。そして、管理団体と専有部分所有者との間の合意によって与えられた範囲で、弁護士の報酬、訴訟手続費用、管理団体によって発生した他の法的手続費用。

　(C) 管理団体の先取特権に基づく弁済。

　(D) 登録の優先順位で劣後する請求への弁済。

　(E) 専有部分所有者に対する過払の送付金。

(4) 管理団体または他の者が本条に合致しない売却を行ったとしても、その価値について善意の購入者は、競売手続のもとで生じた先取特権とそれに附従する権利を生じさせる管理団体の債務から免除されている専有部分を取得する。

　売却を行った者は専有部分を譲渡するのに十分な購入者に対して譲渡できる。そして、売却権限によって管理団体の先取特権の実行の後、その者によって行使される適格と、売却できる権限がある。

　署名と権原または譲渡人として署名した者の権限と、負担金の未払の事実の報告と、本項に求められる通知を与えた事実は、報告された事実と署名の正当性の十分な証明となる。

　さらなる権威性の証明は、管理団体が譲渡について譲受人としての名宛人であったとしても、必要ではない。

(5) コオポラティブの場合に、管理団体が、専有部分が譲渡される以前、あるいは、売却権限に基づく譲渡のために契約する以前であればいつでも、専有部分所有者または約定担保権に従属する権限の保有者は、専有部分所有者の不履行を治癒し、担保合意に基づく義務の履行の提供による他の処分を禁止する、督促する権利の実行を原因とするあらゆる義務、履行の提供時に発生する司法的競売の手続費用、合理的な弁護士報酬や貸主にかかる費用を含む。〕

(m) 管理団体が負担金を徴収する、または本条のもとでの専有部分についての競売の実行手続を求める訴訟において、裁判所は、専有部分所有者が債務として負担していると訴えられた総額の管財人を訴訟係属前または係属中（during pendency）に選任することができる。

　この管財制度は、〔管財制度に一般的に適用される州法を挿入〕によって統治される。

　裁判所は、3-115 条に従って管理団体が採用した定期予算を基礎に管理団体の共用費負担の範囲で、訴訟継続期間中に、管理団体の管財人による申立てが認められた総額を管財人に対して支払うように命じることができる。

(n) 以下に示す場合でなければ、管理団体は、本条のもとで専有部分に対する担保権の実行手続が開始されず、または、本条 (j) 項のもとで専有部分所有者に対する明渡し訴訟が開始できないものとする。

(1) 当該訴訟が開始した時点で、専有部分所有者が、3-115 条 (a) 項に従って、管理団体が最近に採用した定期予算に基づいた共用費等の負担の、少なくとも〔3〕ヶ月分合計相当分を負っていて、当該専有部分所有者が、管理団体によって申立てられた弁済案に同意していない場合。

(2) 理事会が特別に当該専有部分所有者に対して担保権の実行手続か、明渡し訴訟の開始を決議している場合。

(o) 当事者間にその他の合意がない限り、管理団体は、負担金等を以下の順序で、専有部分所有者の滞納総額に対して適用する。

(1) 未払の管理費等負担金。

(2) 遅延している負担金。

(3) 合理性のある弁護士報酬と訴訟手続費用、その他合理的に徴収されるべき課金。

(4) その他すべての未払負担金、課金、罰金、利息、遅延した負担金。

(p) 専有部分に関する負担金額が専有部分に対して課せられる罰金や負担金のみで

あるなら、〔関連する判決の対抗力についての州法を挿入〕のもと、管理団体が、専有部分所有者に対して罰金や関連する課金を求める判決を得て、専有部分に対する判決先取特権の対抗力を有しない限り、担保権実行手続は開始されない。

(q) 本条のもとで、先取特権の実行手続、売却手続、その他の処分のどの局面でも、方法、広告、時間、月日、場所、用語を含み、商事的に合理的でなければならない。

〔(r) 本条のもとでの先取特権の実行手続は、管理団体が、付随的権利の登録済保有者に対する実行手続の通知を送達していない限り、その範囲で当該先取特権に付随する権利を消滅させない。〕

（立法的注釈）　管理団体の司法的実行手続を認める州においては、本条（r）項の規定は除外される。非司法的実行手続を認める州においては、州法によって付随的な先取特権者が売却通知を受けなければ付随的先取特権は消滅しない旨が規定されている場合は、本条（r）項の規定は除外される。

3-117条　他の先取特権（OTHER LIENS.）

(a) コンドミニアム、計画的共同財産の場合

　(1) 本条（a）項（2）で別途に規定されている場合を除き、管理団体に対する金銭支払判決は、〔登録された〕〔事件記録された〕〔〔判決の結果として不動産上の先取特権の対抗手続を完了するために州法に基づいて要求されるその他の手続を挿入〕がなされていれば、〕共用部分に対する先取特権ではなく、判決が下った時点での、管理団体の他の不動産すべてや共同財産のすべての専有部分に対して判決先取特権を有する者が優先する先取特権である。それ以外の専有部分の所有者の財産は、管理団体の債権者の請求の対象ではない。

　(2) 管理団体が、3-112条に従って管理団体の債権者に対して共用部分についての約定担保権の設定を承諾した場合、その担保権者は、判決先取特権が、いずれかの専有部分に対して実行される前に、共用部分についての権利を行使しなければならない。

　(3) 先取特権が対抗力を具備したのが、共同財産が創設される前であるか後であるかにかかわらず、信託証書または不動産担保権以外で、判決先取特権、共同財産の創設前に建築が完了または材料が提供されたことによる先取特権を含む先取特権は、複数の専有部分に対して有効になり、影響を受ける専有部分の所

有者は、当該専有部分に起因するとできる（attributable）先取特権の総額を支払わなければならない。そして先取特権者は、その支払の受領によって、遅滞なく（promptly）その専有部分に設定されている先取特権を放棄しなければならない。

　支払総額は、専有部分所有者の共用費負担額が、先取特権の対象となるすべての専有部分所有者の共用費の負担額に対する比率に比例する必要がある。弁済後は、管理団体は、当該先取特権に関連して生じた共用費のいずれについても、当該専有部分所有者の専有部分に対する先取特権を行使または有することはできない。

(4) 管理団体に対する判決は、共同財産と管理団体の名前で登録され、索引化されなければならない。索引化されたときに当該専有部分に対する先取特権の通知が必要である。

(b) コオポラティブの場合

(1) 管理団体が、管理団体の不動産の全部または一部に対して、担保権を実行する旨の通知（notice of an impending foreclosure）を受け取った場合、管理団体は速やかにその通知の複写を当該担保権が実行される不動産に所在する専有部分の各所有者に送達しなければならない。管理団体が通知の送達を懈怠したことは、担保権実行の有効性には影響しない。

(2) 専有部分所有者の専有部分が管理団体の債権者の請求の対象であるかに関わらず、専有部分所有者の他の財産は、これらの請求の対象ではない。

3-119条　受託者としての管理団体（ASSOCIATION AS TRUSTEE.）

　受託者(trustee)として管理団体の能力で管理団体と取引する第三者に関しては、その信託権限（trust powers）の存在と管理団体による適切な行使である旨が調査なしに推定される。

　第三者は、管理団体が管財人として行動する権限を持っているか、信託権を適切に行使しているかどうかを調査する義務はない。第三者は、管理団体がその権限を超えているか、または不適切に行使していることを実際に知っていない限り、管理団体が行使権限を有して適切に行使したものだと主張するならば、管理団体との取引について完全に保護されている。

　第三者は、管理団体に対して、受託者としての権能で支払われ、配当された信託資産の適切な処理を保証する義務はない。

3-121条　専有部分所有者への通知（NOTICE TO UNIT OWNERS.）

(a) 本〔法〕のもとで、管理団体による付与が求められる、あらゆる通知は、専有部分所有者が指定する住所へ郵送、またはメールアドレスへ送信されなければならない。

その他、管理団体は、次の方法によって通知を送達できる。

(1) 各専有部分所有者への直接の手渡し。

(2) 各専有部分での手渡し、郵便料金を払った合衆国の郵便、または、各専有部分所有者のメールアドレスへの商業上合理的な送信サービス。

(3) 電子的とは、専有部分所有者が管理団体に電磁的方法による登録住所を与えた場合をいう。

(4) 専有部分所有者に対する通知を提供できると合理的に想定される他の方法。

(b) 認定された方法による通知を送達する誠実努力義務の無効は、なされた集会を無効にする、あるいは、集会が開始されなかったとするものではない。

3-122条　役員と理事の解任（REMOVAL OF OFFICERS AND DIRECTORS.）

(a) 宣言文書や規約における反対の規定にもかかわらず、専有部分所有者の集会で、委任状（proxy）に基づく代理人によって、または不在者投票（absentee ballot）によって、定足数を満たす専有部分所有者が出席した集会で、専有部分所有者によって選任された理事会の構成員や役員に対する解任事由の存否について、解任の賛成票の数が少なくとも反対票よりも多い場合には解任することができる。しかし、

(1) 宣言者によって任命された構成員は、宣言者による管理の期間中は、専有部分所有者の決議によって解任することはできない。

(2) 3-103条（g）項のもとで任命された構成員は、その構成員を任命した者のみによって解任することができる。そして、

(3) 専有部分所有者は、その議案事項が集会の開催通知に記載されていない限り、専有部分所有者の集会で理事会の構成員または役員を解任するか否かを審議することはできない。

(b) 理事または役員を解任する議案の投票が行われる集会において、解任を審議されている当該理事または役員には、その投票の前に、弁明のための合理的な機会が与えられなければならない。

2. フロリダ州法 (Florida Statutes Annotated)
Title XL. Real and Personal Property (Chapters 689-724)
Chapter 718. Condominiums

　次に、注目すべき州法として、フロリダ州法の管理団体の緊急権限、電子投票制度、保険制度の規定を紹介したい。なお、各州の州法の体系レベルの階層が我が国の各法典の体系のそれより多いため、UCIOA のレベルにあわせて、各規定レベルを「条」、その下位を「項」と簡略化する。※保険規定については独立した条文ではなく、718.111 条（11）項の項目に規定されているので、表記を調整している。

718.111 条　管理組合（The association）
(11) 項　保険（Insurance）

　フロリダ州の人々の安全、健康、福祉を保護し、コンドミニアムとその専有部分所有者に保険適用範囲の一貫性を確保するために、本項は、コンドミニアムの宣言日に関係なく、州内のすべての居住目的コンドミニアムに適用されるものとする。

　本項に記載されている管理団体の保険料の引き下げまたは安定を奨励することが、議会の意図である。

(a) 完全な保険が可能な価値、対価費用、または同程度の補償のために、管理団体によって、補償に対するコンドミニアムの宣言文書の求められる要件に関係なく、十分な財産保険は、独立した保険の評価（appraisal）または事前評価の更新（update of an appraisal）によって決定された被保険財産の対価費用に基礎付けられなければならない。その交換費用は、少なくとも 36 ヶ月毎に決定されなければならない。

1. 管理団体または管理団体のグループは、624.460 条から 624.488 条の要件に準拠した自己保険基金を通じて適切な財産保険を提供することができる。

2. 管理団体はまた、250 年間に生じた暴風雨災害（windstorm event）での共同財産（community）の最大損失に等しい金額をカバーするのに十分な、共同財産保険（community insurance）の適用範囲を取得し、維持することによって、本章、719 章、720 章、または 721 章のもとで作成され、運営されている、少なくとも 3 つの共同財産のグループに対して十分な財産保険（property insurance）を提供することができる。

　　このような可能性のある最大損失は、ハリケーン損失見積方法論(Hurricane

Loss Projection Methodology）に関するフロリダ州委員会（Florida Commission）によって受け入れられた適格な（competent）モデルの使用を通じて決定されなければならない。

　　保険規制局（the Office of Insurance Regulation）によって審査及び承認されない限り、このような補償を提供する保険契約またはプログラムは、2008 年 7 月 1 日以降に発効または更新することはできない。

　　審査と承認には、627.410 条 -627.411 条に従って保険契約及び関連様式の承認が含まれている必要がある。627.062 条に基づいて保険料金の承認、委員会によって承認された損失モデルが、250 年間の最大損失を決定するために被保険者の構成に正確かつ適切に適用された決定であり、すべての重要な規定の完全かつ正確な開示が、コンドミニアム管理団体による合意の執行前に提供される決定である。

3. 財産保険の保証の十分な額を決定する際、管理団体は、本項で決定された控除免責金額（deductibles）を考慮することができる。

(b) 管理団体が、開発業者が管理する管理団体である場合、管理団体は、(a) に記載されている保険を取得し、維持するために最善の努力を行わなければならない。

　　開発業者の管理期間中に適切な財産保険を取得し、維持しなかった場合、開発業者が指名した、管理団体の理事会の構成員等による受託者としての責任違反は、当該構成員等が、そのような失敗にもかかわらず、必要な補償を維持するために最善を尽くしたことを証明できない限り、誠実義務違反を構成する。

(c) 保険約款には、理事会決定としての控除免責金額を含めることができる。

1. 控除免責金額は、コンドミニアム財産が位置する場所で同様の建設設備を有する、同じような規模と経年の共同財産（communities）のための業界基準や普及している実務（prevailing practice）に合致しなければならない。

2. 控除は、準備金口座（reserve accounts）を含む利用可能な資金（funds）、または、保険が取得された時点での所定の資産評価（predetermined assessment authority）に基づく。

3. 理事会は、718.112 条（2）項（e）に定める方法で、理事会の会議において利用可能な資金及び所定の評価権限の水準に基づいて控除額を定めるものとする。

(d) 居住用コンドミニアムとして管理する専有部分所有者の管理団体は、本項に従

い、管理団体によって保険を付保しなければならない管理団体、管理団体財産、共用部分、及びコンドミニアム財産を保護するために、十分な（adequate）財産保険を取得し、維持するために最善の努力（its best efforts）を行う。

(e) 登録原本として、またはその中に規定された手続に従って修正されたコンドミニアムの宣言文書は、コンドミニアムの所有者に対して十分な保険を取得することを求める場合、当該専有部分内または専有部分上の1つ以上の建物で構成される独立した建物からなるコンドミニアム財産については、管理団体に保証する必要がないことを規定することができる。

　　管理団体は、理事や役員に対する賠償責任保険、管理団体従業員の利益に対する保険、共用部分、管理団体財産、専有部分の洪水保険（flood insurance）を取得し、維持することができる。

(f) コンドミニアムの保護を目的として 2009 年 1 月 1 日以降に発効または更新されたすべての財産保険契約は、以下の様に一次補償を提供する必要がある。

1. 元の計画や仕様に従って、種類や品質などの元の状態の設置または置き換えとしてコンドミニアム財産のすべての部分。

2. 718.113 条（2）項に従って、コンドミニアム財産または管理団体の財産に加えられたすべての変更または追加。

3. 補償範囲（coverage）は、専有部分内、専用使用部分（limited common elements）、及び床、壁、天井のカバー（ceiling coverings）、電気器具（electrical fixtures）、家庭用器具（appliances）、給湯器（water heaters）、濾過器（water filters）、内蔵式戸棚（built-in cabinet）と調理台（countertop）、及び、カーテン（curtains）、厚手のカーテン（drapes）、ブラインド（blinds）、ハードウェア（hardware）、窓構成部品（window treatment components）を含む、窓に関連するすべての個人的な財産を除外する必要がある。そのような財産及びそれにかかる保険は、専有部分所有者の責任である。

(g) コンドミニアム専有部分所有者保険契約は、627.714 条の要件に準拠する必要がある。

1. 財産の損失後のすべての再建作業は、本条で別途承認されている場合を除き、管理団体によって行われなければならない。専有部分所有者は、管理委員会の事前の書面による承諾を得て、専有部分の一部の再建作業を行う場合がある。ただし、そのような作業は、修理方法の承認、提案された請負業者の資格、またはその目的のために使用される契約によって条件付けされる場合がある。専

有部分所有者は、再建を開始する前に、必要なすべての行政機関の許可と承認（governmental permits and approvals）を得る必要がある。

2. 専有部分所有者は、専有部分所有者が財産保険を遂行する（carry）必要があるコンドミニアムの一部の再建費用、または専有部分所有者が、本条（j）項のもとで負う責任があり、管理団体が行うそのような再建作業の費用は専有部分所有者に請求され、資産評価（an assessment）として実施可能であり、718.16条に従って資産収集のために規定される方法で徴収することができる。

3. 団地（multi-condominium: 注:718.103条（20）項の定義によれば、「複数のコンドミニアムを含む開発不動産で同一の管理団体で管理されているもの」）の管理団体は、管理団体が管理するコンドミニアムの団体構成員（collective member）の過半数の投票意思（majority vote）により、本条で必要とされる不動産保険の購入及び補償を超える控除及び損害の配分を含む、これらに限定されない保険事項の目的で複数のコンドミニアムを単一のコンドミニアムとして管理することを選択することができる。

　　保険料、控除、超過損害の処理を集計する選択は、管理団体が管理するすべてのコンドミニアムの宣言文書の修正を構成し、保険料は管理団体予算に記載する必要がある。修正は718.110条の要求に応じて登録しなければならない。

(h) 管理団体は、管理団体の資金を管理または支払う（disburse）すべての者の保険または身元信用保証（fidelity bonding）を維持しなければならない。

　　保険証書または身元信用保証書は、管理団体または管理者（management agent）に一時保管されている（custody）資金の最大額（maximum funds）をカバーできる必要がある。

　　本項で使用される「管理団体の資金を管理または支払う者」という用語は、管理団体の代わりに小切手（checks）に署名する権限を有する個人、及び管理団体の理事長、秘書（secretary）、及び会計係を含み、また、これらに限定されない。管理団体は、このような債務保証（bonding）にかかる費用を負担しなければならない。

(i) 管理団体は、本項に求められる損失をカバーするために、コンドミニアムの宣言文書に準拠させる目的で、保険要件の修正が影響を及ぼす担保権者ら（mortgagees）の承諾を求めなくても、コンドミニアムの宣言文書を修正することができる。

(j) 保証可能な事項（event）により損害を受けた場合の（f）項に基づき、財産損

失に対して管理団体によって保険に加入しなければならないコンドミニアムの一部は、管理団体が必要に応じて共用費として、再建、修理、または交換する。

　保険に加入できない場合、管理団体または専有部分所有者は、宣言文書または規約の保守規定によって決定される、再建、修理、または交換に責任を負うものとする。

　管理団体が管理する財産保険契約に基づく財産保険の適用範囲を超えるすべての財産保険控除及びその他の損害は、次の場合を除いて、コンドミニアムの共用費である。

1. 専有部分所有者は、故意の行為、過失、または専有部分所有者、その家族による管理団体の宣言文書や規則の規定文言を遵守しなかった場合、専有部分所有者、その居住家族、占有者、賃借人、来客、または招待者は、保険会社の代位権（rights of subrogation）の譲歩なしに、保険金によって支払われないコンドミニアムの一部の修理または交換の費用に対する責任を負う。

2. コンドミニアムの他の部分を修理または交換するための専有部分所有者の財政的責任に関する本項 (j) 1. の規定は、他の専有部分所有者または管理団体の個人財産の修理または交換の費用、ならびに専有部分所有者が保証する必要がある他の財産にも適用される。

3. 本項のもとで専有部分所有者が責任を負う修理または再建の費用が保険収入によって管理団体に返済される（reimbursed）限り、管理団体は、そのような修理または再建の費用を専有部分所有者から徴収した場合、いかなる代位権の放棄もなく、専有部分所有者に対して払戻しを行う。

4. 専有部分所有者が、財産の損失をあらかじめ知り、または知り得た場合に、管理団体にその旨が報告されなかったときは、当該財産の管理団体の保険金支払請求が確定、最終的な解決、または時期に遅れた理由で否定されるまでは、管理団体は、共用費として喪失財産の再建または修理費用を支払う義務はない。

(k) 管理団体は、管理団体の議決権の過半数の承認を受けて、修理または再建費用の配分に関する本項 (j) の規定の適用から離脱して（opt out）、登録原本（originally recorded）、または修正されたもの（amended）として、宣言文書に規定された方法で、修理または再建費用を配分することができる。

　このような投票は、担保権者の承諾に関係なく、管理団体の投票権によって認められる。

(l) 本条（6）項のもとで、その財務業務（financial operations）を統合していない団地管理団体では、当該団地管理団体が管理するコンドミニアムは、そのコンドミニアムの総投票権の過半数の承認を得て、本項（j）の規定を離脱することができる。このような投票は、担保権者の承諾に関係なく、投票権によって認められる。

(m) 本項（j）に記載されているように、修理または再建費用のガイドライン規定を離脱しようとする団地管理団体またはコンドミニアムの投票は、離脱投票の日付と宣言が記録されている公式の公的記録簿のページを記載した通知を記録する必要がある。

　　離脱の決定は、団地管理団体による公的記録にその通知を記録した日に効力を生じる。本項（j）の適用を離脱することを投票した団地管理団体は、本項（k）及び（l）に必要な同じ投票によってその決定を取り消し、その通知は公式記録に記録されなければならない。

(n) 管理団体は、現在または元の専有部分の所有者によって設置された改良または、開発業者によって設置された改良のために、そのような改良が専有部分内に位置するか否かにかかわらず、再建または修理費用を支払う義務はない。本条は、このような改良のために特別に実施された保険のもとでの回復に関する義務を一切軽減するものではない。

(o) 本条の規定は、タイムシェアコンドミニアム管理団体には適用されない。

　　タイムシェアコンドミニアム管理団体の保険は、721.165条に従って維持される。

718.117条　コンドミニアムの解消（Termination of condominium）

(1) フロリダ州議会決定　議会は以下のとおりに定める。

　(a) コンドミニアムは、州法の定めによって創設され、土地の負担及び不動産の使用を制限する不動産合意の対象となる。

　(b) 状況によっては、これらの合意の継続的な執行は、公共の安全と福祉を脅かす経済的廃棄物や荒廃領域を作ったり、それが意図した使用のために財産の陳腐化を引き起こし、それによって当該財産の固定資産税管理費等負担金価値を下げたりする可能性があり、フロリダ州の公共政策は、コンドミニアム解消前後の財産権の価値とそれを譲渡する権利を維持する方法とを州法によって規定するものである。

(c) コンドミニアムの管理の継続を義務付けるフロリダ州の公共政策に反して、管理の継続が経済的な無駄を生じさせる場合、または、法律や規則の改正によって管理の継続が不可能になった場合。

(d) 次に掲げるような特定の状況において、コンドミニアムの宣言文書の合意の解消を規定することは、フロリダ州の最善の利益である。

   1. 雨水管理システム、保全地域、保全のための負担の継続的な維持、管理、修繕を確保することが必要な場合。

   2. 雨水管理システムや保全地域を含むが、これらに限定されないコンドミニアムの敷地にサービスを提供するインフラ整備の費用を州政府及び地方自治体の一般課税基盤に移転することは避ける場合。

   3. 合意が財産の継続的、生産的な使用を損なうことを防ぐ場合。

   4. 荒廃、損傷、廃止、または放棄されたコンドミニアム財産によって生じた健康と安全上の危険から州の住民を保護する場合。

   5. 公正な取扱と個人への正当な補償を行い、財産価値と地方の固定資産税基準額を維持する場合。

   6. コンドミニアム宣言文書の合意の解消の背景に、このような保護が家財所有者に拡張されることを保証することによって、家財と家財権を保護する州の長い歴史を保存する場合。

(2) 経済的無価値または利用不可能を理由とする解消

(a) 宣言文書の規定にかかわらず、宣言文書を修正するため、または、その他の宣言文書に規定されている解消を承認するために、必要な議決権割合のうち最も低い割合の決議によって承認した解消計画で、コンドミニアムの所有形態は解消することができる。

   1. 意図された改良や、以前の状態への回復を行うための修理や、適用される法律や規則に準拠させるために必要な建設または修理等の総費用が、建設または修理後のコンドミニアムの専有部分の公正な市場価値を上回る場合。または、

   2. 土地利用法や規則により、コンドミニアムを以前の物理的な構成に基づき、管理や再建することが不可能となる場合。

(b) 本条 (2) 項 (a) は、75% 以上の専有部分がタイムシェアされた専有部分であるコンドミニアムでは、管理団体の総議決権の 80% 及びコンドミニアム内のタイムシェア不動産の元本金の 80% の保有者によって承認された解消計

画に従って解消することができる。ただし、宣言文書によってかかる議決率を
低くしている場合を除く。

(c) 本条（2）項（a）にかかわらず、開発不動産が、全壊または一部損壊され
た専有部分及びタイムシェア不動産を含むコンドミニアムは、衡平な救済を求
める裁判所への申立がファイルされた時に専有部分所有者が提案した解消計画
に従って解消することができる。

　　本条（2）項（a）に規定された申立のファイル後 10 日以内に、及び本条（15）
項（a）の要件の代わりに、申立者は、提案された解消計画を登録し、提案さ
れた計画の複写と請願書の複写を郵送するものとする。

1. 管理団体が法的問題について解決されていない場合には、州行政機関に
ファイルされた最新の年次報告書で確認された管理団体の理事会の各構成
員と登録された管理団体の代理人。

2. 721.05 条（22）項で定義されている管理主体。

3. 管理団体の公式登録に反映されている住所における各専有部分の所有者
と各タイムシェア不動産の所有者は、あるいは、異議申立者によって管理
団体の登録を取得できない場合には、税務通知のために税務署に記載され
ている住所における各専有部分の所有者と各タイムシェア不動産の所有
者、そして、

4. 登録された担保権に表示される住所での専有部分またはタイムシェア不
動産に影響を与える登録された各担保権保有者、または登録されたそれら
の割当。

　　管理団体は、法律の問題として解決されていない場合、クラスアクショ
ンの代表として、または 721.05 条（22）項で定義されている管理団体と
して、専有部分所有者、タイムシェア不動産所有者、または専有部分また
はタイムシェア不動産に影響を与える登録された不動産担保権の所有者
は、本項に従って提起された解消の提案された計画を争うために手続に介
入することができる。

　　本条（9）項の規定は、本項と矛盾する範囲において、そして、本条（16）
項は、本項のもとで解消計画を争う当事者には適用されない。請願申立後
45 日以内に提案された計画を争うために介入する当事者がいない場合に
は、申立者は、解消計画の実施を承認する最終的な判決を受けるために裁
判所を移管することができる。

　　　当事者が提案した計画を争うために、適時に裁判所が介入した場合、解
　　消案が公正かつ合理的であり、計画の実施を承認するという、裁判所によ
　　る最終的な判決が下されるまでは計画は実施されない。

(3) 選択的解消

　　所有権のコンドミニアム形態は、本条に求められる解消決議の計画に従い、担
当する行政部局によって承認された場合には、コンドミニアム財産の全部または
一部について解消することができる。

　　住宅管理団体が部局に解消計画を提出する前に、計画はコンドミニアムの総議
決権の少なくとも 80% によって承認されなければならない。ただし、コンドミ
ニアムの総議決権の 5% 以上が、反対の投票または書面による異議申立によって
解消の計画を却下した場合には解消計画の手続は進行しない。

(a) コンドミニアムの所有形態の解消には、以下の条件が適用される。

　　1. コンドミニアムの議決権の合計には、解消計画を検討する目的で、すべて
　　　の議決権を含める必要がある。本項に従って解消に投票する場合、コンドミ
　　　ニアムの議決権はいかなる理由でも停止することはできない。

　　2. コンドミニアムの議決権の 5% 以上が解消計画を却下した場合、その後の
　　　中止計画は、却下日から 24 ヶ月間は考慮されない。

(b) 本条本項は、解消計画に異議がない限り、コンドミニアム宣言文書の登録か
　　ら 5 年後まで、本章（Chapter 718 Condominium）の第 6 部 コンドミニア
　　ムへの再生（Part 6 Conversion to Condominium）に基づいて作成された
　　コンドミニアムには適用されない。

(c) 本条本項の目的のため、「一括所有者」という用語は、当該議決権の単独の
　　保有者または 726.102 条に定義される、内部取引者と思われる関係団体また
　　は団体とともに所有する者を意味する。コンドミニアム管理団体が本条に従っ
　　て解消を提案した住宅管理団体であり、解消計画を登録する時点で、議決権全
　　体の少なくとも 80% が一括所有者によって所有されている場合、解消計画は
　　以下の条件及び制限の対象となる。

　　1. 賃貸されていた旧コンドミニアムが、解消後に一般に提供される場合、解
　　　消計画の登録日の直前に入居している各専有部分所有者は、旧専有部分を賃
　　　貸し、宿泊施設内の同様の専有部分タイプと同一の条件で解消の発効日から
　　　12 ヶ月間専有部分の独占的所有を続けることができる。

　　　賃借権を取得し、専有部分所有者の元専有部分の独占的所有権を行使する

ために、専有部分所有者は、解消計画が登録された日から 90 日以内に元専有部分を借りるために、解消受託者に書面による要求を行う必要がある。

　賃借権を提示されてから 15 日以内にそのような書面による要求を適時に行い、賃貸借に署名しなかった専有部分所有者は、以前の専有部分の独占的所有を保持する権利を放棄したとみなされ、解消計画に別途記載されていない限り、元の専有部分を解消の発効日に立ち退く必要がある。

2. その専有部分が、その時点で適用される郡の財産鑑定士によって、家財を控除する効果（homestead exemption status）を与えられた場合は、所有者の元専有部分に割り当てられた解消による収益の 1% に等しい金額で、移転費用の支払いを受け取るものとする。

　本項（c）のもとで支払われる移転費用の支払は、議決権全体の少なくとも 80% を所有する単一の、団体または関連団体によって支払われるものとする。このような移転費用の支払は、そのような所有者の元専有部分の解消による収益に加えて、元専有部分所有者が元専有部分を明け渡した後、10 日以内になされなければならない。

3. それぞれの専有部分については、一括所有者以外のすべての専有部分所有者は、その専有部分の公正な市場価値の少なくとも 100% を補償する必要がある。公正な市場価値は、解消計画が登録される日の 90 日前の日付の時点で決定され、解消受託者によって選択された独立した鑑定士によって決定されなければならない。専有部分が適用される郡の財産鑑定士によって家財控除の効果を与えられた者、または営業上の所有者であった場合、解消計画が登録された日の時点で、管理費等負担金とその他の金銭的義務の両方の支払いが現在ある者は、公正な市場価値は、少なくとも専有部分に支払われた元の購入価格でなければならない。

　本項の目的のため、「公正な市場価値」という用語は、売主が受け入れる意思のある専有部分の価格を意味し、買主は、一括購入で販売された専有部分の価格を意味するが、卸売価格または債権回収のための競売価格で売却された専有部分を除いて、他のコンドミニアムで販売された同様の専有部分に基づいて、独立当事者間取引（arms-length transaction）において公開市場で支払うことを望んでいる価格を含む。

　破産または差押え後に一括して取得した専有部分の購入価格は、公正な市場価値を決定する目的が考慮されるものではない。

4. 解消計画は、先取特権よる債権回収を充足させるのに必要な範囲で、専有部分に設定されている第一順位の不動産担保権への支払を規定しておかなければならない。しかし、その支払は、同計画のもとで解消による収益に対する当該専有部分の持分割合を超えることはできない。

　専有部分所有者が、管理団体に対する管理費等負担金及びその他の金銭的義務の両方の支払がなされている場合、及び解消計画が登録された時点で、専有部分を債務とする不動産担保権が登録された場合には、計画に基づく解消による収益、または未払の不動産担保権残高の専有部分の所有者による領収額のいずれか少ない方が、第一順位の不動産担保権を完全に充足させたものとみなされる。

5. 本条本項に従って、解消計画が専有部分所有者に、本条本項に従った検討をするために提示される前に、当該計画には、宣誓陳述書による開示が含まれていなければならない。

　　a. コンドミニアム内の専有部分の 25% 以上を、所有または管理する、個人または実体の素性（identity）、及び、仮に専有部分が、法擬制的な 1 つまたは複数の実体によって所有されている場合には、その実体を、直接的または間接的に、運営または管理する、一人または複数の自然人の開示と、直接的または間接的に、1 つまたは複数の実体、管理または制御する者、10% 以上の一括所有者が構成する、法擬制的な 1 つまたは複数の実体を、直接的または間接的に、所有または制御する、一人または複数の自然人の開示。

　　b. 一括所有者が取得した専有部分、各専有部分が取得された日付、及び、その専有部分の購入価格に起因するかどうかに関係なく、一括所有者が以前の各専有部分所有者に支払った報酬の総額。

　　c. 理事と、本項に従って開示の対象となる一括所有者または一括所有者と提携する個人または団体との関係。

　　d. 計画が本条の要件に準拠し、本条の表明された公共政策を支援していることを示す事実の状況。

(d) 行政委員会の構成員が一括所有者によって選出された場合、一括所有者以外の専有部分所有者は、解消計画の承認前に、理事会の構成員の少なくとも3分の1を選出することができる。

(e) 分割は、手続上の充足性を判断するために解消計画を検討し、最初の申出を

受領してから 45 日以内に、手続上の不備または申出が受け入れられたことを郵送して管理団体に通知しなければならない。申出後 45 日以内に通知がファイルされない場合、解消の計画は受け入れられたと推測される。本条で必要とされる条件が満たされ、計画が本条の手続上の要件に準拠していると判断した場合、分割手続は解消手続を認めるものであり、本条に従って解消手続を進行できる。

(f) 本条 (2) 項は、本項に従って選択的解消には適用されない。

(4) 免除

解消計画は、718.110 条 (4) 項の改正の対象ではない。部分的な解消では、コンドミニアム内に存続する専有部分に対応する共用部分の所有権が、部分的に解消される以前と同じ割合で残っている場合には、解消計画は、718.110 条 (4) 項の改正対象ではない。

(5) 不動産担保権の先取特権者

宣言文書または本章の反対の規定にもかかわらず、専有部分の 75% 未満がタイムシェア専有部分であるコンドミニアム区画に影響を与える登録された不動産担保権の保有者による解消計画の承認は、解消計画がコンドミニアム区画に影響を与える不動産担保権先取特権の完全な充足割合未満になる場合を除き、必要ではない。

そのような承認が必要で、与えられていない場合、解消計画に異議を唱える登録された不動産担保権の保有者は、本条 (16) 項に規定されているように計画を争うことができる。販売時の先取特権は、解消計画でコンドミニアム区画に割り当てられた収益の比例配分に移されるか、その後に裁判所によって変更されるものとする。

(6) 解消に関連する権限

解消計画の承認は、管理団体を解消しない。計画の承認前に、解消計画の承認を受けて、その計画がすべての権限及び義務を有する場合は、管理団体はなお存続する。宣言文書または細則に反するいかなる規定にもかかわらず、理事会は、計画の承認後、以下を行うものとする。

(a) 理事、代理者、弁護士、その他の専門家を雇用し、その業務を清算または締結する。

(b) 清算または解消に必要な場合は、管理団体の事務を行う。

(c) 契約を締結し、管理団体に対する債務及び請求を回収、支払、清算する。

(d) 管理団体に対して提起された訴訟を弁護する。

(e) 管理団体に対して支払義務のある（due）または借りている（owed）金銭債務の支払、または、財産の回復を求めて、管理団体の名前で訴える。

(f) 維持、修繕に必要な行為、安全でない（unsafe）、居住に適さない（unin-habitable）改良がされた、その他適用される法規にコンドミニアム財産を合致するように解体（demolish）する行為の履行。

(g) 公的または私的な売却、または、管理団体の最善の利益と考えられる金銭について、管理団体資産の交換、譲渡、その他の処分時に売却、金額について管理団体の資産を譲渡処分し、管理団体の名で売却証書（bills of sale）や譲渡証書（deeds of conveyance）を発行する。

(h) 管理団体の賃料、利益、売掛金、収入、維持費、特別査定、または保険収入を回収し受領する。

(i) 管理団体の事務を解消するために、管理団体の名で契約し、適切あるいは便利を図る行為をする。

(7) 自然災害

(a) 自然災害の後、理事の身元や彼らの事務所を保持する権利が疑わしい場合や、彼らが死亡または行動できない場合や、彼らが見つからない場合には、利害関係人は、理事の身元を決定するために巡回裁判所に請願することができる。裁判所等の指示に従って審理を行った後、管理団体の事務を締結する受取者を任命する。先取特権者は、申立の通知を受け取り、裁判所が受取者として検討する者を提案する権利を有する。受取者が任命された場合、裁判所は、受取者としての任命に関する書面による通知を、すべての専有部分所有者に提供するよう受信者に指示するものとする。

　この通知は、選任後10日以内に郵送または送達するものとする。専有部分所有者への郵便での通知は、専有部分所有者に通知するために郡の不動産鑑定士が使用する住所に送達されなければならない。

(b) 受領者は、宣言文書、細則、及び本条（6）項に従って理事会に与えられるすべての権限、及び管理団体の事務を締結するために必要なその他の権限を任命順に定めるものとする。受取者の任命は、そのような裁判所の命令の保証要件に従う。また、命令は、賃貸、利益、収入、維持費、またはコンドミニアムから収集された特別管理費等負担金を含み、命令で特定された原因から受取者に合理的な手数料の支払を提供しなければならない。

(8) 保全管理人（receiver）の報告と交替

(a) 管理団体、保全管理人、または解消事業の受託者（termination trustee）は、解消事業の状態と進捗状況、解消が完了する予定日、及び管理団体、保全管理人、または信託の現在の財務状況を設定する解消計画の承認に従って、四半期ごとに報告書を作成し、専有部分所有者と先取特権者が管理団体に提供した郵送先の住所に定期的な郵便で報告書のコピーを提供するものとする。

(b) 解消時の管理団体の専有部分所有者は、718.112条（2）項（j）に規定されるとおり、原因の有無にかかわらず、いつでも理事会の構成員を解任または交替することができる。

(c) 解消する管理団体の先取特権の未払分の、少なくとも50%以上を代表する先取特権者は、裁判所に解消事業の受託者の指定を請願することができ、正当な理由があれば認められる。

(9) 解消計画

　解消計画は、計画を承認するために必要な議決権の割合を有する専有部分所有者の捺印証書と同じ方法で実行される書面でなされなければならない。そして、解消受託者によって実行されなければならない。解消計画案の写しは、年次総会の通知と同じ方法で、解消計画が投票される集会の少なくとも14日前、または計画の解消または書面による同意または参加者に対する計画の実行を求める勧誘の配布と同時に、すべての専有部分所有者に渡されなければならない。

　専有部分所有者は、計画を実行することによって、または捺印証書と同じ方法で計画に同意または参加することによって、計画に対する同意を文書化することができる。専有部分所有者の解消計画及び同意または参加者は、コンドミニアムの一部が所在する各郡の公的登録に登録されなければならない。計画は、登録時、または計画で指定された後日にのみ有効である。解消計画が必要な承認を受けなかった場合、当該計画は登録されない。そして、当初の解消計画が失敗に終わった日から18ヶ月の間は、集会または参加者の勧誘によって新たなコンドミニアムの解消を、本項で規定された方法で、すべての専有部分所有者に提案することはできない。

(a) 本項に従って招集された専有部分所有者の集会で解消計画が投票された場合、計画を拒否したい専有部分所有者は、直接または代理で計画を拒否するか、集会の前または集会で管理団体に書面による拒否を送達することで拒否の意思を行使しなければならない。

(b) 解消計画が専有部分所有者の集会なしに書面による同意または参加者によって承認された場合、その計画に異議を申し立てる専有部分所有者は、管理団体

が同意しない所有者に通知した日から 20 日以内に、本条（15）項（a）に規定される解消計画が、書面による行使によって承認されたことを書面で申し立てる必要がある。

（10）解消計画に必要な規定

解消計画は以下を指定する必要がある。

（a）解消受託者の名前、住所、権限。

（b）解消計画が登録されていない場合に無効になる日付。

（c）管理団体財産、共同余剰、及びその他の管理団体資産における各専有部分所有者の利益は、宣言文書に特に記載されていない限り、解消直前の共用部分における専有部分所有者のそれぞれの持分割合と同じでなければならない。

（d）コンドミニアムの売却益に関する各専有部分所有者の利益。解消計画は、本条（12）項に規定された任意の方法に従って、これらの収益を割り当てることができる。解消の計画に従って、管理団体が所有するコンドミニアムまたは不動産が解消後に売却される場合、計画は売却のために提供する必要があり、任意の最低売却条件を確立することができる。

（e）保険に加入する各専有部分所有者の利益は、解消時に修理または再建に使用されない収益または収用（condemnation）の収益である。宣言文書が保険収益の分配または収用の進行に明示的に対処しない限り、解消計画は、本条（12）項に規定された方法に従ってそれらの収益を割り当てることができる。

（11）解消計画；選択規定；条件付き解消；撤回；エラー

（a）解消計画が、専有部分所有者または他の者が、解消後に以前に専有部分を構成していた不動産のその部分を所有する、または、解消後にコンドミニアムの共用部分を占有する独占的権利を有することを明示的に認められなければ、専有部分及び共用部分のすべての権利は、解消の発効日に解消する。

計画が明示的に別途に規定されない限り、すべてのリース、占有合意、サブリース、ライセンス、またはコンドミニアムの専有部分または共用部分の使用または占有に関するその他の契約は、解消の発効日に自動的に解消する。

この計画が、専有部分所有者または他の者が、以前に専有部分を構成していた不動産のその部分に対する独占的所有権を保持するか、または解消後にコンドミニアムの共用部分を使用することを明示的に承認する場合、計画は、その所有条件を指定する必要がある。

部分的な解消では、本条（10）項で規定されている解消計画は、残存専有

部分を特定し、そのような専有部分がコンドミニアムの宣言文書の修正または改正され、修正された宣言文書に従って所有のコンドミニアム形態に残ることを規定しなければならない。

　部分的な解消では、解消計画で指定されたコンドミニアムの一部である残存専有部分及び共用部分に対する権原は、公的登録に示された所有権に帰属し、解消受託者には移らないままである。

(b) 条件付き解消では、計画は解消の条件を指定する必要がある。

　条件付き計画は、計画と証書の形式との管理団体によって実行される証明書が、条件付き計画の条件が議決権の必要な割合によって満たされた、または放棄されたことを確認するまで、解消受託者の権利を得ない。

　部分的な解消では、計画は、解消受託者のコンドミニアムの残存専有部分または共用部分に権原は与えられない。

(c) 解消計画に特に定めがない限り、コンドミニアムの売却前のいかなる時も、計画の初期承認に必要であったのと同じ割合の議決権を持つ賛成票または書面による合意により、計画を撤回または修正することができる。

(d) 解消計画に代書士の誤りが発見された場合、解消受託者は、修正された計画または誤りを修正する目的で計画の修正を登録することができ、修正された計画または計画の修正は、捺印合意の実行に必要とされるのと同じ方法で、解消受託者によって実行されなければならない。

(12) コンドミニアムの売却益の配分

(a) 宣言文書がコンドミニアムの売却益の配分を明確に規定しない限り、解消計画は共用部分に対して別々の管理費等負担金を必要とする場合がある。しかし、そのような規定のない場合には、共用部分は独立した価値を持たないが、むしろその価値が専有部分の管理費等負担金に組み込まれることが推定される。

　部分的な解消では、解消する専有部分と共用部分の集計価値を別々に決定する必要があり、解消計画は、解消する専有部分と共用部分の売却益の割当を指定する必要がある。

(b) 専有部分に配分された収益の一部は、各専有部分に配分する。割当は、以下のいずれかの方法によって決定された場合、公正かつ合理的と看做される。

1. 管理団体または解消受託者によって選択された1つ以上の独立した検査者によって決定される、解消直前の専有部分の公正な市場価値に基づく専有部分のそれぞれの価値。

2. 郡の不動産鑑定士の登録に記載されている、解消前の専有部分の最新の市場価値に基づく専有部分の個別価値。または

3. 解消直前の宣言文書で指定された共用部分の専有部分のそれぞれの利益。

(c) 本条 (12) 項 (b) に割り当てる方法は、その他の専有部分に割り当てられた売却益またはその他の解消計画で合意された専有部分の管理費等負担金を割り当てる方法を禁止しない。共用部分に個別に配分された収益の一部は、宣言文書に記載されている共用部分のそれぞれの利益に基づいて専有部分間で配分されなければならない。

(d) 専有部分を譲る先取特権は、解消計画に特に記載がない限り、同順位で、コンドミニアムの売却益及び管理団体財産の売却またはその他の分配の収益、共同余剰、またはその他の管理団体資産に譲渡するものとする。

　　一部解消では、専有部分を解消させる先取特権は、解消されるコンドミニアムの当該専有部分に帰属する部分は、その売却益に移管されなければならない。解消計画に基づいてコンドミニアムの売却益が一般的な余剰または管理団体財産と看做されない場合がある。

　　計画を登録する際に専有部分を債務とする先取特権の保有者は、解消受託者からの書面による要求の後 30 日以内に、先取特権によって保護された専有部分所有者の債務の未払額を確認する声明を解消受託者にファイルしなければならない。

(e) 解消受託者は、弁護士報酬及び費用を含む、次の金額で専有部分に割り当てられた解消を、引き継ぎに対して設定し、その分を減らすことができる。

1. 未払いの管理費等負担金、税金、延滞金、利息、罰金 (fines)、課金 (charges)、その他の金額、及び専有部分、その所有者、または所有者の家族、来客、賃借者、居住者、立入許可者、招待者、またはその他の者に関係する管理団体によるその他の金額。

2. 所有者の専有部分に権原を抹消するすべての費用、先取特権を見つけ、そのような先取特権者から同意書を取得し、専有部分所有者の債務の未払額を確認し、すべての不動産担保権及びその他の先取特権、判断、及び債務を支払い、権原の瑕疵を確認または削除するために訴訟をファイルする。

3. 所有者または所有者の家族、来客、賃借者、居住者、立入許可者、招待者、またはそのような者が計画の要求に応じて専有部分からの占有を排除することができない場合には、専有部分から立ち退かせるためのすべての費用。

4. 所有者または所有者の家族、来客、賃借者、居住者、立入許可者、招待者、またはその他の者による計画違反に起因する、または関係するすべての費用。

5. 管理団体が所有する個人財産以外の専有部分に残存するすべての個人財産の除去及び保管に起因する、または関連するすべての費用は、所有者または所有者の家族、来客、賃借者、居住者、立入許可者、招待者、またはその他の者の空き領域を提供することができる。

　　　所有者が見つからない場合に、所有者のために行動する受信者または弁護士広告の予定及び活動から生じる、または関連するすべての費用。

（13）解消受託者

　解消受託者としての管理団体は、他者が解消計画に任命されない限り、解消受託者として機能する。管理団体が受託者として行動できない、不本意な、または不履行の場合、専有部分所有者は裁判所に受託者を任命するよう請願することができる。登録の日付または計画で指定された後日に、コンドミニアムの既得権原は受託者に帰属し、計画によって禁止されていない限り、解消受託者は、宣言文書、細則、及び本条（6）項に従って理事会に与えられた権限を有するものとする。管理団体が解消受託者でない場合、受託者の権限は、解消計画または任命の順序で禁止されていない範囲で管理団体の権限と同様のものを有する。管理団体が解消受託者でない場合、管理団体は、任意の管理団体財産を受託者に譲渡するものとする。管理団体が解散された場合、受託者は、管理団体の事務を締結するために必要な他の権限を有する。

（14）解消受託者に帰属する権原

　解消が、本条（2）項または本条（3）項のもとで解消計画に従っている場合に、計画が登録されたとき、または計画に指定された後日に解消するコンドミニアム財産の所有権は解消受託者に帰属する。その後、専有部分所有者は、計画に定める解消計画から実現した収益の受益者となる。解消受託者は、その計画が、コンドミニアム財産の保護、保存、管理、売却、または処分を受ける権限を受託者に与える場合、その中で解消するコンドミニアム財産または利息を扱う場合がある。受託者は、専有部分所有者に代わって、解消する不動産の売却を契約することができるが、契約は、本条（2）項または本条（3）項に従って計画が承認されるまで、専有部分所有者に拘束力を有しない。

（15）通知

(a) 解消計画が登録されてから 30 日以内に、解消受託者は、受取人払配達証明付郵便ですべての専有部分所有者への通知、コンドミニアムの先取特権、及びすべての専有部分の先取特権者らに解消計画が登録された最後の既知の住所へ送達しなければならない。

通知には、当該計画が登録された公的な登録の文書番号と頁番号を含め、書面による提出が求められる当該計画の複写、および専有部分所有者または先取特権者が当該計画の衡平性について争う権利を有する旨が含まれなければならない。

(b) 受託者は、計画の発効日から 90 日以内に、登録された計画の認定の複写、計画が登録された日付、及び計画が登録された公的登録をする郡部局に、文書、及び頁番号を提出しなければならない。

(16) 争訟権

専有部分所有者または先取特権者は、計画が登録された日から 90 日以内に、718.1255 条に従って強制的な拘束力のない仲裁を請願することによって、解消計画に異議を唱えることができる。

専有部分所有者または先取特権者は、専有部分所有者間の売却益の分配の衡平性と合理性、一括所有者以外の専有部分所有者の第一順位の不動産担保権である先取特権が本条（3）項で要求される範囲で満たされていないか、または計画を承認するために必要な決議が得られないことのみに異議を申し立てることができる。

90 日以内に計画に異議を唱えない専有部分所有者または先取特権者は、管理団体、解消受託者、専有部分所有者、またはコンドミニアムに関心のある後継者に対する請求を主張または起訴することを禁じられている。解消計画を争う行動では、計画に異議を唱える者は、専有部分所有者間の売却による収益の割当が公正で合理的ではなかったこと、または必要な投票が得られないことを主張し、証明する責任を負う。

売却益の配分は、本条（12）項に規定された方法に従って決定された場合、公正かつ合理的であると推測される。仲裁人は、売収益の配分において当事者の権利と利益を決定する。仲裁人が、売却益の配分が公正かつ合理的ではないと判断した場合、その計画を無効にするか、手続に基づいて本条に従って公正かつ合理的な方法で収益を割り当てる計画を修正し、修正された解消計画を実施するよう命じることができる。仲裁人は計画が適切に承認されなかったか、または計画を採用する手順が適切に守られていないと判断した場合、計画を無効にするか、または正当かつ

適切と判断した他の救済を認めることができる。仲裁人は、本条（3）項（c）5で、除外、誤解を招く、不完全、または不正確であるなどの開示の必要をみつけると、自動的に計画を無効とする。

　必要な投票が得られないという課題以外の計画に対するいかなる抗議も、コンドミニアムの所有権や受託者のコンドミニアムの権利放棄に影響を及ぼさないが、計画の収益に対する請求に過ぎない。そのような行為において、勝訴当事者は、合理的な弁護士報酬及び費用を回収しなければならない。

(17) 分配

　(a) コンドミニアムの解消後は、コンドミニアム財産、管理団体財産、共同余剰、その他の管理団体の資産は、優先順位に従った専有部分所有者及び専有部分の先取特権者の受託者として、解消計画に特に定めのない限り、解消の計画に従って遂行する解消受託者によって保持されるものとする。

　(b) 最初の分配の 30 日前までに、解消受託者は、受取人払配達証明付郵便で、すべての専有部分所有者への通知、コンドミニアム財産の先取特権者及び各専有部分の先取特権者、及び各クラスへの分配額の誠実な見積と、異議申立手続とその期限を示す通知を、既知の彼らの最新の住所に送達するものとする。

　　　期限は、通知が送達された日から少なくとも 15 日以上でなければならない。通知は、本条（15）項が要求する通知とともに、またはその後に送達することができる。専有部分所有者または先取特権者が解消受託者に適時に異議を申し立てた場合、解消受託者は、受託者に対する異議請求の有効性を判断するのに合理的な時間を経るまで、それぞれの専有部分所有者または先取特権者に割り当てられた資金と財産を分配する必要はない。代替方法として、解消受託者は、専有部分所有者、先取特権者、及び専有部分について権利を主張する他の者に対し競合権利者確定訴訟を申し立て、裁判所に登録されるまで、専有部分に割り当てられた資金を預けることができる。その時点で、コンドミニアム財産、管理団体の財産、共同余剰、及び管理団体の他の資産は、訴訟当事者のすべての訴訟上の請求や先取特権の実行から解放される。競合権利者確定訴訟では、受託者と優先する当事者は、合理的な範囲での弁護士報酬と費用を回収することができる。

　(c) コンドミニアム財産または管理団体財産の売却、及び残りのコンドミニアム財産または管理団体財産、共同余剰金及びその他の資産の売却による収入は、以下の優先順位で分配する。

1. 合理的な解消受託者の報酬と費用、会計手数料と費用支払。

2. 宣言文書の登録前に登録された先取特権者。

3. 先取特権の充足に必要な範囲で専有部分の売買代金の先取特権者。ただし、分配金は当該専有部分所有者の収益配当割合を超えることはできない。

4. 718.121 条（1）項のもとで同意した管理団体の先取特権者。

5. 管理団体の債権者。利益が生じている場合。

6. 専有部分所有者。各専有部分の先取特権の満足を条件とするコンドミニアムの売却益は、本条（17）項（b）に規定されている専有部分所有者または先取特権者の異議申立がある場合を除き、解消計画で指定された分配の優先順位に従って。

7. 専有部分所有者。残りのコンドミニアムは、本条（17）項（b）に規定されている専有部分所有者または先取特権者の異議申立がある場合を除き、各専有部分の優先順位の高い先取特権の満足を条件に、解消計画で指定された分配の優先順位に従って。

8. 専有部分所有者。管理団体財産の売却、残りの管理団体財産、共同余剰、及び管理団体のその他の資産の収益は、各専有部分の優先順位の高い先取特権の満足を条件とし、本条（17）項（b）で規定されたとおりに異議申立がある場合を除き、解消計画に指定された分配の優先順位に従って。

(d) 解消手続の過程で、管理団体の既存の債務及び負債がすべて支払われた、または十分に提供されていることを判断した後は、解消受託者は、解消計画に従って残りの資産を分配しなければならない。解消が裁判所手続による場合または裁判所の監督の対象となる場合、裁判所が命じた請求の提示期間が経過するまで、分配は行われないようにすることができる。

(e) 返還、移転、または譲渡に有効な条件が求められる管理団体が保有する資産は、その条件が発生したか、発生が予定されるものについては、その条件に従って、返還、移転、または譲渡されなければならない。残りの管理団体資産については、本条（17）項（c）に従って分配されなければならない。

(f) 分配は、公正に、按分的に、解消計画に従っている場合には、金銭、財産、有価証券で、分割または一括で行うことができる。分配は、資産の有益な清算と合理的に合致する場合には速やかに行われるものとする。

(18) 管理団体の法的性質

コンドミニアムの解消は、コンドミニアムを管理していた管理団体の団体的性質

を変えない。管理団体は、この事業を集結させるまで存続し、訴訟を提起し、応訴し、義務を収集し、放棄し、財産を処分し、移転し、資産を回収し、配分するために存続するが、この事業を集結させるために必要な行為以外はできない。一部解消の場合は、管理団体は、コンドミニアムの宣言文書に従って管理団体として継続することができる。

(19) 別のコンドミニアムの創設

　コンドミニアムの解消または部分的な解消は、解消した財産またはその一部に対して、解消受託者または当該受託者の利益承継者による新しいコンドミニアム宣言文書のファイルを禁止していない。

　コンドミニアムの一部の解消は、所有権のコンドミニアム形態から解消していない財産の任意の部分についてコンドミニアム管理団体によるコンドミニアム宣言文書の修正、または修正及び再作成の宣言文書の同時ファイリングを規定することができる。

(20) 除外

　本条は、718.110 条 (7) 項のもとで、当該コンドミニムアムと 1 つ以上の他のコンドミニアムとの合併には、コンドミニアムの解消には適用されない。

(21) 適用

　本条は、2007 年 7 月 1 日以降に存するこれらの状況にあるすべてのコンドミニアムに適用される。

718.1265条　管理団体の緊急権限（Association emergency powers）

(1) 法律で認められる範囲、及び特にコンドミニアムの宣言文書とその条項、または管理団体の規約によって禁止されていない限り、そして、617.0830 条に従っている場合には、理事会は、コンドミニアムの所在場所で、252.36 条に従った非常事態が宣言された事によって引き起こされた損害に対して、以下の権限を行使する必要はない。

　(a) 実施可能な通知を受け取ることで理事会や管理団体集会を実施できる。このような通知は、出版、ラジオ、米国郵便、インターネット、公共サービスの通知、コンドミニアム財産への目立つ掲示、または理事会が状況下で合理的と看做す手段を含む、任意の実用的な方法で行うことができる。理事会の決定に関する通知は、本項に記載されているとおりに連絡することができる。

　(b) 管理団体の集会をキャンセルしてスケジュールを変更する。

(c) 補佐役員と呼ばれる者は役員ではなく、補佐役員は、非常事態時の管理団体の役員の能力不足または利用不能に対応するために、執行役員と同じ権限を有する。

(d) 管理団体の主たる事務所を移転するか、代替の主たる事務所を指定する。

(e) 地方の郡や自治体と契約を結び、瓦礫の撤去（debris removal）を行う郡や自治体を支援する。

(f) 災害計画を実施する緊急事態が宣言される出来事の前、または直後に、災害計画を実行する。

　　エレベーターの停止または停止を含む可能性があるが、これらに限定されない。電気、水、下水道、防犯システム、またはエアコン。

(g) 緊急事態管理官の助言に基づいて、または理事会によって保持されている資格を有する専門家の助言に基づいて、人の健康、安全または福祉を保護するために、専有部分所有者、家族、賃借人、来客、代理人、または招待者による入居または占有に利用できないコンドミニアムの部分を決定する。

(h) コンドミニアムが所在する地域で避難指示が義務付けられている場合には、コンドミニアムの避難を要求する。コンドミニアムの専有部分所有者またはその他の居住者が、理事会が避難を要求したコンドミニアムの避難を拒否した場合、管理団体は、そのような不履行または拒否から生じる人または財産に対する責任または傷害から免除されなければならない。

(i) 緊急事態管理官の助言に基づいて、または理事会によって保持されている資格を有する専門家の助言に基づいて、コンドミニアム財産が安全に居住できるか、または占有することができるかどうかを決定する。しかし、かかる決定は、宣言文書に従って居住性の決定に関して結論的ではない。

(j) 専有部分所有者が宣言文書または法律によって保証または交換する義務がある場合でも、瓦礫の除去のための請負契約を締結し、コンドミニアム財産上または財産内の、カビに限定されないが、濡れてしまった乾式壁、断熱材、カーペット、キャビネット等その他の設備を取り除くことを含めた、カビの拡散を防止または軽減するための行動を取り、損害の拡大を軽減する。

(k) 一人または複数の専有部分所有者に代わって、所有者が個別に責任を負う場合でも、コンドミニアム財産の損害を防ぐために必要な物品または労務に対する契約を締結する。このような場合、専有部分所有者または所有者は、理事会が契約した物品または労務の実費に対する管理団体への返済義務を負い、管理

団体は、本章718.116条に規定される先取特権を利用して費用の回収を実行することができる。このような物品や労務の対象については制限がなく、専有部分の乾燥、壊れた窓やドアの板張り、及び専有部分または財産の他の部分で空調管理（climate control）を提供するために、損傷したエアコンや換気調整器の交換等も含めることができる。

(l) いかなる抵触する規定にもかかわらず、かかる権限が、コンドミニアムの宣言文書、契約条項、または管理団体の規約に特に明記されていない場合でも、所有者の採決なしに特別な共用部分等負担金を課すことができる。

(m) 専有部分所有者の承認なしに、資金を借りて、緊急修理に資金を供給し、運営資金が不十分な場合には、管理団体の職務を遂行するための担保として管理団体資産を借り入れる。本項は、コンドミニアム、物品、または管理団体の規約の宣言文書に含まれる制限に従って、金銭を借り入れできる管理団体の一般権限を制限するものではない。

(2) (1) 項のもとで認可された特別な権限は、管理団体の健康、安全、及び専有部分所有者及び専有部分所有者の家族、賃借人、来客、代理人、または招待者を保護するために合理的に必要な時間に制限され、損害の拡大を軽減し、緊急修理を行うために合理的に必要とする。

718.128条 電子投票（electronic voting）

管理団体は、専有部分所有者が書面でオンライン投票に同意し、かつ、次の要件が満たされた場合、インターネットに依拠する（base）オンライン投票システムを通じて選挙及びその他の専有部分所有者投票を行うことができる。

(1) 管理団体は各専有部分所有者に以下のことを提供する。

(a) オンライン投票システムに対して専有部分所有者の本人性（identity）を認証する（authenticate）方法。

(b) 理事会の選挙のために、各投票の秘密と完全性を保証できるオンライン投票システムに電子投票を送信する方法。

(c) 投票期限の少なくとも14日前に、専有部分所有者の電子機器がオンライン投票システムと正常に通信できることを確認する方法。

(2) 管理団体は、次のオンライン投票システムを使用する。

(a) 専有部分所有者の本人性を認証できる。

(b) 各電子投票の有効性（validity）を認証し、投票が送信中に変更（altered）

されないようにする。

(c) オンライン投票システムから電子投票を行う各専有部分所有者に受領書（receipt）を送信できる。

(d) 理事会の選挙のためには、認証または識別情報を電子選挙投票から永久に分離することができるか、選挙投票を特定の専有部分所有者に結びつけることができないようにする。

(e) 再集計、検査、及び審査の目的で、選挙管理局（election officials）が電子票を保存し、アクセス可能に保つことができる。

(3) 本条に基づき電子的に投票する専有部分所有者は、定足数（a quorum）を決定する目的で会議に出席していると看做される。

　本条に従って電子的に投票する専有部分所有者に基づいて定足数が充足される場合、専有部分所有者の実体的な（substantive）投票は、電子投票で明確に特定された事項以外の事項に対して採用されない。

(4) 本条は、理事会決議により、本条に従ったオンライン投票システムを提供（provides）、承認する管理団体に適用される。

　理事会決議は、専有部分所有者がオンライン投票システムを通じて投票する機会の通知を受け取り、専有部分所有者が書面でオンライン投票に同意するための合理的な手続と期限を確立し、専有部分所有者が同意した後にオンライン投票を中断するための合理的な手続と期限を確立しなければならない。

　決議が審議される集会についての書面による通知は、専有部分所有者に郵送、配達、または電子的に送信され、集会の少なくとも14日前にコンドミニアム財産または管理団体の財産の目立つ場所に掲示されなければならない。

　14日間の通知要件を遵守していることは、通知を発する者によって証明され、これは管理団体の公式記録に提出された宣誓供述書（affidavit）によって行われなければならない。

(5) 専有部分所有者のオンライン投票への承諾は、本条（4）項に基づいて理事会が定めた手順に従って、専有部分所有者がオンライン投票を中止するまで有効である。

(6) 本条は、タイムシェアコンドミニアムの管理団体の構成員ではない専有部分所有者の投票を必要とするあらゆる事項にも適用される。

改変

法律によって追加 2015, c. 2015-97, § 4, eff. 7.1, 2015.

2020 年 10 月 1 日から 718.128 条として施行。

マンション区分所有法制の国際比較

2022 年 5 月 17 日　第 1 版第 1 刷発行

編　　　著　　鎌野邦樹
　　著　　　　藤巻 梓　吉井啓子　寺尾 仁
　　　　　　　大野 武　花房博文

編 集 協 力　　公益財団法人 日本住宅総合センター

発 行 者　　　　　　　　　　箕 浦 文 夫

発 行 所　　　　　　　　株式会社大成出版社

〒 156-00042　東京都世田谷区羽根木 1-7-11
電話 03（3321）4131（代）
https://www.taisei-shuppan.co.jp

印刷　信教印刷